KB073524

입문부터 **전문가**까지
한 권으로 끝내는

디지털
마케팅의 모든 것

입문부터 **전문가**까지
한 권으로 끝내는

디지털
마케팅의 모든 것

펴낸날 2020년 11월 6일
2쇄 펴낸날 2020년 11월 30일

지은이 김태훈
펴낸이 주계수 | **편집책임** 이슬기 | **꾸민이** 김소은

펴낸곳 밥북 | **출판등록** 제 2014-000085 호
주소 서울시 마포구 양화로 59 화승리버스텔 303호
전화 02-6925-0370 | **팩스** 02-6925-0380
홈페이지 www.bobbook.co.kr | **이메일** bobbook@hanmail.net

© 김태훈, 2020.
ISBN 979-11-5858-731-4 (03320)

※ 이 도서의 국립중앙도서관 출판시도서목록(CIP)은 e-CIP 홈페이지(http://www.nl.go.kr/
cip)에서 이용하실 수 있습니다. (CIP 2020046275)

입문부터 **전문가**까지
한 권으로 끝내는

디지털
마케팅의 모든 것

김태훈

밥북
BOOK

디지털 사회에서
디지털 마케팅을 하려는 이들에게

1. '사회적 동물'이 '사회적 거리'를 두어도 괜찮은 이유

2020년, 쉽사리 잡히지 않는 신종 코로나바이러스 '코로나 19'로 인해 한국은 '사회적 거리 두기'가 시행되고 있다. 사회적 거리 두기(social distancing)란 전염병의 확산을 막기 위해 사람들 간의 거리를 유지하는 캠페인이다. 그래서 회사 대부분은 재택근무나 유연근무제를 시행하고 집단은 행사나 모임을 삼가고 있다.

이 캠페인은 우리나라 안에서만 일어나는 현상이 아니다. 코로나 19는 이미 세계적인 '팬데믹(pandemic)'으로 선언되었고, 전 세계적으로 모든 국가는 국민에게 외출 자제를 권하고, 일부 지역에서는 구금 또는 벌금형으로 엄격히 다스리고 있다.

하지만 사람은 태생적으로 자유를 추구한다. 일각에서는 아무리 코로나가 세계적 유행이더라도 외출 자제 등의 자유 제한에 불만을 품는 사람도 있다. 그런데도 한국 사회 내에서 '사회적 거리 두기'는 잘 지켜지고 있는 편이다. 특정 경우를 제외하고 바쁜 현대인의 외부 활동의 자제가 수월한 데에는, 숨은 공로자가 있다고 필자는 생각한다. 그 공로자가 누구인지 알고 싶다면 다음 질문에 대해 한번 생각해주기 바란다.

"독방에 한 달 동안 갇히는 실험에 참여하고 10억 받기 vs 그냥 살기"

어떤 사람이 온라인상에 질문을 하나 던졌다. 사람들이 댓글로 여러 가지 추측을 해본다. 혹자는 한 달이나 갇혀 살면 정신이 이상해질 것 같다고 하고, 혹자는 그래도 한 달이라는 기한이 정해져 있으니 버틸 수 있지 않겠느냐고 한다. 그중 한 댓글이 눈에 띈다.

"10억 안 줘도 이미 그렇게 살고 있는걸."

공감 수가 제일 많은 댓글이다. 옛날에는 심심하면 밖에 나가서 놀거리를 찾는 것이 당연했지만, 이제는 집안에 누워있어도 재미있는 것들이 너무나 많다. 아마 한 달간 독방에 갇혀도 사실 나쁠 것 없다는 사람이 더 많을 것이다. 인터넷만 되는 공간이라면 어느 누군들 답답하거나 심심하다고 느끼겠는가. 아마도 이 댓글러는 방구석에 드러누워 커뮤니티만 하는 자기 모습을 희화화하여 우스갯소리로 한 말이겠지만, 마케터로서는 지나치기 어려운 말이기도 했다.
사회는 변했다. 사람들은 밖에 나가지 않아도 세상이 돌아가는 흐름을 파악할 수 있고, 집에서 자기 업무를 보는 것이 어렵지 않으며, 혼자 있어도 심심할 일도, 무료할 일도 없다. 소비자들은 누군가가 10억을 주리라는 가정 없이도, 자처해서 독방에 스스로를 가두고 사는 셈이다. '사회적 동물'이라던 인간이 어떻게 '사회적 거리 두기'가 가능해졌는가? 이에 대한 해답은 간단하다. 이제 더는 '현실사회'만 사회의 기능을 하는 것이 아니기 때문이다. '가상의 공간', '디지털 세계' 역시 우리에게 하나의 '사회'로 다가오는 사회가 된 것이다.

2. '디지털 사회'가 찾아왔다

스마트폰 사용량은 계속해서 증가하고 있다. 모바일로 즐길 수 있는 콘텐츠의 생산과 확산 역시 증가하고 있다. 최근에는 유튜브, 넷플릭스 등의 동영상 콘텐츠를 기반으로 한 매체들이 급격하게 성장하는 중이다. 그에 따라 디지털 광고시장 규모 역시 어마어마하게 커졌다. 특히 한국은 인터넷 사용 환경이 뛰어나다는 점이나 스마트폰 기기의 보급률이 높다는 점도 한몫했을 것이다. 이에 모바일 시장, 거대 플랫폼 등이 때맞춰 등장하면서 다양한 디지털 콘텐츠 역시 상당수 늘어났다.

O2O 서비스의 성장, 커머스의 다양화, 모바일 간편 송금 및 전자결제 등과 같은 요인으로 인해 현대인들에게 모바일 소비가 더 쉽고 간편해졌다. 다음 통계지표의 추세로도 알 수 있듯이, 디지털 시장에서 소비의 규모는 앞으로도 꾸준히 성장할 것으로 전망하고 있다.

디지털 마케팅 매체 또한 다양하게 변화하고 있다. 구글, 네이버, 다음과 같은 검색 엔진의 검색광고와 배너 광고, 과거 우편 광고를 대체하는 이메일 마케팅, 소셜미디어를 활용한 고객들과의 관계 구축 마케팅 등으로 그 모양새를 점차 진화시킨다. 특히, 소셜미디어는 활발한 소통의 공간이기도 하면서, 몇 해 전부터는 세밀한 타게팅 광고까지 가능하게 되었다. 디지털 사회에서는 이를 잘 알고 활용하는 마케터야말로 환영받는 마케터라고 할 수 있다.

연도별 디지털-TV광고 시장 규모 (단위: 10억 달러/ 자료: 마그나)

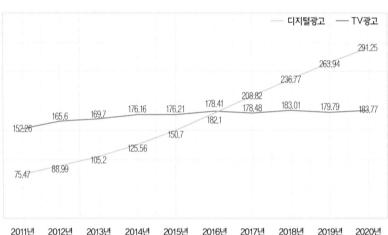

연도별 디지털-tv 광고 (https://ppss.kr/archives/202120)

마케터는 잠재고객이 오프라인이 아니라 모바일과 같은 디지털 세상으로 넘어왔다는 점을 유의해야 한다. 마케터는 소비자의 오감이 어디를 향해 있는가부터 파악하고 사회적 변화에 누구보다 민감하게 반응해야 한다. 그리하여 '소비자'를 위한 가치를 창출하고, 그 가치를 받아들이기 쉽게 전달하여, 궁극적으로는 소비로 유도해야 한다.

즉, 사회적 분위기를 파악하고 소비 트렌드를 캐치하여 어떤 메시지를 어떻게 소비자에게 전달할 것인지를 고민해야 한다. 소비자 대부분은 디지털 세상 속에 산다. 그렇기에 마케터에게 있어 '디지털 마케팅'은 선택이 아닌 필수이며, 디지털 마케팅에 대해 누구보다 높은 이해가 필요하다.

3. 4차 산업혁명과 인공지능, 디지털 광고의 일등공신!

디지털 마케팅에 대해 이해하려면 혁명적으로 등장한 인공지능 이야기를 빼놓을 수 없다. AI(인공지능)는 불과 4~5년 전에는 먼 미래의 이야기일 뿐이었다. 그러나 우리가 알아채기도 전에 이미 AI는 우리 삶 속에 들어와 있다. AI 스피커로 날씨와 뉴스를 확인하고, AI가 스팸 메일을 걸러주고, AI 알고리즘이 녹아든 번역 서비스를 사용한다.

디지털 마케팅도 이미 AI 영향 아래 있다. 적절한 마케팅 타겟을 찾아주는 것도 모두 인공지능 덕에 가능한 일이다. 이전에는 온라인 마케팅을 하려면 플레이 스토어에 앱을 올리고, 타겟 고객을 설정하고, 검색광고와 디스플레이광고를 따로 지정해서 설정하는 등 사람의 손이 분명 필요했다. 그러나 인공지능의 도입 이후 이런 흐름이 바뀌었다.

클릭 몇 번으로 마케팅을 학습한 AI 알고리즘이 자동으로 마케팅을 시작하고, 상황에 맞게 조정도 가능하다. 마케팅 목표와 예산을 설정하고 영상 등 광고 소재 몇 개만 입력하면, 나머지는 전부 인공지능이 책임진다. 마케팅 현장 속에서도 밀접하게 AI가 사용되고 있다. 그리고 이 영역은 점차 다양한 분야로 확산하고 있다. 타겟 마케팅에도 사용한다. 사용자 인터넷 검색 쿠키 데이터를 보고 결정하는 것을 넘어 사용자의 인터넷 시그널까지 파악해 어떤 움직임으로 인터넷을 활용하는지까지 분석, 맞춤 광고를 보여주는 식이다.

정리하면, 현재 인공지능 기술은 ① 온라인 시장의 트렌드 및 마케팅 변화 예측에 활용되고 있다. AI는 이러한 변화에 대해 마케팅이나 인사이트를 제시하면서 부정광고의 가능성을 예측하기도 한다. 고객의 프로파일이 있으면 트렌드를 분석하고 적확한 광고를 제공하는 데에 큰 도움이 된다.

② 그리고 소비자에게 가장 적절한 재화/서비스를 보여주고 사게 한다. 검색 엔진의 핵심적인 기능은 최선의 제안을 할 수 있다는 점, 그리고 정확한 이미지 결과를 제공한다는 점이다. 이로써 소비자는 소비자대로 필요한 물건을 빨리 찾을 수 있어 좋고, 판매자는 '판매 주기'를 단축해 전환율을 높인다는 장점이 있다.

③ 광고비 면에서는 어떨까? 가장 관련성이 높은 소비자를 대상으로 맞춤 광고가 제공되기 때문에 인적요소를 최소화할 수 있다. 머신러닝을 활용하면 공과금을 적게 들어서 최적의 소비자를 찾을 수 있으므로 기존의 매스미디어 방식에 비하면 불필요한 광고비용을 대폭 줄일 수 있다.

4. 마케터는 '인공지능'에 대해 알아야 한다

요즘 시대가 원하는 마케터는 '디지털 마케터'다. 디지털 마케팅 시대에 '디지털 마케터'는 구체적으로 무엇을 할까? 온라인상에 있는 다양한 마케팅 채널들을 잘 활용하고, 바이럴이 잘 되는 콘텐츠를 생산하고, 이에 대한 성과를 분석하는 것이다. 디지털 마케터가 되려면 다양한 역량을 키워야 한다. 단순히 역량이라고 하니 두루뭉술하게 느껴질 것이다. 그래서 '디지털'을 알아야 한다는 것인가? '마케팅'을 알아야 한다는 것인가? 정확히 말하면 한쪽의 지식만 있는 것보다는 전반적으로 디지털 마케팅 환경에 대한 이해가 필요하다. 이러한 이해를 바탕으로 디지털 마케팅 현장에서 각 채널의 특성, 콘텐츠에 대한 활용도를 높이는 것이 중요하다.

두꺼운 마케팅 책에서 이야기하는 3C(Customer, Competitor, Company)나 4P(Product, Price, Place, Promotion)와 같은 개념적인 부분을 외우려 들지 말자. 실제 현업에서 어떻게 마케팅을 하는지 눈여겨보고 그와 관련된 스킬들을 배워 나가는 것이 가장 중요한 일이다. 현장에서는 빠른 속도로 마케팅 트렌드가 바뀌고 있다. 물론 실무자가 아니면 이 같은 변화를 따라가기가 쉽지 않다.

이 책은 주니어 마케터가 실무 전문가로 거듭나기까지 어떠한 지식이 필요한지 현업 종사자의 눈으로 담은 글이다. 디지털 마케팅은 범위가 워낙 넓고 인공지능과 같이 특화된 전문분야가 다른 편이다. 따라서 필자 개인만의 생각을 담기보다는 다양한 분들로부터 디지털 마케터가 되기 위해 무엇을 공부해야 할지에 대한 자문을 구해보았다. 따라서 내용적인 측면에서 상세한 개념과 분석과 같은 다소 원론적인 내용도 있을 수 있고, 때로는 현장 실무를 담은 사례, 현황, 활용 등이 분석적으로 다루어지기도 할 것이다.

목차는 이를 바탕으로 구성된 내용이다. 주니어에서 시니어로, 시니어에서 전문가로 발돋움하고자 할 때마다 각 파트를 읽으며 스스로 부족한 부분, 필요한 부분을 되짚어보기 바란다. 독자가 마케팅업 종사자 또는

입문부터 전문가까지
한 권으로 끝내는 디지털 마케팅의 모든 것

그에 관심이 있는 사람이라면 이 책을 실무를 돕는 백과사전, 현장 정보의 총망라 정도로 이해해주시기를 바란다. 이 책이 당신의 스텝에 따라 각 분야에서 디지털 마케터로 발돋움하기 위한 방향성을 제시해주고 디지털 마케터로 도약할 수 있는 탄탄한 밑거름이 될 수 있기를 바란다.

2020년 11월

저자 **김태훈**

Part 1   주니어
디지털 광고시장은 변화하고 있다

Part 2 　시니어
Data & 퍼포먼스 광고

Part 3 전문가
수익화와 조직구성

Part 4 미래시장
광고와 인공지능의 전망에 대하여

Part 1

주니어

디지털 광고시장은
변화하고 있다

Part 1
주니어: 디지털 광고시장은 변화하고 있다

"latte is horse."

흔히 '꼰대력'을 대방출하고 싶다면 위 문장을 말하라고 한다. 라떼이즈 홀스. '나 때는 말이야'라는 말장난이다. 꼰대임을 보여주려는 것이 아니라 나의 주니어 시절을 돌이켜보며, 그리고 현재의 주니어 마케터들을 만나보며 깨달은 바를 작성한 파트가 바로 PART 1이다. 사실 필자의 주니어 시절이라고 해봐야 그다지 반영할 만한 부분은 크지 않다. 기껏해야 광고세대의 변화 부분 정도이다.

마케팅이라는 분야만큼, 그리고 요즘 시대만큼 이 문장이 통하지 않는 곳도 없을 것이다. 전통적인 '마케팅'의 개념은 모종의 계기로 인해 큰 의미가 없어지고 말았다. 매스미디어가 유행의 선두였던 시절은 어디 가고, 온라인상에서 유행하던 '밈(Meme)'은 방송에 나오면 끝물이라고들 한다. 언젠가는 카피라이터가 세상을 바꾼다 해놓고, 그래서 숙고한 끝에 만들어진 광고문구보다 '라떼가 말'이라는 말장난 한 마디가 더 유명한 세상이 됐다.

소비자는 이제 변화하고 있다. 더욱 빨라졌고, 더욱 감각적이다. 그리고 그 속도와 자극은 소비자 스스로가 이기지 못할 만큼 강해졌다. 마케팅은 당연히 과거에 머물러서는 안 된다. 소비 트렌드를 읽고 사회의 변화를 읽어내야 한다. 그리고 소비자보다 먼저 소비자가 원하는 것을 알아야 한다. 이것만큼은 '나 때'부터 전해져 내려온 변함없는 마케팅의 진리다.

핵심은 데시전(data+decision)

변화의 핵심을 보자. 소비자는 이제 '결정'을 하지 않는다. 소비자도 무엇을 원하는지 잘 모른다. 그러면 결정은 누가 하느냐? 바로 '데이터'가 한다. 데이터가 내리는 결정, 이것이 바로 데시전이다. 내가 그동안 먹어온 아침, 점심, 저녁, 야식의 데이터가 모여 오늘 몇 시에 어떤 음식을 먹는 것이 가장 행복한 선택일지 소비자에게 알려주는 것이다. 이 작업은 누가 하냐고? 당연히 인공지능, AI의 몫이다.

디즈니에서 결제에 쓰이는 매직 밴드는 놀이공원 입장부터 놀이기구 사용, 길거리 음식은 물론 호텔 객실 출입까지 가능하다. 이렇게 쌓인 데이터를 통해 특정 놀이기구를 이용한 승객이 많이 찾는 스낵을 분석하여 스낵 바를 그 앞에 설치한다. 일본 시세이도 옵튠은 스마트폰 앱으로 얼굴 사진 찍으면 피부 상태와 기분, 날씨 조건 등을 고려하여 최적의 스킨케어 조합을 제안한다. 4차산업 혁명 시대답게 AI는 점점 진화하며 제 역할을 충실히 해내고 있다.

그래서 광고시장도 변화하고 있다

시장이 소비자의 입맛에 맞추어 변화하는 것은 인지상정이다. 배너광고, 검색광고를 거쳐 동영상 광고와 프로그래매틱 광고, 요즘은 인플루언서(Influencer)를 통해 훨씬 효율적인 마케팅까지 가능하다. 광고역시 디지털 사회의 확장과 함께 변화하고 있다. 광고주는 마케팅 비용을 감소시키고 소비자는 불필요한 스팸을 줄이고 마케터는 필요한 소비자에게 필요한 정보만 제공할 수 있는, 모두가 만족스러운 퍼포먼스 마케팅의 세상이 시작된 것이다.

광고대행사도 변화하고 있다. 광고대행사는 말 그대로 광고주를 위해 광고에 대한 업무 전반을 다루는 것이 역할이다. 이때 매체에 대한 전략도 여러모로 세워야 하는데, 디지털 사회의 매체는 전통 매체처럼 특정할 수 있는 것이 아니고, 그 종류도 너무 많다 보니 각기 효율을 측정하고 분석하기가 쉽지 않다. 따라서 디지털광고대행사에서는 매체를 전문적으로 분석하고 판매하는 미디어렙(media representative)이 등장한다. 이를 미디어렙사라고 하는데, 다양한 매체를 대신하여 광고주나 대행사에 판매하는 역할로 자리매김한다.

결국, PART 1에서 다루고자 하는 내용은 이런 것들이다.

지금 주니어 단계에 있는 마케터라면, 광고시장이 어떻게 변화하고 있는지 알아야 한다. 그리고 그 변화를 가능케 한 것이 인공지능이니 인공지능에 대해서도 알아야 한다. 전문가처럼 설명할 정도는 아니지만, 전문가의 설명을 알아들을 정도는 되어야 한다. 그리고 그 안에서 마케터의 위치와 역할을 파악해보자. PART 1의 목차는 다음과 같다.

광고세대의 변화를 거쳐,
디지털 세대를 위한 데시전까지

"지상파 요즘 누가 보긴 보나?"

모처럼 여유로운 주말, 눈을 떠보니 한 시다. 점심을 먹을 때가 되었지만, 딱히 먹고 싶은 것은 생각나지 않는다. 일요일은 나도 짜장라면 요리사 한 번 해보자며 가스레인지 위에 물을 올린다. 물이 끓는 동안, 익숙한 손놀림으로 노트북을 켠다. 인터넷을 여니 어젯밤에 보다가 잠 들었던 유튜브 채널이 다시 재생된다.

보고 싶은 것은 MBC 예능프로그램, 철 지난 프로그램이지만 한창때는 웃음의 힘으로 하루하루를 버티게 했던 고마운 프로그램이다. 최근 유튜브에 '다시보기'를 제공하는 채널이 생긴 데다, 재미있었던 '엑기스'만 모아 둔 덕에 요즘 식사시간이 매우 즐겁다. 자주 본 탓인지 이미 내가 좋아할 만한 주제로 몇 편이 추천되어 있다. 마음에 드는 영상을 누르니 유튜브 광고 두 편이 시작된다. 이 틈에 후다닥 부엌으로 달려가 끓는 물에 면을 집어넣는다. 그러다 문득, 불필요한 궁금증이 머리를 스쳐 간다. 지상파 요즘 누가 보긴 하나?

1) 광고계의 꽃은 누구일까?

마케팅 종사자들, 또는 광고 크리에이터들은 TV 광고에 매료되어 이 직업을 선택하는 경우가 태반이다. 그리하여 '마케팅·광고의 꽃은 TV 광고'라는 말을 믿어 의심치 않았었다. 한때 TV는 최고의 전성기를 누렸다. TV에서 CF만 나와도 사람들이 옹기종기 모여 앉아 구경하기 바쁘던 시절도 있었다.

조명에 반짝반짝 빛나는 연예인과 다양한 제품, 화려한 촬영현장, 수억 대가 오가는 광고 예산. 마케터의 길로 들어섰을 때, 나는 내 광고가 세상을 움직일 것이라는 로망을 품던 시절  도 있었다. TV는 마케터에게 꿈을 심어주는 그런 존재였다. 마케팅 커리어의 최종 목적지가 결국 '광고주'가 되는 이유도 로망이었기 때문인지도 모르겠다.

입문부터 전문가까지
한 권으로 끝내는 디지털 마케팅의 모든 것

불과 몇 년 전까지만 해도, 광고장이들은 그랬었다.

NOT MORE TV

사람들은 더는 TV를 보지 않는다. 모바일, 데스크톱, 노트북…. 디바이스는 긍정적인 의미로는 다양해졌고, 부정적인 의미로는 파편처럼 부서졌다. 소비자는 선호하는 디바이스를 선택하고, 각각 좋아하는 콘텐츠만 보기 시작했다. TV에서 디지털 매체로, 수동적인 콘텐츠 시청 환경은 능동적인 콘텐츠 시청 환경으로 변했다. 이제 가족 구성원들이 TV 앞에 모여 한 콘텐츠를 처음부터 끝까지 시청하는 경우는 거의 없다. 부모세대는 TV를 보고, 밀레니얼 세대는 제 방에 들어가 유튜브를 본다. 가족을 한데 모으는 역할을 했던 대중매체는, 이제 각 세대를 파편처럼 흩어두기 시작했다.

특정 매체가 갖는 위상을 평가할 수 있는 지표로 '광고 매출'을 사용하는 경우가 많다. 매체별 광고비 추이를 보면 광고주가 주목하는 매체의 흐름이 보이기 때문이다. 이것이 곧 소비 트렌드를 반영하는 것이기도 하다.

구분	매체	광고비(억 원)			성장률(%)		구성비(%)	
		'18년	'19년	'20년(F)	'19년	'20년(F)	'19년	'20년(F)
방송	지상파TV	14,122	11,958	12,200	−15.3	2.0	10.0	9.7
	라디오	2,498	2,319	2,350	−7.2	1.3	1.9	1.9
	케이블/종편	19,903	19,477	19,830	−2.1	1.8	16.3	15.7
	IPTV	1,161	1,239	1,280	6.7	3.3	1.0	1.0
	위성, DMB 등 (기타)	1,980	1,912	1,858	−3.4	−2.8	1.6	1.5
	방송 계	39,664	36,905	37,518	−7.0	1.7	30.8	29.7
인쇄	신문	14,294	13,997	13,850	−2.1	−1.1	11.7	11.0
	잡지	3,082	2,832	2,687	−8.1	−5.1	2.4	2.1
	인쇄 계	17,376	16,829	16,537	−3.1	−1.7	14.1	13.1
디지털	PC	15,924	17,708	18,730	11.2	5.8	14.8	14.8
	모바일	28,011	32,824	37,520	17.2	14.3	27.4	29.7
	디지털 계	43,935	50,532	56,250	15.0	11.3	42.2	44.5
OOH	옥외	3,255	3,583	3,800	10.1	6.1	3.0	3.0
	극장	2,213	2,143	2,200	−3.2	2.7	1.8	1.7
	교통	4,874	4,654	4,600	−4.5	−1.2	3.9	3.6
	OOH 계	10,342	10,380	10,600	0.4	2.1	8.7	8.4
제작		5,731	5,101	5,379	−11.0	5.5	4.3	4.3
총계		117,048	119,747	126,284	2.3	5.5	100.0	100.0

2019년 모바일 광고비는 전체 매체 중 가장 높은 성장률(17.2%)을 기록하여, 총 3조 2,824억 원으로 집계되고 있다. 검색광고가 쇼핑검색 등 다양한 광고 상품 출시로 인해 전년 대비 9.8% 성장해서 1조 7,158억 원을 기록하고, 동영상 광고를 중심으로 한 노출형 광고는 5G 구역 확대의 영향으로 26.5% 상승해서 1조 5,666억 원을 기록했다. 반면 방송

입문부터 전문가까지
한 권으로 끝내는 디지털 마케팅의 모든 것

및 인쇄광고 시장(TV, 라디오 등)은 전년 대비 7% 감소한 3조 6,905억 원으로 집계되었다.

한국의 광고시장은 지상파를 대신하는 디지털 기기에 집중하고 있다. 세부 카테고리를 쪼개서 보아도 종편 콘텐츠의 활약과 함께 IPTV 마케팅 기술이 TV 매체 광고비 턴어라운드에 주역이 되고 있다. 대조적으로 디지털은 연간 10% 이상의 성장률을 기록하고 있다. 한마디로 TV 광고비가 디지털로 이동했다고 보아도 무방하다.

미국에서 디지털 및 통합 광고 마케팅에 대한 흐름은 더 빠르게 진행 중이다. 디지털 및 마케팅 대행사를 포함한 2018년 취급고 기준, 광고대행사의 상위 랭킹에서 글로벌 광고 그룹인 Omnicom, WPP, Interpublic 등의 광고 회사를 찾을 수 없다. Cognizant, Accenture, Deloitte, PwC 등 컨설팅 전문기업이자 디지털 대행사들이 취급고 상단을 차지해, 미국에서도 디지털광고시장의 고성장세가 이어지는 것으로 보인다. 또한 IMC(Intergrated Marketing Communication: 통합 마케팅) 회사들의 성장세도 가팔라 ATL보다 디지털과 BTL(Below the Line) 의존도가 높아지고 있는 것으로 추산된다.

2020년 미국 광고시장 규모는 약 2,630억 달러(한화: 약 297조 원) 규모로 추측되며, 디지털 광고 비중은 64.9%에 달한다. 모바일 광고 비중은 18년 대비 14.7%p 성장한 48.8%의 비중을 차지하며, 미국 전체 광고시장과 디지털광고시장의 성장을 견인할 것으로 예상한다. 그중 디지털 디스플레이 광고시장은 전체 광고시장 내 약 30.4% 규모로 예상되며, 디지털 디스플레이광고 가운데 프로그래매틱 광고의 비중은 86%인 약 689억 달러(한화: 약 78조 원), 전체 광고시장의 26.2% 규모를 기록할 것으로 보인다.

2) 소비자 대이동, 소비자는 어디로 향하고 있을까?

JTBC에서 방영한 〈이태원클라쓰〉라는 드라마를 보며 '이서 앓이'에 동참한 적이 있었다. 이 매력적인 캐릭터는 '인플루언서'의 영향력과 파급력을 100% 활용한다. 단밤포차는 이 '인플루언서' 조이서 덕분에 성장했다고 해도 과언이 아니다.

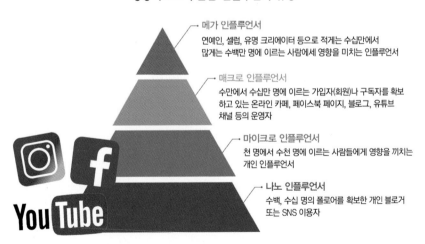

영향력으로 구분한 인플루언서 유형

메가 인플루언서
연예인, 셀럽, 유명 크리에이터 등으로 적게는 수십만에서
많게는 수백만 명에 이르는 사람에세 영향을 미치는 인플루언서

매크로 인플루언서
수만에서 수십만 명에 이르는 가입자(회원)나 구독자를 확보
하고 있는 온라인 카페, 페이스북 페이지, 블로그, 유튜브
채널 등의 운영자

마이크로 인플루언서
천 명에서 수천 명에 이르는 사람들에게 영향을 끼치는
개인 인플루언서

나노 인플루언서
수백, 수십 명의 폴로어를 확보한 개인 블로거
또는 SNS 이용자

* 자료: 소셜 인플루언서를 활용한 미국 시장 진출 전략(KOTRA, 2017.9)

입문부터 전문가까지
한 권으로 끝내는 디지털 마케팅의 모든 것

인플루언서란, 인스타그램이나 유튜브 등에서 수많은 팔로워를 보유한 일반인을 말한다. 그 '수많은'의 정도는 사람마다 다르겠지만 수십에서 수백만에 이르기까지 한다. 이들의 콘텐츠는 각양각색이지만 그중에서도 브이로그 형태로 등장하는 경우가 가장 인기가 있는 편이다. 구독자들이 친근함을 느끼게 되면서 그 신뢰도가 급상승하게 되는 탓이다.

그러니 기업이나 광고주들은 더욱 영향력 있고 더욱 강력한 인플루언서를 잡기에 바쁘다. 광고마케터로서는 씁쓸할 수 있는 이야기지만, 디지털 마케터로서는 주의 깊게 새겨두어야 할 점이다. 어떤 광고주도 억대의 비용을 들였는데 소비자가 찾지 않는 광고를 원하지는 않을 테니 말이다.

특히 뷰티·유통업계는 그 경쟁이 심하다. 직접 인플루언서의 페이지에 찾아가 댓글을 달며 스카우트하는 것은 예사고, 아예 자체 인플루언서를 육성하기도 한다. 각종 기업에서 주도하는 뷰티 크리에이터 양성 프로그램이나 유튜버 모집공고도 이제 너무 흔해서, 온라인상에서 조금만 돌아다녀도 발에 채는 수준이다.

어떤 제품이 되었건 스토리를 만들고 진정성을 불어넣고 공감대를 형성하여 친근함을 강조한다. 조심해야 할 것은 '티'가 나서는 안 된다는 사실이다. 광고라는 것을 밝히지 말라는 것이 아니다. 오히려 숨겼다가 소비자에 의해 들키게 되면 진정성을 잃는다. 디지털 홍보에서 핵심은 '진심'에 있다.

소비자들은 더는 장점만 나열한 TV 광고를 믿지 않는다. 생생한 사용 후기, 솔직한 장단점 평가를 보며 신뢰감을 얻기 때문이다. 네이버 바이럴 마케팅도 '소정의 고료'를 받고 작성되었음을 반드시 정확하게 명시하게 되어 있다. 얼마나 양질의 콘텐츠를 신뢰감 있게 제공하느냐 이것이 디지털 마케팅의 포인트다.

3) 광고세대의 변화

디지털화는 광고업계만의 변화는 아니다. 모든 업계가 지금 디지털화를 겪고 있다. 물론 광고업계가 그중에서도 기술의 발전으로 어디보다 빠르게 디지털화가 진행된 업계인 것은 사실이다. 최근 인터랙티브한 광고에 익숙해진 세대에게는 일방적인 상품과 서비스가 추구되던 1, 2세대 광고가 익숙하지 않을 수 있어 막간을 이용해 소개해보려 한다.

– 1세내: 배니광고

"이 제품을 사세요."

배너 광고는 온라인광고의 일종이다. 광고주의 웹 사이트에 링크하여 웹 페이지에 광고를 추가하고 웹 사이트로의 트래픽을 끌어내는 것이 목적이다. 배너 광고의 목표는 '노출'이다. 노출이 많이 될수록 사람들이 자기 웹 사이트에 많이 들어와 상품을 살 것으로 여겼기 때문이다. 이 당시만 해도 방송 광고시장보다 성과가 월등히 높았다.

그러나 소비자라면 모두가 알 것이다. 불필요한 광고는 '스팸'일 뿐이며 극단적이면 소비자가 웹 사이트에 안 좋은 인식을 지니게 하는 결과까지 가져올 수 있다. 부적절한 광고가 도배되다가 결국 사이트까지 사라진 사례도 빈번했다. 이 점 때문에 광고 대비 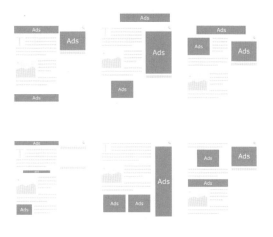 성과(ROI)는 이다음 세대와 비교하면 현저하게 낮은 편에 속한다.

초기 광고플랫폼은 네이버, 구글, 야후 같은 사이트들이다.

이 검색 엔진 사이트는 이용자에게 정보를 전달하는 서비스를 제공한다. 그 덕분에 사용자들이 자연스럽게 광고에 노출되었다. 검색 서비스는 비용이 많이 드는 방법이었고, 지속해서 운영되려면 웹 사이트 내에서 수익을 창출해야 했다. 네이버는 메인페이지에 이미지로 된 배너광고를 게시함으로써 온라인 비즈니스를 시작했다. 구글은 일반인에게 배너 광고를 할 수 있도록 허용하였다. 그리고 그 수익을 배분하는 애드센스 방식을 사용했다. 네이버 또한 나중에 애드 포스트라는 링크 배너를 열었다.

- 2세대: 검색광고

"요즘 필요한 게 뭐지?"

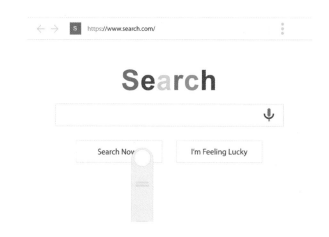

플랫폼 시대에서 소비자의 소비 패턴은 검색을 통해 이뤄진다는 것을 점차 많은 사업가가 깨닫기 시작했다. 단순 '노출'이 되는 배너 형태는 소비자의 욕망이 그대로 드러나는 키워드 중심으로 진화하기 시작했다. 드디어 '타겟'을 설정하는 방법을 터득한 것이다.

검색 엔진 기업은 키워드를 팔기 시작했다. 단어 하나하나 가격을 매겨서 판매하는 것이다. 특정 키워드를 입력하고 검색하는 사람들에게 특정 회사 제품 또는 서비스를 상단에 추천하는 것이다. 1세대 배너 광고와의 차이점은 일차적으로 무작위 노출이 아니라 타게팅 노출이라는 점이고, 이차적으로는 1세대 배너 광고보다 월등히 좋은 성과를 보여주게 되었다는 것이다.

입문부터 전문가까지
한 권으로 끝내는 디지털 마케팅의 모든 것

키워드 광고는 여전히 검색 엔진 기업의 수익 구조에 절반 가까이 차지하는 소중한 비즈니스 모델이다. 검색 엔진 기업은 이를 통해 상상을 초월하는 이익을 얻게 되었다. 디지털광고시장은 이 시기에 급성장했다고 해도 과언이 아니다.

광고 효과가 좋아서 불만?

키워드 광고가 성공적인 모델이라는 점이, 광고주 처지에서는 상당한 딜레마라고 할 수 있다. 이용자가 많은 플랫폼 기업에 광고하는 것은 좋은 효과를 장담할 수 있다. 그러나 그 광고비용이 광고주로서는 부담스러울 정도로 비싸져 버린 것이다. 물론 이용자가 적은 플랫폼 기업에 조금 더 싼 광고비용을 들일 수도 있겠지만, 노출도가 떨어지는 광고를 굳이 해야 할 이유는 없다.

검색 엔진에서만 노출되기 때문에 부가적인 이익 또한 없다는 점도 단점으로 작용했다. 예를 들어, 옥외 광고나 배너 광고의 경우 소비자가 무의식적으로 한 번쯤 본 제품이 되기 때문에 조금이라도 제품이나 기업을 각인시킬 수 있는 효과를 낳는다. 그러나 '검색'은 이미 제품 또는 기업에 대해 알고 있는 상황에서 접근하는 소비자이기 때문에 부수적 효과를 얻는 것은 아니다. 하지만 디지털 시장에서 이 이상 효과 좋은 다른 방법이 없었기 때문에 검색 엔진 기업은 승승장구할 수 있었다.

– 3세대: 프로그래매틱 광고

"나도 몰랐던 나의 취향, 디지털 데이터로 알려드립니다"

스마트폰 때문에 디지털 광고시장은 3세대에 강제로 넘어오게 되었다. 인터넷이 스마트폰에서도 연결됨에 따라 많은 앱이 생겨났고 콘텐츠와 미디어들이 급속도로 다양화되었다. 페이스북, 카카오톡, 인스타그램, 트위터, 거기에 유튜브까지. 광고 방식은 이제 프로그램 광고 형태로 옮겨가게 되었다. 컴퓨터 프로그램에 기반을 두어 자동화되었기에, 비용역시 절감되었다. 광고주로서는 또 다른 기회라고 할 수 있다.

프로그램 광고의 장점은 분석력이다

예전과는 차원이 다를 정도로 유저 데이터를 수집하고 분석할 수 있게 되었다. 어떤 연령이 주로 방문하는지, 어떤 상세 페이지, 광고가 더 효율이 높은지 측정하고 제안까지

입문부터 전문가까지
한 권으로 끝내는 디지털 마케팅의 모든 것

해줄 수 있는 세상이 열린 것이다. 당연히 광고의 효율은 더 높아지고, 소비자에게 접근할 방법도 다양해졌다. 타겟으로 설정한 소비자가 주로 이용하는 채널에 광고하게 되면 고효율의 결과가 나왔다. 예전 검색 엔진밖에 대안이 없었던 인터넷 광고 매체에서 더욱 선택의 폭이 넓어졌다.

최근에는 동영상 광고도 활발해졌다

디지털 광고시장의 변혁은 이뿐만이 아니다. 동영상에 대한 접근성과 인식이 달라지면서 유튜브 사용자도 대폭 증가했고, 그에 따라 온라인 생태계 역시 진화하게 된다. 과거에는 메이크업 방법이나 제품을 네이버와 구글에서 찾았지만, 이제는 메이크업을 직접 보면서 스트리머의 영상 안에서 정보를 습득한다. 이에 따라 유튜브 광고의 필요성에 대해 인식하는 사용자층이 늘어나게 되었고, 정보 생산자이자 소비자인 사람 대다수가 동영상 광고의 숲에서 살게 되었다. 시청자는 원하는 광고만 선택하여 볼 수 있게 되고, 시간 또한 광고주가 5초, 10초, 30초 등 맞춤 설정을 할 수 있게 되었다. 게다가 유튜브는 도달 범위 또한 넓으므로 타 사이트에서도 쉽게 접근할 수 있다는 장점이 있다.

4) 살아남은 광고업계에 박수를!

　인터넷 광고시장의 대략적인 트렌드를 알아봤다. 우리는 3세대 디지털 광고시장에 살고 있다. 광고주는 더는 검색 엔진이나, 소셜미디어에 의지하지 않고, 사람들의 행동 데이터를 분석하는 데이터 분석 기반 광고를 뿌려 대기 시작했으며 광고플랫폼이 다양해지고 있다. 구글 애즈, 구글 애널리틱스, 페이스북 FAN, 아마존 광고 등 진화의 진화를 거쳐 다양한 광고 수익 모델을 창출해나가고 있다.

　광고 사업도 전문화되어간다. 데이터를 전문적으로 수집하는 사업, 광고를 제시하는 사업, 광고를 뿌리는 사업, 대표적인 세 사업은 더는 '광고 회사'라는 통칭 하에서 운영되기 어려울 만큼 정교하고 세분되어가고 있다.

　사람들 역시 점점 광고에 대해 성숙해지고 있다. 즉, 자기 눈에 끌리지 않는 광고는 대놓고 무시하며 한눈에 보고도 허위 광고인지 과장 광고인지 척척 맞춘다. 관심이 있으면 전문가보다 더 정확한 정보를 들고 와서 비교 분석하기도 한다. 단순 노출 배너 광고의 효과는 점차 줄어들고 있으며, 개개인의 관심사에 맞는 타겟 광고는 크게 실효를 거두는 추세다.

　디지털 마케팅은 점차 컴퓨터 기술을 능숙하게 활용할 줄 아는 이들에게 기회를 주고자 할 것이다. 과거의 TV 광고처럼 일방적으로 주기만 하는 세대는 끝났다. 이제 디지털 마케터에게 요구되는 자질은 혁신적이고 트렌디한 커뮤니케이션 능력이다.

급부상한 AD Tech의 의미

사랑에 기술이 필요하듯이, 광고에도 기술이 필요하다. 한창 대학을 다닐 때, 제목만 보고 혹해서 읽어보지도 않고 바로 구매했던 책이 있었다. 바로 에리히 프롬의 〈사랑의 기술〉이다. '저명한 사회심리학자가 이런 책도 썼어?'라고 생각하며 비밀스럽게 사 온 책에는 비록 내가 원하는 내용은 들어 있지 않았지만, 그날 만났던 에리히 프롬 덕에 나는 지금의 결혼생활을 원활하게 누리고 있는 것이 아닐까 싶다. 그리고 그의 입을 빌려 광고 역시 기술이 필요하다는 점을 독자에게 피력하고 싶다.

광고는 사랑과도 같다. 광고 대상은 정해진 소비자다. 우리는 이 소비자를 사랑하는 사람을 대하듯, 원하는 것이 무엇인지 연구하고 기술적으로 접근할 필요가 있다. 인공지능이라는 도구를 사용하여 소비자에게 심층적으로 접근하는 기술이 바로 광고 기술, Ad Tech다.

"소비자 맞춤형 서비스를 제공해라!"

1-1장에서 소비자의 이동에 따라 광고 시장에 어떠한 변화가 있었는지를 주로 살펴보았다면, 이번 장에서는 각각의 소비자에게 가장 적절한 광고를 제공하기 위해 인공지능 기술이 어떻게 쓰이고 있는지 좀 더 집중적으로 알아보려 한다. 그 대표적인 기술이 바로 Ad Tech이다.

---

1) Ad Tech의 등장 배경

Ad Tech라는 말은 많이 들어봤어도, 용어의 의미를 정확히 잘 모르는 사람이 많다. Ad Tech는 AD(광고)와 Tech(기술)란 단어가 합쳐진 말이다. 즉, 디지털·모바일·빅 데이터 등 첨단 IT 기술이 적용된 광고 기술을 뜻한다.

퍼블리셔와 매체의 니즈를 모두 만족하게 해주기 위해 등장한 것으로 많은 불특정 다수의 사용자에게 광고를 노출하는 기존 광고시장의 형태와는 다르며, 제품을 구매할 법한 사람들을 타게팅하여 광고를 게시하기 때문에 훨씬 효율적이다.

Ad Tech의 등장은 광고시장의 변화와 관련이 깊다. 광고시장의 주요 변화는 광고시장 Player인 퍼블리셔와 매체 간의 요구사항으로부터 시작된다.

입문부터 전문가까지
한 권으로 끝내는 디지털 마케팅의 모든 것

Advertiser

광고주는 많은 소비자에게
광고를 노출시켜 광고
효율을 높이는 것이 목적

Publisher

최대한의 인벤토리를
판매해 수익을 최대화
시키는 것이 목적

퍼블리셔는 되도록 많은 소비자에게 광고를 노출하기를 원하고 매체는 최대한의 인벤토리를 판매하는 것이 목적이다. 즉 퍼블리셔는 매체로부터 인벤토리를 구매하는 소비자인 셈이다. 이때 퍼블리셔(광고대행사)들이 광고를 게시할 수 있는 인벤토리를 소유한 매체에 인벤토리를 직접 구매하는 방식을 Direct Buying(다이렉트 바잉)이라고 한다. 초창기 디지털 광고시장은 주로 이러한 방식으로 거래가 이루어졌고 구매한 인벤토리에는 당연히 퍼블리셔 또는 광고대행사가 원하는 광고가 게시되었다.

그러나 알다시피 광고시장은 대폭 확장되었다. 퍼블리셔와 매체가 늘어나면서 사람의 손으로 일일이 광고를 요청하고 게재하기가 쉽지 않은 일이 되었다. 그에 따라 AD Server가 등장한다.

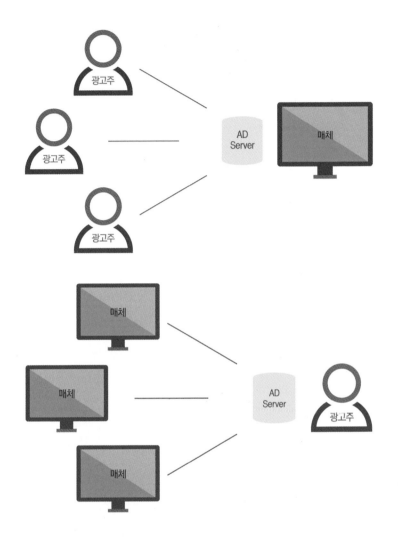

AD Server는 퍼블리셔가 쉽게 광고를 등록 및 관리하고 매체는 광고를 쉽게 게시할 수 있게 하였다. 퍼블리셔와 매체는 각각 AD Server를 가지고 있고, 퍼블리셔의 Server는 여러 매체에 제공할 광고를 포함한다. 매체는 이 Server에서 광고를 가져와 인벤토리에 게시한다. 그리고 매체의 Server는 여러 퍼블리셔를 상대로 퍼블리셔의 AD Server에 광고를 가져와 인벤토리의 광고를 지속해서 변경할 수 있다. 이처럼 광고를 게시하기 위해서 퍼블리셔와 매체 각 서버 간의 연동 작업이 필수적이었다.

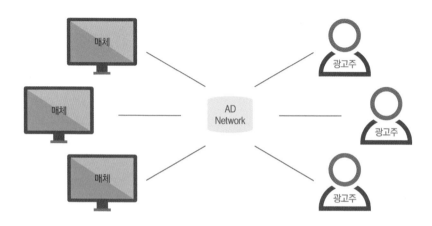

이를 보완하기 위해 AD Network가 등장한다. AD Network는 인벤토리를 구매하는 퍼블리셔와 광고를 게시하려는 매체 사이에 있는 중개자 역할을 한다. 다양한 매체의 인벤토리를 확보하고 그것을 퍼블리셔에게 판매했다. 그러나 광고시장은 인간의 예상을 훌쩍 뛰어넘는 수준까지 확장되었다. 엄청난 양의 데이터가 필요하고 엄청난 컴퓨팅 용량이 필요했다. 그러면서도 예산 지출을 최소화하고 효율적으로 광고되어야 했다. AD Network로는 처리가 어려웠다. 이때 인벤토리의 효과적인 처리와 광고 효율을 위해 등장한 것이 바로 AD Tech다.

2) Ad Tech의 개념

광고는 매체 활용에 있어 단독적이거나 일시적으로 행해서는 목적 달성이 어렵다. 따라서 여러 광고 매체를 잘 활용하고 계획적으로 정해진 광고활동을 일정한 시기에 지속적이고 조직적으로 전개할 필요가 있는데 이러한 일련의 연속적인 광고활동을 Ad Campaign(광고 캠페인)이라고 한다.

퍼블리셔는 효율을 최대한으로 높이기 위해 상품을 많은 사람에게 노출해야 하고, 그중에 상품을 구매할 법한 사람들에게 광고가 노출되기를 원한다.

매체는 단가기 높은 광고를 게시해 높은 매체 이익을 얻기를 원한다. Ad Tech 역시 Direct Buying, AD Server, AD Network가 그래 왔던 것처럼, 이러한 퍼블리셔와 매체의 니즈를 모두 만족시키기 위해 제품을 구매할 법한 사람들을 타게팅하여 광고를 게시한다. 차이라면, 앞서 파악한 대로 과도하게 성장한 광고시장에서 엄청난 컴퓨팅 용량으로 엄청난 양의 데이터를 축적, 처리할 수 있다는 점이다.

Ad Tech는 Ad Campaign에서 책임의 균형을 명확히 한다.

Ad Tech의 주요 운영 분야는 광고 요구사항에 따라 광고를 분석, 관리 및 게재하는 것이다. Ad Tech 운영의 중심에는 퍼블리셔, 수요자 측 플랫폼, Ad Exchange, 공급자 측 플랫폼 및 게시자로 구성된 광고 에코시스템이 있다. 이들은 함께 광고 공급과 수요의 루프를 형성하여 수익을 창출한다. 이는 특정 플랫폼에서 사용자 활동에 대한 정보를 수집하고 처리하여 달성된다.

- 퍼블리셔: 광고가 있는 쪽
- 게시자(매체): 광고를 위한 공간(인벤토리)이 있는 쪽
- Ad Exchange: 퍼블리셔와 게시자 간의 중재자

이들은 선택한 비즈니스 모델에 따라 수익창출이 이루어진다. 운영에는 퍼블리셔, 게시자, 플랫폼 등 관련 당사자 간에 분배된 요금이 포함된다. Ad Tech는 기존의 타게팅 기술에서 한발 더 나아가서 개인화 엔진을 도입한다. 이는 앞서 말했던, '빅 데이터를 모으는' 것에만 국한되지 않고 모은 데이터를 개인화 엔진으로 활용하는 것으로, 개개인의 니즈에 맞춘 광고를 뜨게 할 수 있다. 그렇다면 Ad Tech는 개개인의 니즈를 어떻게 파악할까?

가장 중요한 것은 소비자의 데이터

Ad Tech의 주요 정보 출처는 당연히 '소비자'이며 소비자의 기여는 기술적으로 매우 간단하다. 소비자가 특정 사이트에 접속하는 방식, 루트

등을 통해 구성된다. 사용자 추적을 통해 얻은 데이터는 광고 캠페인의 기틀이 된다. 광고에 대한 소비자의 후속 반응도 이를 기반으로 이루어진다. 광고 콘텐츠를 배치하기 위한 최상의 영역을 계산하는 데에도 이 데이터가 활용된다. 모니터링되는 매개 변수는 아래 내용이다.

추천 사이트(사용자가 어디에서 왔는지)
마우스 커서 이동을 포함한 현장의 전체 여행(사용자 경험)
이벤트(스크롤, 클릭, 하이라이트, 미디어 보기, 기타 자료)
검색어, 세션 시간, 현장 행동
특정 주제와 페이지에 대한 상황별 및 주제별 선호도
페이지 콘텐츠와의 다양한 상호 작용(다운로드 등)
링크 및 광고를 통해 다른 장소로 전환
인구 통계(차단되거나 가려지지 않은 경우)
소비자 장비(브라우저 사양, 광고 차단 켜기 또는 끄기 등)
광고 콘텐츠와의 상호 작용, 직접 피드백

이러한 종류의 정보 수집이 빅 데이터를 형성하고 웹 사이트 사용자에게 더 관련성 있고 유용한 콘텐츠를 제공한다. Ad Tech는 사용자가 사이트를 떠났어도 사이트와 다시 연결할 수 있다. 이 방법은, 시스템에 등록된 사용자의 의도를 파악함으로써 웹을 통한 사용자의 후속 여정 내내 연결된 광고를 보내준다. 물론 이 수많은 양의 정보는 제대로 처리되려면 상당한 기술이 필요하다.

Ad Tech의 데이터 관리

수집된 데이터 자체는 구조화되어 있지 않으므로 정렬이 필요하다. 수집되고 구조화되지 않은 데이터는 다시 분류되어 사이트에서 데이터 관리 플랫폼(DMP)으로 전송된다. 수신 데이터를 분석, 분류하고 대상을 분류하고 캠페인을 올바르게 최적화한다. DMP도 관계 활동 및 캠페인의 수신 결과를 비교적 쉬운 인터페이스로 바꾸어나간다. 데이터가 정렬되면 광고 공간을 통해 광고를 운영하고 특정 광고를 특정 사용자에게 안내하는 Ad Server로 전송된다. 광고와의 사용자 상호 작용에 대한 데이터도 수집되어 DMP로 전송된다. 게시자는 수신 결과에 따라 캠페인도 조정할 수 있다.

Ad Tech의 수익창출 모델

Ad Tech는 수익창출 일부로 광고와 상호 작용하는 프로세스를 만든다. 가장 일반적이고 효과적인 모델이 아래 네 가지다. 앞서 살펴본 내용도 들어 있어 익숙하게 느껴질 것이다.

① CPC

CPC는 Cost Per Click의 준말로, 광고 노출이 얼마나 많이 되는가에 상관없이, 광고 클릭이 한 번 발생할 때마다 요금이 부과되는 방식이다. 즉, 광고를 보는 사람이 광고를 클릭할 때마다, 광고를 게시한 사람이 이익을 얻는 방식이다. 금액은 광고 상품이나 매체, 입찰가 등에 따라서 다르고 구글 광고(애드센스)가 대표적으로 이 방식을 따르고 있다

② CPM

CPM은 Cost Per Mille-impressions의 준말이다. impression, 즉 노출이 Mille 1천 회가 되는 것을 기준으로 가격이 부과되는 방식이다.

③ CPA

CPA는 Cost per Action의 준말이다. 소비자가 광고를 클릭하는 것에 그치지 않고, 그 광고를 타고 들어와서 퍼블리셔가 원하는 어떤 행동을 수행했을 때 요금이 부과되는 방식이다. 그 특정 행동은, 보통 구매를 기준으로 하지만, 이벤트 참여, 상담 신청, 회원 가입, 설치, 다운로드 등도 해당할 수 있다.

④ CPI

CPI는 Cost per Install의 줄임말이다. 애플리케이션 마케팅에서 사용되는 용어로, 광고 노출과 상관없이 앱 설치 건당 요금이 책정되는 방식이다. CPA의 하위 개념이라고 볼 수 있는데, 주로 모바일 게임 앱 마케팅을 할 때 많이 적용된다.

3) AD Tech의 과정

퍼블리셔 편에서 퍼블리셔의 이익을 도와주는 DSP와 DMP가 있고 매체 편에서 매체의 이익을 도와주는 SSP가 있다. 이러한 DSP, DMP와 SSP를 사이에서 광고를 효율적으로 거래할 수 있게 하는 것을 AD Exchange라고 한다.

입문부터 전문가까지
한 권으로 끝내는 디지털 마케팅의 모든 것

- DSP(Demand System Platform)
  퍼블리셔가 적절한 매체에 광고를 제공할 수 있도록 도움

- DMP(Data Management Platform)
  사용자의 데이터를 분석하여 매체에 높은 광고 효율 제공

- SSP(Supply Side Platform)
  광고 중 광고의 단가가 높은 광고를 제공

- AD Exchange
  퍼블리셔와 게시자가 판매 또는 구매할 수 있는 디지털 마켓 플레이스

매체를 위한 플랫폼, SSP

SSP는 매체 측에서 매체의 이익을 극대화하는 플랫폼이다. 각 매체는 수익을 위해 가장 높은 단가의 광고를 찾고자 했다. 이를 위해 SSP는 여러 애드 네트워크, 애드 익스체인지, DSP를 연동하여 더 높은 광고비를 지급할 퍼블리셔를 찾을 수 있도록 한다. SSP는 유저로 인해 매체에서 노출이 발생할 때마다 비어있는 인벤토리를 RTB 경매장에 올린다. 이를 확인한 DSP의 응답 중 가장 높은 입찰가를 부른 광고의 요청을 수락하고 해당 광고를 매체에 게시한다.

여러 애드 네트워크들이 모인 애드 익스체인지(AD Exchange)

인벤토리 수요와 공급이 불일치 하는 상황이 발생한다. 개별 애드 네트워크로는 한계가 있으므로 자연스럽게 네트워크끼리의 인벤토리를 거래하게 된다. 일반적으로 거래의 효율성과 공정성을 위해 RTB(Real Time Bidding) 방식을 이용한다. RTB란 유저가 광고에 노출될 때마다

해당 인벤토리를 경매에 부치는 방식이다. 유저들의 노출이 발생할 때마다 실시간으로 퍼블리셔(DSP)들에게 해당 인벤토리의 구매 여부를 묻는다. 이들은 해당 노출을 분석 후 적합하다고 판단하면 경매에 들어가는데, 경매 하나에 소요되는 시간은 100ms 정도로 매우 빠르다. 따라서 짧은 시간 안에 수많은 트래픽을 처리할 수 있는 능력을 갖춘 익스체인지가 생겨났다.

퍼블리셔를 위한 플랫폼, DSP와 DMP

퍼블리셔는 애드 익스체인지의 등장으로 더 쉽게 다양한 오디언스를 접할 수 있게 되었다. 광고주는 더 효율적으로 광고를 운영하고자 여러 애드 익스체인지, 애드 네트워크, SSP(Supply side platform)들을 연동하여 적합한 광고를 구매한다. 이때 최대의 효율을 낼 수 있게 돕는 플랫폼이 DSP(Demand side Platform)이다. DSP는 앞서 언급된 RTB(Real Time Bidding) 방식의 경매 과정에서 해당 매체와 오디언스에 대한 정보를 분석하여 효율을 높이도록 한다. DSP가 적합한 판단을 내리기 위해서는 매체와 오디언스에 데이터에 대한 분석이 중요하다. DMP(Data Management Platform)의 역할이 바로 이것이다. DMP의 데이터는 많이 수집될수록 보다 정교하게 타게팅 한다.

적합한 인벤토리를 찾아주는 DSP와 RTB(Real Time Bidding) 구매 방식

현재 시장에서 일반적으로 사용되는 RTB 경매방식에는 2nd Price 낙찰 방식이 있다. 2nd Price 경매방식이란 가장 높은 가격을 부른 사람이 승리하되 2등이 부른 가격을 지급하게 되는 방식이다. 일반적인 경매 방식은 서로 눈치를 보거나 담합을 하게 된다. 그러나 2nd Price 경매방식의 경우, 구매 의사 확실한 퍼블리셔가 높은 가격으로 명확한 의사 표현을 하고 2등이 제시했던 가격으로 가져가게 된다. 이러한 방식은 퍼블리셔가 이기더라도 손해를 보는 상황을 줄이고, 자신이 생각하는 적정가격으로 구매할 수 있게 해주기 때문에 기존의 경매방식보다 투명하다.

4) AD Tech의 진정한 의미

Ad Tech를 가능하게 만들고, 계속해서 개인화 엔진이 발전할 수 있는 이유는 프로그래매틱 바잉 때문이다. 얼마 전까지, 네이버가 국내 매체를 과점하며 자신만의 광고시스템(비 프로그래매틱)을 사용해왔기에 프로그래매틱 광고의 성장, 관심도, 활용 빈도 등이 별로 높지 않았다. 그런데 점차 모바일 시장이 성장하고, 페이스북과 인스타그램, 유튜브 등으로 매체가 확장되며, 글로벌 광고 업체들까지 한국에 진출함에 따라 한국에서도 프로그래매틱 광고가 자연스럽게 커지게 되었다.

Ad Tech 운영의 기본 체계는 고객 타게팅이다. 현장에서의 사용자 활동 및 행동을 모니터링하고 웹 사이트의 데이터는 데이터 관리 플랫폼으로 전송되며, 여기에서 설정 사양에 따라 분류, 분류 및 세그먼트화된다. 이후 세그먼트화된 데이터가 Ad Server로 전송된다. 그 덕분에 사용자(고객)는 적절하고 관련성 높은 광고 콘텐츠를 제공받는다. 이는 사용자 행동 및 특성에 따라 개인화된 것으로, 광고 캠페인은 들어오는 정보에 적응하고 또다시 수집된다. 결국, Ad Tech를 올바르게 수행하면 광고 캠페인의 효율성과 수익을 극대화하게 된다.

Ad Tech의 중요한 장점 중 하나는 전체 도구 세트를 단일 시스템에 통합할 수 있다는 것이다. 수많은 자동화된 프로세스와 결합한 워크플로우를 통해 더욱 정확하고 편리한 잠재고객 타게팅이 가능하다.

여기에 힘을 보탠 것이 2-1의 주제 머신러닝이기도 하다. 많은 기업이 고객 데이터, 구매 데이터, 상품 데이터 등은 가지고 있다. 그러나 이런 데이터 분석을 통해 적당히 그룹 몇 개로 고객을 묶었던 것이 고작이었다. 이러한 기존의 고객 세그멘테이션을 머신러닝이 혁신적으로 바꾸어 주었다. 머신러닝을 활용하여 고객 개개인에 대한 개별적 예측값을 내는 고객 타게팅이 가능해졌기 때문이다. 이로 인해 Ad Tech는 더 관련성이 높고 정확한 광고를 유도할 수 있으며, 더욱 다양한 데이터를 수집할 수 있게 되었다.

디지털 광고대행사 /
미디어렙사의 현재 역할

앞서 이야기한 것처럼 퍼포먼스 마케팅의 중요성이 대두하고 전통 광고 매체가 아닌 디지털 광고시장의 파이가 커지면서 광고대행사들의 양태도 점차 바뀌고 있다. 특히 근 50년간 최대의 광고시장으로 군림해왔던 텔레비전 광고가 최근 들어 유튜브와 같은 대안 디지털 영상 매체 광고시장에 위협을 받으면서 광고를 제작 유통하는 대행사들의 역할도 변화하고 있다.

작년 2019년 한 해 동안 가장 큰 이슈가 되었던 프로그램은 단연 '워크맨'과 '와썹맨'이었다. 기본 조회수가 수백만 회에서 최대 수천만 회까지 웃도는 이러한 프로그램들은 놀랍게도 텔레비전에서는 한 번도 방영이 된 적이 없다. 오로지 유튜브를 통해서만 방영된 이 프로그램은 기존의 어떤 텔레비전 프로그램보다도 대중들의 높은 관심을 받으며 출연자인 '장성규'와 '박준형'을 스타로 만들어주었다.

프로그램을 제작한 업체는 '스튜디오 룰루랄라'라는 곳으로 JTBC라는 거대 미디어 업체의 산하 미디어 기관이다. 즉, 기성 텔레비전 매체의 높은 기술력과 전문성을 바탕으로 새로운 매체에 도전하여 큰 성공을 거둔 것이다. 이러한 사실 뿐 아니라 이미 유튜브는 한국인이 가장 많이 사용하는 앱 2위(3,368만 명), 가장 오래 사용하는 앱 1위(489억 분 이용)를 차지했을 정도로 이미 모바일기기에 최적화되어 광고 매체로서 전통 매체들을 위협하고 있다. 기존의 미디어 시장이 큰 지각변동을 하고 있으므로 광고시장 역시 새로운 대안 미디어 쪽으로 점점 위치를 이동해 가고 있다.

1) 광고대행사의 대비 전략

기본적으로 모든 광고대행사는 새로이 등장한 매체들에 관한 깊은 연구가 선행되어야 한다. 특히 신매체 중 가장 주목받고 있는 유튜브 광고의 경우에는 연령, 성별, 주제, 키워드, 시간, 채널별로 정교한 타게팅이 가능하여 비용 대비 높은 광고 효율을 얻을 수 있다는 장점이 존재한다. 이러한 타게팅을 통한 퍼포먼스 마케팅은 기존 매체에서는 없던 개념이기에 전통적인 광고 방법을 고수하던 광고대행사들은 도태되어 갈 수밖에 없다.

① 초 관련 광고(hyper-relevant ads)
변화하는 광고시장에서 광고대행사들은 다양하고 새로운 광고 기법들을 도출해내기 시작했다. 그 사례로 노출형 광고(DA)의 성과 지표로

입문부터 전문가까지
한 권으로 끝내는 디지털 마케팅의 모든 것

활용되는 광고클릭을 벗어나 클릭하지 않고 그냥 스쳐 지나가는 99%의 이용자들을 주목하여, 이 99%가 일으키는 구매 여정 상의 광고 시너지 효과를 규명한 브랜드 캠페인을 분석하는 마케팅 전략 구상을 들 수 있다. 또 AI 기술을 토대로 인지-고려-전환으로 이어지는 초 관련 광고(hyper-relevant ads)에 대한 연구도 진행되고 있다.

② 가상현실(VR), 증강현실(AR), 혼합현실(MR) 기술

디지털 광고 기술에 대한 신속한 도입과 적응 역시 광고대행사의 필수적인 요건이다. 최근 마케팅과 광고 분야에서 주목받는 기술은 가상현실(VR), 증강현실(AR), 혼합현실(MR) 기술이 있다. 처음에는 그 기술력으로 주목받은 뒤, 상업성이 있다고 판단되어 시장 규모도 급성장한 분야이다. 세 가지 기술은 모두 소비자 스스로가 직접 겪어보고 느낄 수 있도록 경험을 제공하는 경험 마케팅(experiential marketing)에 폭넓게 활용된다는 점에서 해를 거듭할수록 그 쓰임새가 확산하고 있다. 세 가지 기술이 비슷해 보여 헷갈리는 사람들이 많지만, 대상물이 허상이냐 실상이냐에 따라 확실히 구분되므로, 각각의 기술들을 자세히 알아보도록 하자.

- 가상현실(Virtual Reality)

우선 가상현실(Virtual Reality)은 현실이 아닌 100% 가상공간에서 콘텐츠를 소비하는 것으로, 현실 세계와 완벽히 차단되어 오로지 디지털 세계에서만의 경험을 극대화한다. 우리가 주로 경험하는 VR 기기가 이에 해당하는데 눈을 완전히 덮은 뒤 체험하기 때문에, 물리적 시공간을 극복하는 강력한 현존감(presence)을 제공한다. 만약 이를 통해 광고를 체험한다면 사용자에게 브랜드에 대한 좋은 경험을 제공해 긍정적인 인식을 심어줄 수 있다. 전자통신 분야 시장조사기관인 디지캐피털(Digi-Capital)에 따르면 2022년까지 세계의 가상현실 시장 규모가 150억 달러에 이를 것으로 전망하여 성장이 기대되는 시장이기도 하다. 이처럼 가상현실은 지금도 디지털 영상 광고에 두루 활용되고 있지만, 앞으로 게임과 3D 광고 영상 분야가 더 시장 규모가 확장되면서 널리 퍼져나갈 것으로 예상된다.

- 증강현실(Augmented Reality)

증강현실(Augmented Reality)의 경우에는 우리 눈에 보이는 현실 세계에 가상의 콘텐츠를 겹쳐서 새로운 경험을 할 수 있게 해주는 기술을 의미한다. 실제 존재하는 세계에 가상의 대상물(object)을 합성해 제시함으로써 그 대상물이 마치 일상생활에 존재하는 사물처럼 보이도록 구현하는 것이다. 몰입도가 높지만, 현실감은 떨어지는 가상현실과 달리 현실 세계를 기반으로 해서 더욱 생생하게 디지털 경험을 할 수 있다. 현실 세계에 도움이 되는 정보도 얻을 수 있다는 장점이 있기에 증강현실 기술은 삼성이나 애플, 페이스북, 구글 같은 글로벌 IT 기업들이 주목하

입문부터 전문가까지
한 권으로 끝내는 디지털 마케팅의 모든 것

며 차세대 기술 중 가장 빠른 성장 속도를 보이는 중이다.

전자통신 분야 시장조사기관 디지캐피털은 2022년까지 세계의 증강현실 시장 규모가 900억 달러에 이를 것으로 예측하였으며, 세계적인 디지털 가전 업체에서는 이러한 증강현실 기술을 광고와 결합하려는 노력을 지속하고 있다. 또한, 가상현실과 비교하면 몰입감이 조금 낮은 단점이 있음에도 VR 기계같이 별도로 장비를 착용하지 않아도 체험할 수 있어서 광고에 대한 접근성이 더 높다는 점 역시 광고주들에게 어필이 가능한 지점이라고 할 수 있다.

증강현실 기술을 이용한 광고 전략의 예시로는 펩시, 듀라셀이 2014년에 진행한 버스정류장 옥외 광고가 있다. 영국 런던의 버스정류장에 유리창처럼 보이는 증강현실 모니터를 설치한 후, 버스를 기다리는 사람들에게 갑자기 운석이 떨어지는 것처럼 증강현실 기술을 적용하였다.

운석의 낙하, UFO 침공, 풍선 타고 비행하는 사람, 동물원을 탈출한 호랑이 등의 다양한 증강현실 모니터에서 튀어나오는 의외의 사물들을 보면서 평소에는 별다른 관심 없이 지나쳤을 사람들도 광고를 보기 위해 멈춰 서서 즐거워하는데, 이는 증강현실 기술이 있었기에 가능한 일이었다.

향후 이와 같은 증강현실 기술을 이용하는 광고는 거대한 시장을 형성할 것으로 예측되며, 앞으로 증강현실을 적용하지 않으면 광고를 할 수 없다는 말이 광고시장에서 회자할 정도로 엄청난 폭발력과 잠재력을 지닌 핵심 기술이라고 할 수 있다.

출처: 인터넷 구글 https://youtu.be/i1Og0StsFOE

- 혼합현실(Mixed Reality)

　마지막으로 혼합현실(Mixed Reality)의 경우에는 현실 세계와 가상 세계가 혼합된 것으로, 가상현실의 몰입감과 증강현실의 현실감이라는 장점을 동시에 구현할 수 있는 기술로 주목받고 있다. 즉 완전한 가상의 세계가 아닌 현실과 가상이 자연스럽게 혼합된 스마트 환경이 제공되는 것으로, 사용자 스스로 현실과 가상을 교차로 체험할 수 있는 특성이 있다. 가상현실 공간과 증강현실 공간 정보가 결합한 융합 공간 속에서 정보가 새롭게 생성되면 이용자는 실시간으로 혼합되는 정보와 상호 작용을 하게 되는 것이다. 따라서 혼합현실은 공간에서 정보의 사용성과 효용성을 극대화하는 차세대 정보처리 기술의 핵심 분야라고 할 수 있다.

　혼합현실은 현재도 광고와 마케팅은 물론 쇼핑, 교육, 게임 등 여러 분야에 두루 활발하게 활용되고 있다. 예를 들어 세계적인 가구업체 이케아의 경우, 소비자들은 혼합현실 기술이 적용된 이케아의 카테고리 앱을 통해 가구의 느낌을 미리 체험해보고 쇼핑도 할 수 있다. 직접 매장에 방문하지 않더라도 혼합현실 기술이 적용된 애플리케이션을 활용하여 이케아 물건들을 자기 집 분위기에 알맞게 원하는 위치에 미리 배치해볼 수 있다. 과거에는 실제로 가구를 사 온 다음에 집 안에 배치하여 잘 어울리는지를 보았지만, 이러한 생활의 패턴을 완전히 전환하는 것이다.

　이처럼 혼합현실은 소비자의 일상생활에 경험의 폭을 넓히며 광고와 마케팅 영역에 두루 적용되고 있다. 상상하는 장소나 공간을 얼마든지 미리 체험해볼 수 있으니 굉장히 실용적이면서도 고객에게 감동을 줄 수도 있는 혼합현실 기술은 앞으로 그 성장 가능성이 무궁무진한 것으로 예측되며, 우리나라에서도 2017년에 '혼합현실 어드벤처 페스티벌(MRA 2017)'이 열렸다는 점에서 앞으로 혼합현실 기술은 광고와 마케팅 분야에서 더욱 확산할 것으로 예상한다.

2) 경계선 없는 세상이 다가온다

고도화된 광고 기술들의 도입과 변화하는 디지털 매체의 움직임 속에서 마케터는 새로운 마케팅 전략을 세우며, 끊임없이 고객들과 소통하는 역량을 키우는 일이 필수적이다. 향후 마케팅 시장은 ATL(Above The Line)과 BTL(Below The Line), 디지털 매체 영역의 경계가 허물어질 것으로 예상된다.

ATL과 BTL은 광고를 집행하는 매체를 나타내는 용어로, 기존 광고의 4대 매체인 신문, 텔레비전, 잡지, 라디오를 이용하여 광고를 집행하는 것을 ATL이라 하며, 판촉행사, 박람회와 같이 미디어를 사용하지 않는 대면 커뮤니케이션을 활용하는 프로모션을 BTL이라 한다. 기성의 광고 및 마케팅의 경우에는 ATL과 BTL, 그리고 디지털 매체 영역을 철저하게 나누어 가장 효율적인 방식을 선택하여 광고하는 물건에 대해서 마케팅 프로젝트를 실시하는 방식으로 이루어졌다.

이렇게 경계를 철저하게 나누는 마케팅 방식은 오히려 광고하면서 생길 수 있는 허점들에 대한 대비가 되지 않을뿐더러 오히려 더 비효율적임이 자료를 통해 증명되면서 점차 회의론이 생겨났다. 그리고 앞서 말한 대로 ATL과 BTL, 그리고 디지털 매체의 경계가 무너지고 각 매체의 특성들이 혼합되면서 통합 마케팅 전략(IMC)에 대한 필요성이 대두하고 있다.

IMC란 Integrated Marketing Communication의 약자로써, 직역하자면 통합된 마케팅 커뮤니케이션 전략이라고 할 수 있다. 즉, 그 기업 또는 브랜드가 시행하는 다양한 마케팅 활동들이 통합되어 하나의 목소리를 내는 전략이다. 여기에서 통합은 텔레비전이나 라디오, 신문, 그리고 디지털 매체 등 채널의 통합을 의미하는 것이 아니라, 소비자들에게 전달하고자 하는 메시지와 인식시키고자 하는 이미지의 통합을 의미한다.

쉽게 예를 들자면, 어떤 회사가 텔레비전 광고를 통해서는 진지하고 정직한 이미지로 신뢰할 수 있는 기업 이미지를 강조하고, 잡지에서는 합리적인 가격을, 오프라인 매장에서는 누구나 가지고 싶은 고급스러움을 말한다면 소비자는 통합된 하나의 메시지를 받아들이지 못하고 브랜드에 대한 이미지가 제대로 각인되지 못할 것이다. 즉 이처럼 ATL과 BTL 및 디지털 광고를 병행하면서도 소비자들에게 혼란을 주지 않고, 강력한 메시지와 이미지를 전달하기 위해서 IMC가 등장하게 된 것이다.

IMC 전략의 성공적인 사례

세계적인 에너지 드링크 음료 회사 레드불(RED BULL)이 있다. 레드불은 '레드불, 날개를 펼쳐줘요(Red Bull, gives you wings).' 라는 대표적인 슬로건을 바탕으로 다양한 IMC를 진행하였다. 우선 텔레비전 광고에서는 에너지 드링크라는 제품속성보다는 레드불이 추구하고자 하는, 그리고 소비자들이 레드불을 마심으로써 얻게 되는 효용에 집중하였다. 명품 브랜드와 같은 브랜딩을 바탕으로 극한의 익스트림 스포츠를 콘텐츠로 삼아 광고하였으며, 비인기 종목에 대한 후원을 아끼지 않는다는 사회적 기업의 이미지도 함께 전달하고자 노력하였음을 알 수 있다.

또한, 홍대나 강남 길거리에서도 볼 수 있었던 '레드불 윙 스팀'으로 불리는 길거리 마케팅팀도 있었는데, 이들은 직접 잠재적 고객들을 찾아가거나 길거리를 돌아다니며 레드불에 대해 짧게 설명해주고 직접 캔을 따서 사람들에게 건네주는 마케팅 방식을 취하였다. 이러한 윙 스팀의 활동은 주로 업무에 찌들어 있는 사무실을 직접 찾아가기도 하고, 클럽이 한창 시작할 11시 즈음의 홍대를 찾아가기도 하는 등 결국 레드불을 통해서 힘을 내야 하는 사람들에게 에너지와 열정을 전달하는 역할임을 강조하고 이미지를 각인시키는 마케팅이었다.

SNS도 매우 적극적으로 활용하였는데, 앞서 언급한 윙 스팀이 레드불을 줄 때는 판촉물도 함께 제공했다. 이곳에는 SNS를 통해 연동할 수 있는 QR 코드도 함께 동봉되어 있었으며 국내 블로그를 꾸준히 운영하여 레드불이 하는 다양한 사업소식들을 전달했다.

레드불의 SNS 채널의 특이한 점이 대표적인 제품인 레드불에 관해서 설명하기보다는 소비자들과 친구처럼 대화하듯이 소통을 하려는 자세를 보인다는 점이다. 대화의 소재는 스포츠로 대표되는 열정에 대한 것으로, 앞서 말한 레드불의 정체성인 스포츠에 대한 이미지를 다시 한 번 소비자들에게 각인시키는 효과를 불러일으킨다. 이처럼 레드불은 말 그대로 눈에 보이지도 않고 손에 잡히지도 않는 레드불만의 추상적인 '에너지'라는 가치를 다양한 채널들을 잘 활용하여 일관된 이미지를 전달하고 소비자들에게 인식시키는 데 성공할 수 있었다.

사실 이러한 예시 같은 IMC 전략을 잘 수행하기 위해서는 이 모든 과정을 포괄하여 소통하여야 하므로 영세하거나 디지털 등 특정 채널에만 전문성을 가지고 있는 광고대행사보다는 종합 광고대행사가 더 유리한 측면이 존재한다. 즉, 광고 제작의 창조적 역량과 데이터를 기반으로 마케팅 전략을 끌어낼 수 있는 주도권 역할은 대규모 광고 기업들만이 가지는 강점이기 때문에 기존의 광고 기업들이 디지털 시장을 확보하기 더욱 쉬운 것이다. 실제로 국내에서도 디지털 전문 광고대행사가 아닌 제일기획이나 이노션과 같은 기존의 광고 기업들이 디지털 역량을 확보하는 방향으로 변화하는 광고시장의 흐름을 따르고 있다.

하지만 전반적인 매체의 변화와 광고시장의 변화에 따라 디지털 광고대행사 쪽이 주목되는 것은 막을 수 없는 흐름이라고 할 수 있다. 특히 지난 몇 년간의 디지털 매체 경력을 통해서 여러 광고주를 통해 확보한 레퍼런스를 가진 전문 디지털 대행사의 역할이 앞으로 점차 확대될 것으로 예측된다.

3) 미디어렙사의 역할

최근 광고 트렌드는 기본적으로 콘텐츠와 데이터 분석이 동시에 이루어지고 있다. 광고주로서는 전문 디지털 광고대행사를 비롯하여 데이터 솔루션 전문업체, 그리고 콘텐츠 전문 제작업체 등과 협업하고 시너지를 내야 할 필요성이 생긴 것이다. 그렇기에 디지털 전문 광고대행사들은 이러한 요구에 발맞추어 광고 콘텐츠의 형태, 시간, 광고주의 타겟층에 뜨는 키워드 트렌드 등 다양한 조건을 적재적소에 분석해 광고를 노출하고 있다. 게다가 최근에는 해외 직구나 역직구 등 국경을 넘나드는 크로스보더 비즈니스가 활성화되면서 이를 촉진할 수 있는 해외 퍼포먼스 마케팅 캠페인 수요도 증대되고 있다. 이는 기존의 광고대행사들보다는 좀 더 신속하고 유동적인 광고 프로젝트 수행이 용이한 디지털광고대행사와 미디어렙사의 역할을 확대하는 요인이기도 하다.

기본에 충실하라!

기본적으로 디지털 광고대행사들의 역할은 광고 캠페인의 전체 KPI(Key Performance Indicator, 핵심성과지표)를 관리하고 매체별 효과를 비교해 이후 플랜을 위한 인사이트를 도출하는 것에 있다. 퍼포먼스 광고의 KPI는 구매나 다운로드와 같이 측정 가능한 지표를 목표로 설계되는데, 디지털 업무에 특화된 대행사들 같은 경우에는 매체별 캠페인 태그를 활용해 광고집행 성과를 측정할 수 있으므로, 어떤 매체가 더 많은 액션을 일으켰는지 측정할 수 있다.

광고 노출과 액션 발생 데이터가 집계된 트래킹 솔루션을 활용하여 전체 KPI 달성 현황을 모니터링할 수 있으며, 이후 플랜 수립에 반영하는 역할을 하므로 훨씬 체계적인 성과 지표 달성이 가능해진다. 특히 최근에는 디지털 매체의 성장으로 인해서 소비자의 액션이 일어나는 곳이 쇼핑몰, 플랫폼 등의 디지털 마켓인 경우가 많아졌기에, 광고주들이 퍼포먼스 광고에 집행하는 예산을 증대시킬 요인으로 작용할 것으로 전망되기도 한다.

미디어렙사의 생존전략

우선 미디어렙들의 경우에는 최근 동향인 OTT 플랫폼에 대한 반응이 눈에 띈다. OTT(Over The Top)란 디지털 콘텐츠를 TV 또는 이외의 기기에서 소비할 수 있도록 하는 모든 장치 및 서비스를 뜻한다. 과거에는 셋톱박스와 같은 장치를 이용한 동영상 서비스로 국한되었지만, 시간이 지나면서 셋톱박스에 한정되는 것이 아닌, 다양한 기기에서 이용할 수 있는 인터넷 기반의 동영상 서비스를 포괄하여 지칭되고 있다. 스마트 TV, 스마트 셋톱박스, 데스크톱 및 랩톱, 태블릿 및 스마트폰 등이 이에 속한다고 할 수 있다.

특히 넷플릭스의 전 세계적인 유행에 힘입어 OTT 서비스가 점차 보편화하고 있고 이에 따라 OTT 플랫폼에서 노출되는 광고인 OTT 광고도 주목받는 실정이다. 주로 그 형식은 스마트 TV 또는 셋톱박스의 경우 TV 광고와 동일한 길이의 동영상 광고가 주를 이루고 있다. 또한, 기존의 TV와는 다르게 가구 수준의 타켓팅이 가능하므로 프로그래매틱 광고 거래를 활용해 광고 노출이 가능하다는 특성 역시 존재한다. 이외에도 인터넷이 연결된 기기의 경우에서는 기존의 모바일 환경 또는 컴퓨터 환경에서의 광고 형식이 그대로 적용되기도 한다. OTT 광고의 노출방법은 CSAI와 SSAI 두 가지 방식으로 구분된다. 이 두 가지 광고 방식은 크게 콘텐츠 스트림 내부의 광고 포함 여부에 따라 구분된다고 할 수 있다.

- CSAI(Client-side ad insertion)
  비디오 플레이어에 광고를 가져와 사용자에게 노출하는 방법이다. 일반적으로 OTT 서비스에 많이 사용되는 광고 삽입 기술이지만, 콘텐츠 사이에 광고 스트림이 삽입되기 때문에 사용자가 광고 차단기를 쓰고 있다면 그 영향을 받게 되기도 한다. 그리고, 리퀘스트시에 광고를 호출하기 때문에 호출부터 재생까지의 딜레이가 발생할수 있다. Linear에 적용시에는 딜레이로 인하여 본방송과 편차가 발생할 수 있다는 단점이 있다.

- SSAI(Server-side ad insertion)
  광고가 동영상 콘텐츠와 함께 완벽한 스트림으로 제공되게 하는 방법으로, 광고 차단기가 콘텐츠와 광고를 구분할 수 없다는 장점이 존재하지만, 소비자가 광고되는 제품에 대해서 부정적인 이미지를 가질 수 있다는 단점 역시 존재한다. 그리고, 미리 타겟을 예측해서 범주화된 소재를 서버에 내려놓은 방식이라 타게팅의 정확도는 낮을수 있다.

결국, 미디어 관련 기기가 점점 더 다양해지고, 언제 어디서든 동영상을 소비할 수 있는 환경이 나타나면서, 인터넷을 통해 사용자에게 제공되는 OTT 동영상 서비스 시장은 지속해서 발전할 것으로 예측된다. 또한, OTT 성장과 함께 그에 맞춰 보이는 광고 또한 점점 더 주목받고 있으니 미디어렙과 광고대행사들은 어떻게 더욱 효과적으로 광고 노출 및 대상에 대한 타켓팅을 할 것인지, 동적 광고의 효율을 어떻게 높일 것인지 고민하며 적극적으로 대처해야 한다. 또한, 많은 고객을 확보하기 위해 다양한 프로모션 및 콘텐츠 확보 또한 중요한 포인트가 되어가고 있다.

OTT 시장 내 광고 상품 적극 활용

대표적인 전략으로는 우선 OTT 시장 내 광고 상품을 적극적으로 활용하는 방법이 있다. 어린 나잇대의 소비자인 영 타겟(YOUNG TARGET)은 OTT를 통한 동영상 콘텐츠 소비가 활발하다. 그렇기에 OTT 서비스 중 광고 상품을 판매하고 있는 티빙, 웨이브의 상품을 활용하면 TV에서 줄어가는 영 타겟의 Reach를 확보할 수 있을 것으로 보인다. 특히 OTT 상품은 TV 혹은 디지털 상품 대비 빈도수가 훨씬 높으므로 영 타겟층에 확실한 브랜드 각인 효과를 기대할 수 있다.

콘텐츠 마케팅을 통한 TV + OTT 시청자 커버 전략

PPL 등 콘텐츠 마케팅을 통한 TV + OTT 시청자를 동시에 보완하는 전략도 사용되고 있다. 시청의 파편화로 시청 방식은 다양해졌지만 결국 소비하는 콘텐츠는 동일하다. 얼마 전 인기리에 종영한 드라마 〈동백꽃 필 무렵〉이나 〈배가본드〉의 경우, TV는 물론 OTT 채널(넷플릭스, 웨이브 등)에서도 시청이 가능했으며, 이런 경우 간접 광고, 협찬 등을 통해 콘텐츠 내 브랜드/제품을 노출하면 TV 시청자는 물론 OTT를 통해 시청하는 타겟까지 동시 보완함으로써 노출 효과가 배가될 것으로 기대되고 있다.

디지털 미디어의 높은 관심도로 인해 미디어렙 지형 역시 변화하고 있다. 기존의 미디어렙사들은 종합 광고대행사들이 대형 그룹사에 속해 '인하우스 에이전시'로 호명되던 것과는 달리 독립적으로 운용되는 것이 대부분이었다. 하지만 최근 들어 앞서 언급한 '스튜디오 룰루랄라'와 같이 미디어렙 역시 대형 그룹사에 속하는 모습을 보여주고 있다. 2020년 SK텔레콤이 전문 미디어렙사인 인크로스를 인수하고, 2012년에 CJ에 인수된 메조미디어와 2008년 KT에 편입된 나스미디어 등 디지털 미디어렙사의 인하우스 시대가 본격적으로 열리기 시작하는 것이다.

디지털 광고시장 변혁은 인공지능이 이끈다

마케팅 시장의 변화과정에서 광고업계에 종사하고 있는 소위 '주니어' 들은 어떤 방식으로 변화에 대처하고 준비하여야 할까? 수많은 콘텐츠와 신성장 동력에 대한 요소들에 관해서 이야기가 많이 나오고 있는 상황에서 필자가 가장 중요하게 생각하며, 필수적으로 공부해야 한다고 느끼는 것이 '인공지능'이다.

앞서 최근 마케팅 시장의 트렌드라고 분석했던 퍼포먼스 마케팅이 상용화된 기술적 근간은 구글의 유입자 빅 데이터 분석에 있었다. 그렇다면 구글이 이렇게 전 세계에서 유입되는 인터넷 사용자들의 성별, 나이, 관심사 등을 체계적으로 애널리틱스화 시켜서 제공할 수 있었던 원동력은 무엇이었을까?

바로 머신러닝과 딥러닝을 기반으로 한 인공지능이 있었기에 가능했다. 이제 더는 과거와 같이 구체화하지 않은 수치들을 바탕으로 마케팅하는 방식은 광고시장에서 가치를 지니지 못한다. 인공지능의 도입으로 인해 기존에 득세하고 있던 마케팅 업체와 광고 업체들이 몰락하고 새로운 디지털광고대행사들이 성장할 수 있었으며, 앞으로 해당 업체들의 장래가 더 밝다고 할 수 있다.

1) 인공지능과 머신러닝, 딥러닝

기본적으로 인공지능(AI, Artificial Intelligence)이란 학습, 문제 해결, 패턴 인식 등과 같이 주로 인간의 지능과 연결된 인지 문제를 해결하는 데 주력하는 컴퓨터 공학 분야를 의미한다. 보통 'AI'로 줄여서 부르는 인공지능은 로봇 공학이나 미래의 모습을 내포하고 있는 경우도 많지만, 이제 AI는 이러한 공상 과학 소설에 나오는 작은 로봇을 넘어 첨단 컴퓨터 공학의 현실이 되는 실정이다.

우리에게 큰 충격을 가져다주었던 이세돌과 알파고의 바둑 대국은 AI가 우리의 일상을 얼마나 크게 바꿀 수 있을지에 대해서 보여준 상징적인 사례라고 할 수 있다. 알파고는 기계가 절대로 정복할 수 없다고 여

겨졌던 바둑 대국에서, 전 세계에서 가장 바둑을 잘 둔다는 이세돌 9단을 상대로 압승을 거두었고, 이는 이제 더는 인공지능이 인간보다 못하는 영역은 없다는 것을 보여준 것이다.

인공지능에 있어 그 개념을 제시한 실험으로 현대 컴퓨터 과학의 아버지로 불리는 앨런 튜링(Alan Turing)이 1950년에 고안한 튜링 테스트(Turing test)가 있다. 이는 기계가 사람처럼 지능적으로 동작할 수 있는지 판단하는 테스트로, 일단 보기에 인간 같은 것을 인간에 준하는 지능이 있다고 판단하는 것을 전제로 한다.

즉, 앨런 튜링은 '마음과 지능, 인간다움의 본질에 대한 논의는 그만두고, 일단 이 시험을 통과하는 모든 것은 확실히 지적이다'라고 합의한 다음에, 이 시험을 통과하는 기계를 어떻게 만들 수 있을지로 논의하기 시작한 것이다.

이 테스트는 사람인 평가자가 청각 및 시각적 접촉 없이 기계와 사람을 인터뷰하는 것으로 시작한다. 그리고 인터뷰 대상이 된 기계와 사람은 모두 자기가 사람이라고 주장하고, 만약 평가자가 기계와 사람을 구분하지 못하면 이 기계는 튜링 테스트를 통과한 것으로 보며 기계의 지능을 사람과 같은 것으로 간주하는 것이다.

이 테스트를 통해 구체화한 인공지능의 개념은 모든 것을 포괄하고 규정할 수 있는 개념은 아니다. 오히려 그보다는 서로 밀접하게 연관되고 연결된 다수의 기법과 기술들의 집합이라고 보는 것이 더 정확할 수 있다. 그리고 그중 가장 잘 알려진 두 기술이 바로 머신러닝과 딥러닝이

입문부터 전문가까지
한 권으로 끝내는 디지털 마케팅의 모든 것

며, 딥러닝은 머신러닝의 하위 분야라고 할 수 있다.

머신러닝이란

우선 머신러닝이란 말 그대로 기계학습을 의미한다. 즉, 주어진 데이터를 분석하여 패턴을 인식하고 이를 바탕으로 기계 스스로가 예측하게 하는 것으로, 기계의 패턴 인식이 반복됨에 따라 자신의 오류를 수정하고 반복하면서 정확도를 높여가게 되는 방식이다. 이렇게 습득된 알고리즘이 '경험', 즉 샘플 데이터를 기반으로 지식을 획득하고, 이를 바탕으로 시스템이 주어진 과제에 대한 중요 특징을 찾아내고 통합하여 알려지지 않은 데이터에 적용할 규칙을 스스로 설정하는 과정이다. 대표적인 머신러닝의 한 가지 사례로는 동영상 포털의 추천 기능을 들 수 있는데, 머신러닝이 동영상 추천에 대한 사용자 반응을 데이터화 해서 분석하기 때문에 추천 기능에 대한 정확도가 나날이 향상되고 있고, 이로 인해서 광고주들이 얻는 효과도 점차 개선되고 있다.

딥러닝이란

딥러닝은 머신러닝의 하위분과로 한 단계 나아간 심층학습 단계이며 대량의 데이터(빅 데이터) 분석을 기반으로 한다. 딥러닝은 컴퓨팅기술과 빅 데이터를 활용하여 Deep Neural Network를 만들어낸다. 이것은 앞서 말한 튜링 실험에서 처음 AI를 정의할 때 흉내 낸다고 하였던 인간의 뇌 신경망과 흡사하다고 할 수 있다. 인터넷의 방대한 데이터들을 수집하여 이를 분류하고 데이터 간의 상관관계를 찾아내어, 수많은 오류를 발생시키면서 새로운 지점들을 발견하고 예측하기 때문에 딥러닝이 진행될수록 그 정확도는 더욱 상승하게 된다. 최근 많은 이슈가 되었던 알파고 또한 이러한 딥러닝 학습 과정을 거친 것으로 유명하다.

2) 인공지능이 광고 지형을 바꾸다

머신러닝은 마케팅 과정에서 기록 데이터를 기반으로 미래의 결과를 예측하는 데 주로 사용된다. 예를 들어 머신러닝을 사용하여 특정 사이트나 오프라인 매장에서 도출된 소비자들의 통계학을 기반으로 하여 향후 회계 분기에 제품이 얼마나 판매될지 예측하거나 브랜드에 대한 충성도가 높아지거나 불만족하게 될 가능성이 가장 큰 고객 타겟층을 예측하는 것이다. 이러한 예측을 통해 비즈니스 의사결정을 더욱 개선할 수 있으며, 좀 더 개인적인 사용자 경험을 제공하며, 고객유지 비용을 줄일 수 있다는 장점이 존재한다.

과거 인공지능이 발달하지 않았을 때는 사람이 주어진 데이터나 통계를 바탕으로 이를 해석하여 이 제품을 어디에 광고하고, 어느 연령대에 맞겠는지를 파악해 왔다. 이를 경험 기반 타게팅+데이터 기반 타게팅으로 칭하는데, 이와 같은 전통적인 방법은 자료를 분석하는 사람에 따라 좋은 결과가 있기도 하고 그렇지 않기도 할 정도로 정확히 자료를 해석하기가 어려운 측면이 존재했고 신뢰도도 떨어졌다. 또한, 자료가 매년, 매 분기 갱신되어야 하므로 자료 분석을 매번 새로 하여야 하는 단점이 존재하기도 했다.

그 이유는 소비자들이 물건을 찾고 구매하는 규칙에 따른 타게팅이기에 아무리 분석자가 주어진 자료를 바탕으로 꼼꼼히 분석한다고 하더라도 놓치는 고객들이 생길 수밖에 없기 때문이다. 즉, 지금까지 주어진 데이터의 규칙 알고리즘의 기준에서 새로운 패턴이 발생하여 이를 벗어나게 된다면 기존의 자료는 아예 포기하고 버려야 한다. 쉽게 예를 들자면 기존 의류 업체에서 남성 클래식 셔츠를 30~40대 남성들이 주로 산다는 데이터 값을 가지고 있을 때, 이는 20~50대 여성들은 아예 타겟에 들어가지도 않기 때문에 새로운 분석을 위해서는 다시 데이터를 수집하고 분석해야 하는 과정이 필수적으로 수반되는 것이다.

① 머신러닝의 역할

위와 같은 상황에서 머신러닝이 진가를 발휘하게 된다. 기본적으로 머신러닝은 '방법'을 주고 '결과'를 도출시키는 것이 아니라, 원하는 데이터 값을 먼저 입력하게 되면 그 결과를 도출시킬 처리방법을 만들어주는 방식이다. 인간의 불확실한 방법으로 결과를 예측하는 것이 아니라 애당초 원하는 결과값을 토대로 정확한 방법을 만들어내는 방식이란 뜻이다.

즉, 컴퓨터가 계속해서 학습하며 더 나은 처리방법을 만들어내기 때문에 인간은 그 방법을 토대로 마케팅 전략을 수정, 보완하고 개조하여 더 높은 성과를 낼 방법을 적용하기만 하면 된다. 이런 머신러닝의 대표적인 알고리즘으로는 클러스터링(군집화) 기법을 뽑을 수 있는데, 이 방법은 컴퓨터가 먼저 데이터들을 수집한 후 군집화시켜 의미 있는 결과들을 나열하면, 그 군집화된 데이터를 토대로 더 효율적인 마케팅 방안을 찾아가는 방식이다.

비즈니스에서 머신러닝을 성공적으로 구현하기 위해 선행되어야 하는 과정은 현재 업체가 처해있는 정확한 문제를 파악하는 것이다. 현재 직면해있는 업체의 문제를 알아내면 머신러닝을 통해서 비즈니스에 도움이 될 마케팅적인 예측을 파악하기 쉽다.

다음으로 과거의 비즈니스 지표(트랜잭션, 판매, 감소, 소비자 유입량 등)를 기반으로 유의미한 데이터가 수집돼야 한다. 필수적인 데이터가 집계된 후에는 해당 데이터를 기반으로 머신러닝 모델이 구축될 수 있다. 머신러닝 모델이 이와 같은 과정을 통해 실행된 후에는 모델의 예측 결과가 비즈니스 시스템에 다시 적용되어 좀 더 정보에 근거한 의사결정을 내릴 수 있으므로 더 효율적인 마케팅 결과를 도출하는 데 큰 도움을 줄 수 있다.

머신러닝은 마케팅 과정에 있어 인간보다 더욱
정교하고 높은 효율을 도출해내는 전략을 세울 수 있다.

② 딥러닝의 역할

머신러닝에서 한 단계 나아간 심층학습 단계인 딥러닝은 어떨까?

딥러닝은 MIT가 선정한 향후 10대 혁신 기술로, 현재 글로벌 기업 구글, 페이스북, 바이두, 마이크로소프트, IBM, 아마존 등과 국내 기업 네이버, 카카오 등의 많은 기업이 관심을 둘 정도로 마케팅과 광고 부문에서 주목받는 인공지능 기법이다. 해당 기업들은 이미 자사의 광범위한 인터넷 플랫폼 서비스를 통해 축적된 사용자들에 대한 빅 데이터를 확보하고 있으며, 이를 더 효율적으로 활용하기 위해 많은 노력을 하고 있다.

입문부터 전문가까지
한 권으로 끝내는 디지털 마케팅의 모든 것

이 중에 가장 활발하게 딥러닝에 투자하고 있는 구글과 페이스북의 사례를 확인해보자.

구글은 2010년대 초반부터 딥러닝에 투자하며 활발하게 연구를 진행해온 것으로 유명하다. 2012년 구글의 인공지능 연구를 이끌었던 앤드루 응(Andrew Ng) 박사는 딥러닝 알고리즘을 통해 유튜브 내의 1,000만 개의 비디오를 컴퓨터에 학습시켜 3일 만에

컴퓨터가 자동으로 고양이를 인식하도록 만들 수 있었다. 총 10억 개 이상의 네트워크 조합을 이용해 성공한 이 프로젝트는 1만 6,000개의 컴퓨터가 움직이는 영상을 학습해 이뤄낸 쾌거로 많은 딥러닝 분야에서 센세이션을 일으키기도 했다.

그 후, 딥러닝 기술에 매료된 구글은 2013년 딥러닝의 아버지라 불리는 제프리 힌튼(Geoffrey Hinton)을 최고기술경영자로 영입하고, 2014년에는 머신러닝 분야의 유니콘으로 떠오른 신생기업 딥마인드를 5억 달러에 인수하는 등 적극적인 행보를 보였다. 이러한 과정을 통해서 구글은 2014년 11월에는 주어진 사진 속에서 어떤 일이 벌어지고 있는지 전반적인 상황을 읽어내고, 이를 자연스러운 언어로 표현하는 소프트웨어를 개발할 수 있었다. 당시 기술로 구현한 결과물은 완벽하지는 않았지만, 이미지에서 물체를 식별하는 기술과 완벽한 영어 문장을 생성하

는 자동 번역 기술을 통해, 인간처럼 이미지를 읽고 표현하는 능력을 일부 구현해 낼 수 있었다.

이러한 결과물을 바탕으로 점차 발전해 온 딥러닝 기술은 이제 새로운 서비스를 통해 구현되고 있다. 구글은 2015년 사진과 동영상을 무제한으로 저장할 수 있는 무료 클라우드 저장 공간인 '구글포토'를 런칭하였는데, 이 서비스는 사진을 업로드하면 사진 속의 사람, 장소, 사물 등을 기준으로 자동으로 분류하고 정리를 해준다. 해당 기술의 신기함과 편리성을 생각하기 이전에 구글이 왜 이러한 서비스를 무료로 제공하는지에 대해 생각해 볼 필요가 있다. 그 이유는 구글이 전 세계의 사용자들이 업로드하는 사진과 동영상 등의 빅 데이터를 바탕으로 딥러닝 기술을 가지고 사람들의 관심사에 대한 정보를 도출해내어 이를 향후 마케팅적으로 활용하기 위한 것으로 추측된다.

즉, 이러한 정보들은 향후 정교한 타게팅에 기반을 둔 맞춤형 광고를 통해 구글의 광고 수익을 증대시킬 수 있다. 또한, 구글은 최근 강아지와 비슷한 로봇을 발로 차 넘어뜨리는 실험 영상을 통해 큰 화제가 되었던 보행 로봇 전문업체인 '보스턴 다이나믹스'를 인수하기도 했었는데(17년 일본 소프트뱅크에 매각), 이는 결국 로봇의 이동성을 통해 온라인뿐 아니라 오프라인의 정보까지 수집하고 데이터화하여 사용하려는 것으로 보인다. 이뿐 아니라 구글은 딥러닝을 활용한 머신러닝 시스템인 '텐서플로(TensorFlow)'를 오픈소스로 공개해 외부에서도 무료로 사용할 수 있도록 하였는데, 이는 전 세계 개발자들을 자사의 딥러닝 데이터로 끌어들

입문부터 전문가까지
한 권으로 끝내는 디지털 마케팅의 모든 것

여 더 거대한 인공지능 생태계를 확장하고자 하는 의도로 보인다.

그렇다면 21세기 최고의 기업가치를 가진 인터넷 SNS 업체인 페이스북은 딥러닝 기술을 어떠한 방식으로 마케팅에 적용하고 있을까? 페이스북은 2013년 얀 레쿤 박사를 인공지능 연구소장으로 영입하고, 2014년 딥러닝이 적용된 '딥페이스'라는 사진 얼굴 인식 알고리즘을 발표했다. 이 기술은 이미지의 얼굴을 인식하고 3차원으로 변환하여 어떤 각도에서 보더라도 사진의 인물이 누구인지 파악하는 기술이다. 1억 2,000만 개의 네트워크 조합으로 얼굴을 인식하기 때문에 그 정확도가 97.25%에 달하며 이는 인간의 평균 눈 정확도(97.53%)에 가까운 수치이다.

이 기술은 페이스북의 자동 태깅 성능을 높이고 더 개인화된 맞춤형 광고를 제공하는 데 활용될 것으로 보인다. 앞으로 기업들은 딥러닝 기술을 바탕으로 SNS에 올라온 사진을 통해 내가 어떤 친구와 어디에서 무엇을 했는지 알아낼 수 있다. 사진과 영상 속의 정보는 기존의 수많은 실제로 일어난 사건을 기반으로 추출되기 때문에 텍스트에 없는 내용까지 알아내는 데 도움을 줄 것이다. 사진과 영상을 올릴수록 기업은 나를 더 잘 알게 되고, 언젠가는 한 사람의 일상을 통째로 데이터화하는 결과가 나올 수도 있다. 해당 상황에 다다르게 되면 소위 개인정보라고 불리는 것들에 대한 개념까지 완전히 재정립해야 한다. 이러한 정보를 통하여 페이스북은 이미 광고 회사보다도 더 정확한 타게팅을 제공하는 맞춤형 광고 회사가 되어버렸는지도 모른다.

대표적인 딥러닝을 사용하는 두 기업의 사례에서 볼 수 있듯이 기존에는 데이터가 아니었던 오프라인의 정보가 인공지능 알고리즘을 통해 데이터로 변환되고 있다. 우리가 현실의 삶에서 기록하고 인터넷에 올리는 이미지, 영상, 음성 등의 정보들이 첨단 기술을 통해서 분석 가능한 정량적 데이터로 변환되는 것이다. 이를 통해 기업들은 고객들이 필요할 때 적절한 정보를 제공하여 수익을 극대화하는 방향으로 사업 방향을 이끌어 나간다.

3) 마케팅 자동화(Marketing Automation) 현상

인터넷 및 모바일의 발달로 디지털 마케터들이 제공하는 서비스가 고객들과 만나는 접점이 넓어졌다. 그래서 마케터들이 관리해야 하는 채널과 분석해야 하는 데이터의 양은 기하급수적으로 늘어났다. 구글(유튜브)/페이스북/네이버 등의 주요 플랫폼들의 애널리틱스 및 데이터를 관리해야 하고, 플랫폼마다 광고플랫폼도 다르므로 일일이 캠페인을 세트업하고, 진행 및 운영해야 해야 한다.

대형 플랫폼을 제외한 애드네트워크/프로그래매틱 등의 시장들도 존재하기 때문에 신경 써야 할 채널이 엄청나게 많으며, 앱 내부에서 벌어지는 고객의 지표도 확인해야 하고, 고객별로 커스터마이즈된 푸쉬 메시지 등을 보내는 등의 업무도 수반되는 현실이다. 그렇기에 사람이 전부 다 관리하기 어려운 이러한 과정들을 인공지능 기술을 통해 자동화하여 효율을 빠르게 하는 마케팅 자동화(Marketing Automation) 패턴이 생성되고 있다.

마케팅 자동화에서 우선 MMP(Mobile Measurement Partner)의 영역이 넓어지고 있다. MMP의 경우 기존에는 주로 광고성과에 대한 기여를 측정하는 것으로 시작되었으나 점점 더 광고주가 다양한 광고 데이터에 대한 정보를 수집하거나, 인사이트를 제공하는 데 사용되거나, 앱 운영 시 특정 푸쉬를 사용자에게 보내는 것을 자동화하는 데 사용되는 등 영역이 넓어지고 있다. 그리고 구글/페이스북/네이버 등의 주요 광고 플랫폼들의 API를 바탕으로 광고를 효과적으로 집행하도록 도와주는 주요 솔루션들의 경우에는, 원하는 고객 종류를 입력하면 수십, 수백 개의 광고 캠페인이 자동으로 만들어지기도 하며 심지어 일부 솔루션에 대한 최적화도 알아서 진행하기도 한다.

광고 분야에서도 AI의 활용은 기획과 제작 분야까지 빠르게 침투하고 있다. 글로벌 광고 회사 맥켄에릭슨(McCann Erickson)의 일본 지사 '맥켄에릭슨 재팬'은 2016년 인간과 인공지능이 껌 브랜드 '클로렛츠'를 주제로 기획·제작한 광고를 동시에 공개했다. AI 프로그램은 기존 광고 영상들의 데이터와 광고 제품의 정보를 바탕으로 머신러닝을 통해 광고를 제작하였으며, 이를 인간이 만든 광고 영상과 비교하여 어느 쪽이 더

호감도와 구매욕을 충족시키는지 투표를 진행하기도 했다. 투표 결과 인간이 만든 영상이 54%를 득표에 근소한 차이로 승리하는 결과가 나왔지만, 해당 캠페인은 광고업계에서 인간 고유의 영역이라고 여겨졌던 창의력을 인공지능이 대체할 수도 있다는 가능성을 보여준 대표적인 사례로 꼽히기도 한다.

카피 분야 역시 AI가 작성한 사례가 등장하기도 했다. 도요타자동차는 아이비엠의 인공지능 '왓슨'이 작성한 대본으로 렉서스 광고를 제작, 공개하기도 했다. 이는 인공지능이 대본을 작성한 최초의 상업광고인데, 이 60초짜리 광고는 오스카상 수상 경력이 있는 케빈 맥도날드가 감독을 맡아 이슈가 되기도 했다. 도요타는 유럽시장에 내놓기로 예정된 '렉서스ES 이그제큐티브' 세단의 광고 제작을 위해 왓슨팀과 협력하였고, 지난 15년간 칸 광고제에서 상을 받았던 도요타 자동차 캠페인들의 영상과 대본, 음성, 일련의 외부 데이터를 모두 분석하여 왓슨에 입력하였다. 그 이후 전문 창작자들이 스토리를 다듬고 완성하기는 했지만, 전체적인 대본의 흐름과 줄거리는 전부 인공지능 엔진이 창작하였다. 인공지능이 인간을 완전히 대신할 수는 없지만, 창의성 부분에서도 충분히 그 역할을 해낼 수 있음을 확인시킨 사례다.

4) 새로운 기술을 대비하는 주니어 마케터에게

이와 같은 다양한 사례들을 통해 인간처럼 스스로 생각하는 컴퓨터 즉 인공지능은 향후 디지털 마케팅 및 광고 분야에 있어 새로운 성장동

입문부터 전문가까지
한 권으로 끝내는 디지털 마케팅의 모든 것

력이 될 것이며, 이것을 어떻게 활용할 것인지는 젊은 마케터들의 과제이기도 하다.

딥러닝 같은 인공지능 알고리즘들로 인해 지금까지 통용됐던 타게팅의 개념이 바뀔 것이 확실하기에 이러한 변화에 대한 단단한 준비가 필요하다. 기업들은 온라인, 오프라인, 사물인터넷 등에서 생성되는 빅 데이터를 활용해 고객에게 실시간으로 1:1 메시지를 전달할 것이다. 이뿐만 아니라 장소, 컨디션, 감정 상태에 따라 시시각각으로 변하는 상황에서 개인을 타게팅을 할 수도 있을 것이다. 즉 전통적인 광고 마케팅에서 통용되던 매스미디어의 개념이 송두리째 바뀌게 된다. 한 가지 메시지로 대중들과 커뮤니케이션을 해왔던 과거와는 달리, 100만 개의 메시지와 비주얼로 커뮤니케이션을 해야 하는 마이크로 미디어 시대가 도래할 것이다.

숫자를 동반한 소위 퍼포먼스 마케팅에서는 관련 기술들을 어떻게 설계하고 자동화하는지가 중요해지기에, 앞으로는 전통적인 제품 생산, 판매, 광고, 유통의 경계가 불명확해지고 전반적인 과정이 새로 정의될 것으로 예측된다. 이로 인해 기존 광고업계에서는 광고주가 광고 기술에 대한 이해가 낮아서 상식적으로 이해가 안 되는 방식의 광고를 집행하는 예도 많이 있었고 그로 인해 효율이 매우 낮은 결과물이 도출되기도 하였지만, 앞으로 인공지능의 발달에 따라 이러한 사례들을 줄어들 것으로 보인다.

그 외에도 복잡한 스토리텔링이나 브랜드를 만드는 것, 동영상 등의 콘텐츠를 제작하는 것, 브랜드의 콘셉트를 만들어내는 것 역시 마케터들은 수많은 정보를 조합해서 최적의 결과물을 내놓는 AI와 경쟁해야 한다. 이미 딥러닝을 통해 사람보다 더 사람 같은 이미지와 목소리를 만들어내는 사례는 이미 흔해지고 있기에 곧 실제 같은 가상의 영상이 만들어지는 것도 시간문제로 판단된다.

10년 전 디지털 마케팅을 진행하던 방식을 생각하면 이미 데이터의 표준화, 실시간 분석 등은 거의 일반화되었다. 하지만 주요 광고플랫폼들은 광고에 대한 리포팅 등의 API는 열어주지만 깊이 있는 핵심 정보는 열어주지 않는 등의 폐쇄성을 보이기도 하며, 모바일 광고의 기여 모델을 여전히 마지막 클릭을 기준으로 하고 있어 여전히 측정에 한계가 있다. 즉, 전반적으로 디지털광고시장은 열린 생태계처럼 보이지만 대부분 닫힌 생태계로 유지되고 있다.

컴퓨터가 점점 똑똑해짐에도 불구하고 역설적으로 인간만이 가지는 고유한 영역의 가치가 점차 더 중요해지고 있다고 말해도 무방할 것이다. 미래에는 감성, 감정, 창의성 등 아직 컴퓨터가 흉내 내지 못하는 인간 고유의 본성들에 대한 역량 극대화가 필수적으로 요구된다. 인간 뇌의 네트워크는 100조 개에 달하지만, 아직 현재의 딥러닝 기술은 1~10억 개의 네트워크 조합으로 사물 인식을 하는 수준으로, 인간을 흉내 내기까지는 아직 그 시간이 남아 있는 것이다. 빅 데이터와 딥러닝 등의 기술적인 변화를 수용하며, 근본적인 콘텐츠의 크리에이티브, 스토리텔링 등을 지속해서 발전시켜야 하는 것이 미래 마케터의 숙명이다.

큰 시각에서 보면 인공지능은 아직 걸음마 단계이며, AI가 보여주는 결과물도 데이터 분석가, 데이터 과학자, 알고리즘을 다루는 프로그래머들이 엄청난 노동 시간을 투자해서 수작업한 결과가 대부분이다. 마케터들은 컴퓨터가 흉내 내기 어려운 인간 고유의 영역을 최대한 끌어내 격변의 마케팅 환경 속에서 고객의 눈과 귀를 사로잡아야 한다. 최종적으로는 결국, 인간이 중심에 있어야 한다.

디지털 광고 에코시스템, '밸류체인'과 뭐가 다를까?

디지털 광고 분야 내에서 뿐만이 아닌, 많은 인터넷/디지털 플랫폼 내에서도 기존의 '밸류체인'이라는 고전적인 용어 대신에 '에코시스템'이라는 단어를 사용하고 있다. 그렇다면 전통적인 용어인 밸류체인은 무엇이며 새로 등장한 에코시스템은 무엇인지, 그리고 마케팅업계에서 인공지능의 도입으로 인해서 이 개념들이 변화하는 양상을 살펴보도록 하자.

1) 밸류체인이란 무엇인가

밸류체인이란 한글로 풀이하면 가치사슬로, 고객에게 가치를 주는 기업의 활동과 이 활동을 가능케 하는 생산 과정이 밀접하게 연결되어 고객의 욕구(needs)를 충족시키는 전체 과정을 의미한다. 이때 기업의 활동과 생산 과정의 차이점을 혼동하는 경우가 많다. 기본적으로 소비자는 기업의 활동을 통해 생산되는 물건을 구매함으로써 만족을 얻는다.

그러므로 기업은 고객이 중요시하는 가치를 잘 파악하여 생산 과정에 반영할 때만 그 활동이 가치를 지니게 된다. 즉, 고객의 욕구를 포착하고, 이를 생산 과정에 반영했을 때만 가치사슬이 정상적으로 작동했다고 말할 수 있다. 결론적으로 밸류체인에서 기업이 물건을 만들어 고객에게 파는 것은 결국 고객에게 새로운 가치를 제공하는 것이며 기업 활동 곳곳에 그런 가치들이 숨어 있고, 그것들이 모여 하나의 완성된 가치로 고객에 제공되었을 때 밸류체인이 작동했다고 판단하는 것이다.

여기서 가치(Value)란 수행성과에 대비 비용(cost)을 의미하는데, 같은 성과를 내더라도 비용이 덜 투입된 쪽이 더 가치가 있는 것으로 판단한다. 원료를 구매하여 제품을 생산하는 모든 과정에 이러한 가치가 포함되어 있으며 이런 가치를 원재료 구매 단계로부터 순서대로 연결한 것을 가치사슬이라고 칭한다.

이러한 상황에서 사용자가 직접 콘텐츠 제작에 직접 참여하고, 이를 공유 또는 판매하는 Web 2.0이 등장하면서 기존 밸류체인으로는 인터넷 비즈니스 구성을 설명할 수 없게 되는 부분이 많아졌고, 이를 대신하는 에코시스템이라는 단어가 등장하게 되었다. 에코시스템은 인터넷 비즈니스 서비스 안의 각 플레이어가 부가가치를 공유하면서 상호작용하는 군집으로 간주한다. 밸류체인이 양에 의한 해석이었다면, 에코시스템은 특성(Qualitative)에 의한 해석이라고 정의할 수 있다.

2) 비즈니스생태계(Business ecosystem), 에코시스템

한편, 또 다른 용어인 비즈니스생태계(Bu-siness ecosystem)는 개별 기업이 자신의 경쟁력에 의해 성과가 결정될 뿐만 아니라, 전체 생태계와 운명을 같이한다는 의미를 강조하는 차원으로 이해된다. 즉, 기업은 이제 자신의 이
익뿐만 아니라 생태계 전체의 건강을 고려해야 하는 시대가 된 것이다. 이안시티와 레비엔이 제시한 이 개념에서 비즈니스생태계의 범위는 기존의 가치사슬과는 대조적이며 새로운 가능성을 제시한다.

기존 가치사슬에서는 직접 제품이나 서비스를 생산하여 유통하는 것이 일반적이었고, 많은 전통적 비즈니스 종사자들의 사고방식 역시 이 틀에 맞추어 진행되었다. 하지만 이에 반해, 비즈니스 생태계(Business ecosystem)에서는 비즈니스와 관련된 외주 기업, 자금 공급 기관, 기술 제공 기업, 보완 제품 제조업체 등이 포함되고, 경쟁자, 고객 등도 제품이나 공정 개발에 피드백을 제공하기 때문에 생태계의 일원으로 포함되며, 여기에 규제기관(정부기관)이나 언론 등도 사업에 영향을 주기 때문에 포함한다. 즉 좀 더 넓은 범위의 다양한 주체들을 비즈니스 개념 안으로 포괄한 것이라고 할 수 있다.

이러한 에코시스템의 관점에서 보면 비즈니스를 이루는 생태계에서 중요한 것은 가치를 창출하는 것(Create value) 외에도 가치를 공유하는 것(Share the value) 역시 포함한다. 이런 관점에서 기존 전통 밸류

입문부터 전문가까지
한 권으로 끝내는 디지털 마케팅의 모든 것

체인에서는 크게 주목받지 못했던 산업 내 주요 참여자들을 다양한 유형으로 분류하고 가시화된다.

사업 내 참여자의 유형

첫 번째 유형은 주춧돌 참여자(Keystone player)라고 불리는 핵심기업이다. 비즈니스생태계에서 가장 중요한 역할을 하며 플랫폼 역할을 한다. 핵심기업들은 비즈니스에 안정적이고 예측 가능한 공통자산(Common assets)을 제공하여 생태계 전체의 건강을 향상시킨다. 이들은 단지 가치를 창출할 뿐만 아니라, 참여자 간의 가치를 공유하는 데 핵심적인 역할을 한다. 두 번째 유형은 가치 착취자(Value dominator)라 불리는 지배기업으로 산업을 지배해 가치를 착취하는 역할을 한다. 마지막 유형은 틈새(Niche) 기업으로 주로 전문공급업체가 여기에 해당하는데, 기업의 다수를 차지하고 가치 창출과 혁신 대부분을 차지한다. 이러한 틈새 기업은 전형적으로 핵심기업(Keystone)에 자원을 제공하고, 착취자의 영향력 아래에서 기업을 운영한다. 여기서 건강한 비즈니스생태계가 되게 하는 플랫폼의 역할을 하는 기업은 착취자가 아니라 주춧돌 기업이다.

3) 디지털광고시장에서 에코시스템의 역할과 구현

기본적으로 국내 광고시장의 전체 규모는 11조에서 14조 원 규모로 추정되며 이 중에서 대략 40%가량인 5~6조 원을 디지털광고업계가 점유하는 상황이다. 그리고 앞서 수차례 언급하였듯 전체 광고시장에서 디지털광고시장이 차지하는 비중은 점차 늘어나고 있는데, 그 이유로는 모바일 광고시장이 계속해서 폭발적인 성장세를 보이는 데다가 5G의 도입이라는 미래 호재까지 있기 때문으로 추측된다.

디지털광고시장의 성장 속에서 '에코시스템'의 등장은 참여와 공유를 강조하는 Web 2.0의 패러다임 속에서 이루어졌으며, 밸류체인과 에코시스템의 가장 큰 차이 역시 '참여와 공유'에 있다. 디지털광고시장에서 가장 주목받는 분야인 디지털 동영상 광고시장이 이와 연관이 있음은 매우 자명한 사실이다.

최근 가장 큰 이슈를 모으며 전 세계 사용자들을 사로잡은 애플리케이션은 바로 틱톡(TIKTOK)이다. 틱톡은 중국 바이트 댄스에서 만든 영상 플랫폼으로, 유튜브와 달리 틱톡의 영상은 길이 제한이 있다. 10대와 20대 이용자가 압도적으로 많은데, 2018년 7월 모바일 시장 동향 분석 서비스 App Ape에 따르면 틱톡 이용자 중 10대가 39.9%, 20대가 26.1%를 기록하였을 정도이다.

영상의 길이가 15초로 제한되어있기 때문에 제약이 있다고 생각할 수도 있지만, 그로 인해 영상 제작이 다른 애플리케이션에 비해 상당히 쉽다. 배경음악과 시각효과를 입힌 짧은 영상을 빠르고 쉽게 만들 수 있기에, 촬영이나 편집과 관련된 기술이 없어도 누구나 할 수 있어 접근성에 큰 영향을 미쳤다. 이 때문에 성장세도 눈에 띄는데, 시장조사기관 센서타워에 따르면 틱톡은 지난해 1분기 전 세계 애플 앱스토어 다운로드

순위에서 유튜브를 밀어내고 1위를 차지했다.

이에 따른 광고 효과도 어마어마하다. 지코의 '아무 노래 챌린지'를 비롯하여 BTS가 틱톡에서 타이틀곡 선공개와 동시에 #ON챌린지를 시작해 전 세계의 주목을 받는 등 수많은 챌린지들이 틱톡을 통해 전파된 뒤, 수많은 인원이 스타를 따라 직접 영상을 찍어 올리며 퍼져나갔고 이를 통한 마케팅 효과는 어떤 광고보다도 더 효율적이었다고 평가된다. 이러한 현상은 자신의 개성을 표현하고 공유하는 것을 좋아하는 Z세대의 특성과 짧은 영상을 만들고 게시하는 것이 쉬운 동영상 앱 틱톡이 만나 시너지 효과를 냈다고 평가받고 있다. 특히나 챌린지 마케팅의 방점은 '자발적인 참여와 확산'에 있는데, 기존의 연예계 마케팅과 달리 양방향 커뮤니케이션이 가능하다는 장점이 큰 영향력을 미친 것이다.

소비자들은 직접 콘텐츠를 제작하고 업로드하는 방식으로 챌린지에 참여하고, 이렇게 만들어진 영상들은 다른 SNS에서 밈(meme, 인터넷상에 재미난 말을 적어 넣어서 다시 포스팅한 그림이나 사진)처럼 퍼지면서 하나의 유행이 된다. 그 결과, 보는 사람들에게 재미를 주는 것은 물론 자발적인 참여를 유도할 수 있으며 이러한 효과로 틱톡을 활용한 챌린지는 연예계의 새로운 마케팅 창구로 주목받고 있다.

해외 아티스트들은 이미 2018년부터 챌린지를 통한 마케팅 효과를 톡톡히 보기도 했다. 국내에도 많은 팬을 보유하고 있는 에드 시런은 지난해 신곡 'Beautiful people'을 공개하면서 가장 소중한 사람과 찍은 영상을 틱톡에 업로드하는 챌린지를 열었다. 에드 시런의 챌린지는 5일 만에 2억 뷰를 기록했고 10만 건 이상의 영상이 업로드되었다. 이로써 재미와 감동, 두 가지 가치를 동시에 전달했다는 좋은 평가를 받았다. 이 밖에도 연예인들 사이에서 챌린지를 마케팅에 적극적으로 활용하려는 움직임이 보인다.

쌍방향적 광고 에코시스템이 성장함에 따라서 디지털 동영상 광고집행액은 1조 원을 돌파할 것으로 예측되며, 아마 광고시장에서 아예 독립된 카테고리로 동영상 광고시장을 분리하는 시도까지 나오고 있다.

이처럼 디지털 광고시장에서도 에코시스템이 활용되는 사례가 점차 늘어나고 있다. 실제로 많은 디지털 플랫폼에서 에코시스템이 사용되는데, 컴퓨팅 네트워크의 분산화된 구조의 디지털 콘텐츠 플랫폼을 통해 콘텐츠 비즈니스가 유통되고, 지속적인 사용자 활동을 촉진하며 생태계의 크기를 키울 수 있다는 장점이 있으므로 더욱 주목받고 있다. 즉 밸류체인이 클릭 중심의, 퍼블리셔 측이 일방적으로 불특정 다수에게 뿌리는 기존 광고에 가까웠다면, 앞으로 디지털 광고시장에서의 에코시스템은 사용자의 활동 자체를 '참여와 공유'로 인식하고, 서비스 안의 제공자와 구매자가 함께 상호 작용을 나누는 형태를 의미하는 것이다.

특히 인공지능의 발달은 이와 같은 참여와 공유를 통한 광고시장의 에코시스템 발달에 더욱 큰 영향을 미칠 전망이다. 우리가 광고를 떠올리면 첫 번째로 생각하게 되는 TV 광고에는 시청자의 대다수가 지루함을 느끼기 쉽다. 불특정 다수를 대상으로 동일한 광고가 송출되는 만큼

입문부터 전문가까지
한 권으로 끝내는 디지털 마케팅의 모든 것

시청자들에게 관심 없는 정보들이 제공될 확률이 높기 때문이다. 하지만 인공지능(AI)을 기반으로 한 지능형 광고플랫폼이 이러한 점들을 개선하고 있다. 해당 시청자가 관심을 가질만한 광고들 위주로 보여주는 형태를 통해서 퍼블리셔와 시청자 모두 만족할 수 있는 미디어 광고 에코시스템을 조성하고 있다.

케이블TV업계 점유율 1위 기업인 LG 헬로비전은 최근 지능형 광고플랫폼을 개발하였다. 이 플랫폼은 시청자의 시청 이력 등 비식별 데이터에 기반을 둬 시청자 성향에 맞는 광고를 보여준다. 퍼블리셔는 광고 품목에 맞게 타겟 성향·채널·시간·지역 등의 옵션을 선택함으로써 비용 대비 광고 효과를 최대화할 수 있게 되었다. 이뿐만 아니라 광고 효과를 분석할 수 있는 계량화된 리포트 역시 제공한다. 프로그램 시청률에 따라 광고 효과를 유추하는 기존 방식에서 벗어나, 초 단위 데이터로 광고 도달률까지 상세하게 파악할 수 있게 하여, 퍼블리셔는 파급력이 큰 옵션을 조합해 다양한 광고 전략을 실행할 수 있게 되었다.

현재의 TV 방송광고는 아날로그 방식으로 같은 시간에 같은 채널을 시청하는 사람들에게 동일한 광고가 송출된다. 하지만 최근 SK브로드밴드가 개발한 스트리밍 방식의 '어드레서블(Addressable) TV' 기술을 적용하면 가구별 시청 이력과 특성, 관심사 등에 따라 실시간으로 연관성이 높은 광고를 전송할 수 있으며, 실시간 채널에서도 맞춤형 광고 송출이 가능해진다.

예를 들면, 동일한 시간에 동일한 채널을 시청하고 있는 고객 중 골프를 취미로 하는 가구에는 골프용품, 어린이가 있는 기혼자 추정 가구에는 베이비·키즈용품 등 고객의 지역과 라이프스타일 취향 등을 분석해 고객을 분류하고, 광고를 편성·노출하게 되는 것이다.

모바일 광고시장에서도 인공지능은 새로운 에코시스템을 통해 과거의 양보다는 질을 통해 광고 효과를 극대화하는 모습을 보여주고 있다. SKT 경영연구소에 따르면, 인공지능 기반의 마케팅 도구업체인 Equals3는 2020년 3월, '루시(Lucy)'라는 인공지능 마케팅 플랫폼에 동영상 데이터 분석을 위한 새로운 기능을 추가한 것으로 알려졌다. '루시 플랫폼은 콘텐츠 마케팅 담당자 시장 조사와 고객 세분화, 마케팅 기획 등에 두루 활용할 수 있는 유용한 도구'라며 '기업이 이미 확보한 데이터를 스스로 흡수해 분석할 수 있으며, 동영상 콘텐츠의 경우 동영상 검색 기능을 추가해 마케터의 의도에 따라 동영상 내의 데이터를 파악할 수 있는 것이 장점'이라고 밝혔다. 이러한 기능은 향후 마케팅 담당자가 다양한 데이터 포맷 중 상대적으로 접근 및 분석이 쉽지 않은 동영상의 활용도를 높일 수 있을 것으로 보고 있다.

루시가 향후 마케팅 담당자들이 실시하는 다양한 마케팅 전략 검토 지원은 물론 실제 전략 기획에도 사용도가 높아질 것으로 예상했다. 미국 현지 전문가들은 루시의 이 같은 마케팅 지원에 대해 '루시는 다양한 고객 관련 데이터와 기계학습을 통해 고객의 다음 행동을 예측하고 구매에 이르는 모든 과정을 효과적으로 개선해, 향후 모바일 콘텐츠 산업

입문부터 전문가까지
한 권으로 끝내는 디지털 마케팅의 모든 것

성장에도 큰 기여를 할 것'이라고 전망했다. 실제로 루시는 잠재 콘텐츠 시장의 특성을 자동으로 분석하고, 소셜미디어상에서 고객 프로필과 행동패턴을 수집, 빠른 소구력을 위해 다양한 미디어 모델을 구성하고 있다. 인공지능 기반의 이러한 자동 기능이 기존의 마케팅 부서에서 장기간 해오던 업무를 획기적으로 단축하는 것은 물론, 짧은 시간에 더 많은 작업을 할 수 있어 앞으로 활용 가능성은 더욱 커질 것으로 보인다.

세계 최대의 전자기기 업체인 삼성전자도 인공지능기술을 통한 에코시스템 개발에 박차를 가하고 있다. 이러한 움직임 속에서 디지털 생태계 플랫폼이 구축된 이후 확보된 고객을 활용해 비즈니스의 지평을 어떻게 넓힐지에 대한 고민도 광고, 마케팅업계에서는 중요하게 다루어 볼 문제로 자리 잡고 있다. 대규모의 고객을 확보하면 인접 분야로 끊임없는 사업 확장이 가능해질 수 있다.

이는 도서유통 전자상거래 플랫폼으로 시작한 아마존이 전자, 소매품 등으로 상품군을 넓히고, 영상·음악 등의 콘텐츠 플랫폼 비즈니스로 확장한 사례를 들 수 있다. 중국의 알리바바 그룹 역시 전자상거래로 사업을 시작했으나 간편결제 서비스 알리페이를 운영하는 자회사 앤트파이낸셜을 대형 유니콘으로 성장시켰으며, 또한 알리바바는 2015년에는 온라인 동영상 플랫폼 기업 유쿠투도우를 인수해 중국 최대 동영상 플랫폼으로 키워내기도 했다. 생태계를 조성하고자 하는 기업은 기술·데이터를 다른 기업에게 판매할 수도 있다. 중국의 핑안그룹이 인공지능·데이터 기반 금융 솔루션을 다른 금융사에게 판매하고 있는 것이 그 예이다. 또는 아마존처럼 자사 사용 클라우드 인프라 중 유휴 자원을 다른 기업에 임대하는 등의 사업도 가능하듯, 이와 같은 수익 모델 다변화는 에코시스템을 정착시키려는 비즈니스의 확장을 돕는 촉매제로 작용하고 있다.

4) 앞으로의 에코시스템

에코시스템을 구축하고자 하는 많은 기업은 초기에는 하나의 고객 접점에서 시작해, 자사의 강점을 살린 다른 영역으로 접점(혹은 다면 시장에서의 면)을 늘려나가는 전략으로 성공해왔다. 고객이 많아지면 다른 사업으로 연결하기가 수월해지기 때문이다. 따라서 일단 고객을 확보하고 핵심 가치를 창출하는 것이 중요해진다. 플랫폼이 한 번 성공 궤도에 진입하면, 마치 거인의 어깨 위에 올라선 것처럼 빠른 속도로 사업 확장과 수익 확대가 가능한데, 이것이 바로 비즈니스에서 에코시스템을 구축하는 것이 지닌 최내의 매력이며, 많은 기업이 실패를 경험하면서도 이러한 사업에 매달리는 이유이다.

아울러 앞으로는 고객의 본질 수요에 따라 다양한 방식의 플랫폼이 나타나고 경쟁할 것으로 전망된다. 고객별로 '빠른, 가격대가 낮은, 편리한, 퀄리티 있는' 등 각기 다른 본질 수요를 지니고 있기에, 비즈니스에서 에코시스템을 잘 정착시키는 것의 성패는, 고객이 원하는 본질 수요를 만족하게 하는 핵심 가치를 중심으로 서비스 제공 방식과 다양한 서비스 제공자(공급자)를 리디자인(Re-design)하는 데 달려있다고 해도 과언이 아니다.

입문부터 전문가까지
한 권으로 끝내는 디지털 마케팅의 모든 것

이와 같은 관점에서, 에코시스템을 만들고자 하는 기업의 기반 기술은 고객의 수요를 정확하게 확인하고, 기존보다 고객 수요를 편리하게 충족시키고, 수요를 세분화하거나 확장하는 데 활용되어야 할 것이다. 즉, 생태계 비즈니스를 준비하는 첫걸음은 자사가 속한 산업·시장에서 고객의 본질 수요를 파악하고 정의 하는 것부터 시작되어야 한다.

앞으로 미래시장의 광고 및 마케팅 트렌드는 기술과 소비자 패턴, 콘텐츠 등이 다양하게 어우러지면서 구축될 것으로 예상된다. 그렇기에 이에 맞추어 마케터들은 새로 개발되는 기술을 사용해 소비자 만족을 돕고, 소비자의 욕구를 건드려 자발적인 쌍방향 바이럴을 생산하게 하여 하나의 생태계를 구축하는 것을 가장 우선적인 목표로 삼아야 할 것으로 보인다.

Part 2
시니어

Data & 퍼포먼스 광고

Part 2
시니어: Data & 퍼포먼스 광고

1만 시간의 법칙? 1만 번의 경험!

PART 1의 주니어 단계를 벗어나 PART 2의 시니어 단계에 들어왔다. 여기서 독자들에게 한 가지 질문을 던져보고자 한다. 시니어란 어떤 사람을 의미하는 것일까? 주니어와 시니어는 어떠한 차이가 있을까?

시니어는 일반적으로 경력 10년 차에 붙는 말이기는 하다. 1만 시간 훈련이 고수를 만든다고 하지만 의도적인 수련 없이 1만 시간이 지난다고 고수가 되는 것은 아니다. 아무리 많은 일을 하더라도 단순히 '현재 아는 지식으로', '일을 그냥 빨리 끝내기만 하려는' 사람은 시니어라고 불릴 자격이 없다. 시간이 아닌 경험이 시니어를 만든다.

시니어는 '일이 되게' 하는 사람이다

동료들까지 함께 힘이 나게 하는 사람이다. 주니어는 그저 주어진 일을 잘하면 된다. 주어진 생산물을 만들어내고, 일정에 맞게 부여받은 과제만 잘 해내도 그 이상 바라지 않는다. 그러나 시니어는 다르다. 무에서도 유를 창조하는 것이 시니어다. 가치를 만들고, 자신의 가치를 높인다. 성과를 내야 하는 위치이며, 그러기 위해 자발적으로 성장한다. 그래서 시니어는 함께 하는 동료까지 변화시킬 수 있다. 그리고 변화를 통해서 성과를 만든다.

결국, 1만 시간만으로는 시니어가 될 수 없다. 같은 일만 10년 동안 반복한 사람이 아니라, 10년 동안 다양한 경험을 통해 성장한 사람. 그러한 사람을 우리는 '시니어'라고 부른다.

이제는 디지털 리터러시

20년 정도의 텀을 두고 세상은 혁명적 발전을 거듭해왔다. 농업사회에서 산업사회로, 산업사회에서 정보화 사회로 오니 어느덧 20세기가 지나갔다. 바꿔 말하면 시니어는 최소 한 번의 사회변혁을 현장에서 경험한 사람이어야 한다. 그리고 이 경험 속에서 미래 가치를 읽어낼 줄 알아야 한다. 그리고 앞으로 다가올 변화에 대응책이 어느 정도는 선 사람이다. 특히 고도로, 정교하게 발달한 4차산업 혁명 사회에서는 더욱 중요한 능력이다. 기술의 파급력이 항상 인간의 상상 이상이기 때문에, 단순히 정보량이나 기술 그 자체만 알아서는 시니어라고 할 수 없다.

중요한 것은 이해력이다. '디지털 리터러시'를 함양해야 한다. 디지털을 읽고 분석하고 쓸 줄 아는 능력과 소양을 말한다. 기술 그 자체에 대한 이해가 아니라 기술을 통한 문제 해결 능력, 나아가 디지털 시민의식을 기르는 것이다. 글자를 알고 지식정보를 얻는 수준을 넘어서 디지털 기술과 미디어 정보를 읽고 분석하고 쓸 줄 알아야 한다. 이는 윤리, 태도도 포함하는 개념이다.

결국, 시니어에 요구되는 소양은 '디지털 리터러시'다. 그 밑바탕에는 동료 간의 관계를 생각하고 윤리를 고민하는 디지털 시민의식이 깔려 있다. 이를 바탕으로 기술을 활용해 탐색하는 능력을 기르는 것은 물론이다. 나아가 정보를 해석하고 분석하고 자기 것으로 만들어야 한다. 그다음 실질적으로 참여하고, 나누고, 공유하고, 생산하는 전문가로 거듭나야 한다.

시니어와 디지털 기술 그리고 윤리의식의 관계

기술의 발전에는 항상 '윤리적 공백'이 뒤따라온다. 기술의 발전 속도를 인간의 의식이 따라오지 못하는 탓이다. 그리고 디지털 사회에 들어서면서 그 공백은 점차 격차가 심화하고 있다. 첫 번째는 소비자들이 디지털 기술에 대한 이해 없이 무분별한 사용에만 치중한 탓이고, 두 번째는 기술 전문가는 기술이 어떠한 사회적 영향력을 갖는지 인지하지 못하는 탓이다.

그렇기에 디지털 기술의 발전에 따른 '윤리적 공백'을 메꾸기 위해서는 시니어들의 역할이 매우 중요하다. 다양한 경험을 통해 그 가치를 인지하고 바르게 기술을 활용하는 사람, 시니어 마케터의 역할이 더없이 중요해진다.

그 윤리의식은 기술에 대한 적절한 이해가 뒷받침되어야만 가능하다. 앞서 주니어 단계에서 우리는 광고시장의 변화와 인공지능에 대해 알아보았다. 그리고 디지털 시장에서 마케터의 위치에 대해 알아보았다. 이제 시니어 단계에서는 인공지능을 어떻게, 잘 활용할 것인가에 대해 배우게 될 것이다. PART 2의 목차는 다음과 같다.

빅 데이터, 이제 수집만으로는 부족하다

"그래서, '인공지능'이 도대체 뭔데?"

소비자가 모이는 곳, 시장이 형성되는 그곳에는 이제 TV나 라디오 같은 전통 매체는 온데간데없이 사라졌고, 각종 디지털 매체들이 자리를 잡으며 인공지능이 새로운 디지털 마케팅의 시대를 열었다. 앞서 인공지능이 어떻게 디지털 시장에서 활용될 수 있는가를 살펴보았지만, 혹자는 위와 같은 질문을 하는지도 모른다. 물론 또 다른 혹자는 마케터가 기술자는 아니니 인공지능에 대해 다 알 필요 없이 역할만 알아도 된다고 생각할지도 모르겠다. 그러나 소 잡는 백정이 칼에 대해 몰라서야 소를 어떻게 잡는단 말인가. 소비자를 잡고 싶다면, 적어도 그 도구에 대해서는 알아야 한다.

인공지능은 도구다

소 잡는 칼처럼, 인공지능은 소비자를 잡는 도구다. 어떻게 잡을까? 그 방법은 우리가 앞서 배웠다. 많은 양의 데이터를 모으고, 분석하고, 그에 걸맞은 광고를 만들어 소비자를 사로잡는다. 그런데, 이 작업은 우리가 인공지능이라는 말을 알기 전부터 해왔다. 바로 '컴퓨터'를 통해서 말이다. 즉, 인공지능은 컴퓨터와 다름없다.

인공지능은 새로운 방식의 데이터 활용 컴퓨터다

그렇다면 기존의 컴퓨터와 차이점이 무엇이란 말인가. 컴퓨터는 스스로 정보를 수집하는 능력이 없었다. 그래서 사람의 손을 거쳐야 했다. 그리고 일일이 구체적인 정보를 입력해주어야 했다. '제3의 물결'이 다가왔다며 이제 슈퍼컴퓨터가 우리 일을 다 해줄 것이라 기대했던 1990년대. 그 시대 마케터들은 상세히 모든 정보를 컴퓨터에 옮겨 담으며 의아해했다. '장부 수기작성과 달라진 것이 무엇이지?' 그냥 필기가 타이핑으로 바뀐 것뿐이다. 게다가 정보사회답게 정보량은 인간이 감당할 수 없을 정도로 방대해졌다. 결국, 기존의 '컴퓨터'가 우리의 일을 전부 대신하는 일, 정보를 입력하고 프로그래밍하는 것은 허황한 꿈에 불과한 것이었다. 그러나 인공지능이 등장하니 허황한 것이 아니게 되었다. 컴퓨터 스스로 처리 영역을 넓힐 수 있게 변화했다.

인공지능은 의사결정의 주체가 된다

'오빠, 나 살찐 것 같지 않아?'라는 질문이 사실은 '예쁘다고 말해'라는 말을 유도하는 것처럼, 우리는 컴퓨터에 '올바른 답'을 바라고 데이터를 입력하는 것은 아니었다. 보통 기업에서도 결론을 내려놓고 그에 대한 근거가 될 자료를 수집하는 데에 컴퓨터를 사용한다. 이것을 우리는 흔히 '데이터 활용'이라고 부른다. 하지만 인공지능의 데이터 활용은 전혀 다르다. 기존의 데이터에서 새로운 의미를 창출한다. 인간으로서 생각해낼 수 없는 유의미한 데이터를 창출하고 이것을 바탕으로 비즈니스에 강력한 변화를 끌어낸다. 매출 증대, 비용 절감, 효율 증대 등의 변화를 만들어낸다.

빅 데이터를 만나 더욱 강력해지다

빅 데이터라는 개념은 기존의 대용량의 정형화된 데이터를 뜻하는 정의뿐만 아니라 비정형화된 일상의 정보들까지 포함하는 거대한 데이터의 집합까지 의미한다. 그러나 정보가 많기만 한 것은 아무런 의미가 없다.

부적절한 정보는 오히려 시간 및 비용의 낭비만 불러일으킨다는 것을 우리는 경험으로 알고 있다. 인공지능이 컴퓨터보다 뛰어난 이유는 그 안에서 '선택과 집중'이 가능하기 때문이다. 단순 수집에 불과한 빅 데이터를 유의미하게 활용할 수 있는 도구가 바로 인공지능이다.

지금까지 인공지능과 빅 데이터는 한정적으로만 사용됐다. 빅 데이터를 무조건 모아서, 거기서 많이 사용하는 제품이나 선호 상품들을 추려서 활용하는 경우가 대부분이었다. 그러나 이제는 빅 데이터를 세부적으로 선별하여 유의미한 것을 추려내기 시작했다. 이를 가능하게 만든 것이 머신러닝, 딥러닝이다.

1) 빅 데이터와 인공지능의 관계

우리는 앞서 1-4를 통해 머신러닝 및 딥러닝의 개념과 비즈니스에서의 역할을 확인한 바가 있다. 아래 내용은 앞서 머신러닝과 딥러닝에 대해 개념적으로 정리한 것이다.

> **• 머신러닝이란**
> 우선 머신러닝이란 말 그대로 기계학습을 의미한다. 즉, 주어진 데이터를 분석하여 패턴을 인식하고 이를 바탕으로 기계 스스로가 예측하게 하는 것으로, 기계의 패턴 인식이 반복됨에 따라 자신의 오류를 수정하고 반복하면서 정확도를 높여가게 되는 방식이다. 이렇게 습득된 알고리즘이 '경험', 즉 샘플 데이터를 기반으로 지식을 획득하고, 이를 바탕으로 시스템이 주어진 과제에 대한 중

입문부터 전문가까지
한 권으로 끝내는 디지털 마케팅의 모든 것

요 특징을 찾아내고 통합하여 알려지지 않은 데이터에 적용할 규칙을 스스로 설정하는 과정이다.

- 딥러닝이란

딥러닝은 머신러닝의 하위분과로 한 단계 나아간 심층학습 단계이며 대량의 데이터(빅 데이터) 분석을 기반으로 한다. 딥러닝은 컴퓨팅기술과 빅 데이터를 활용하여 Deep Neural Network를 만들어낸다. 이것은 앞서 말한 튜링 실험에서 처음 AI를 정의할 때 흉내 낸다고 하였던 인간의 뇌 신경망과 흡사하다고 할 수 있다. 인터넷의 방대한 데이터들을 수집하여 이를 분류하고 데이터 간의 상관관계를 찾아내어, 수많은 오류를 발생시키면서 새로운 지점들을 발견하고 예측하기 때문에 딥러닝이 진행될수록 그 정확도는 더욱 상승하게 된다.

시니어 단계라면, 이미 머신러닝과 딥러닝에 대한 개념은 이해했으리라 믿는다. 그러나 시니어가 알아야 할 것은 고작 개념 정리 수준이 아니다. 빅 데이터와 인공지능의 관계에 대해 집중해야 한다. 인공지능이 필요한 정보를 골라 선택하고 집중하는 능력이 있다고 설명했어도, 기본적으로 데이터는 많을수록 좋다. 많은 양의 데이터가 있어야 그 안에서 필요에 따라 고를 수 있기 때문이다. 따라서 초창기의 빅 데이터는 다양한 방식으로 수집되었다. 기존에 빅 데이터의 수집 시스템은 정형 데이터수집, 미들웨어 데이터수집, 비정형 데이터수집 등으로 구분할 수 있다.*

---

* http://www.dbguide.net/db.db?cmd=view&boardUid=186813&boardConfigUid=9&categoryUid=216&boardIdx=152&boardStep=1

정형 데이터(Structured Data)

관계형 데이터베이스 시스템의
테이블과 같이 고정된 컬럼에 저
장되는 데이터와 파일, 그리고 지
정된 행과 열에 의해 데이터의 속
성이 구별되는 스프레드시트 형
태의 데이터도 있을 수 있다.

[그림 I-1-1] 정형 데이터의 구조

미들웨어 데이터(Semi-Structred Data)

데이터 내부에 정형 데이터의 스키마에 해당하는 메타데이터를 갖고
있으며, 일반적으로 파일 형태로 저장된다.

비정형 데이터(Unstructured-Data)

데이터 세트가 아닌 하나의 데이터가 수집, 데이터로 객체화돼 있다.
언어 분석이 가능한 텍스트 데이터나 이미지, 동영상 같은 멀티미디어
데이터가 대표적인 비정형 데이터다.

[{ "Sepal.Length":5.1, "Sepal.Width":3.5, "Petal.Length":1.4, "Petal.Width":0.2, "Species":" s
etosa" },{ "Sepal.Length":4.9, "Sepal.Width":3, "Petal.Length":1.4, "Petal.Width":0.2, "Species
":" setosa" },{ "Sepal.Length":4.7, "Sepal.Width":3.2, "Petal.Length":1.3, "Petal.Width":0.2,
"Species":" setosa" },{ "Sepal.Length":4.6, "Sepal.Width":3.1, "Petal.Length":1.5, "Petal.Widt
h":0.2, "Species":" setosa" }]

정형 데이터는 내부 시스템인 경우가 대부분이라 수집이 쉽다. 그러
나 현실적 가치의 한계를 생각해본다면 활용 면에서 잠재적 가치는 상대
적으로 낮다. 반정형 데이터는 데이터의 제공자가 선별해 제공하기 때문

입문부터 전문가까지
한 권으로 끝내는 디지털 마케팅의 모든 것

에, 데이터 처리 기술이 있어야 하고, 그만큼 잠재적 가치는 정형 데이터보다 높은 편이다. 비정형 데이터는 수집 데이터 처리가 어렵다. 그러나 데이터에 대한 분석이 이미 선행되어 일단 수집이 가능하면 수집주체에는 가장 높은 잠재적 가치를 주는 편이다.

모인 데이터만 충분하다면, 인공지능에 그 이상 인간의 도움은 필요 없다. 그 안에서도 충분히 새로운 데이터를 쌓아나가며 스스로 처리 시스템을 개척해나가기 때문이다.

기존의 방법

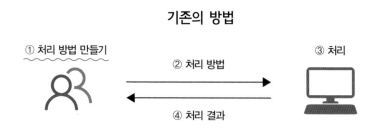

머신러닝이 바꾼 방법

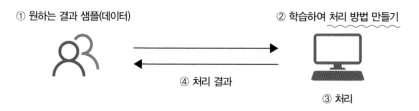

더 이상 인간이 처리방법을 만들지 않는다

인공지능은 주어진 데이터에서 스스로 새로운 데이터를 만들어낸다. '특정 패턴'을 통해 정보를 수집하고, '분류 및 상관관계 분석'을 통해 또 새로운 데이터가 쌓인다. 몇 번의 실패와 오류를 통해 새로운 '규칙'을 형성하며 데이터를 새로이 구축한다. 그리고 처리방법을 스스로 개척하기 때문에, 이러한 방식을 우리는 '기계가 스스로 학습'한다고 착각에 빠지곤 한다. 하지만 엄밀히 알아두자!

기계는 인간의 의지 없이는 스스로 무언가를 할 수 없다. 앞서 말했던 것과 같이 인공지능은 조금 더 나은 컴퓨터와 같다. 쉽게 말해, '계산기'를 생각해보자. 1+1의 결과값을 알고 싶으면 우리는 1이라는 숫자와 연산자 +를 입력해주고 2라는 답을 얻어낸다. '컴퓨터'에서는 어떠한가. a1에 숫자 1을 넣고 a2에 1을 넣어 a3에 sum 수식을 입력해주면, 계산은 자동이다. 그리고 군이 물어본다면, 컴퓨터는 특정 패턴화하여 b3, c3 값까지 읽어낼 수 있다. 계산기에서는 원하는 계산을 일일이 넣어야 답이 나왔다면, 컴퓨터를 통해서는 한 번만 입력해도 패턴화를 통해 답이 나왔다. '인공지능'은 딥러닝이라는 기술을 통해 처리방법까지 알아서 하도록 명령을 내려놓은 것뿐이다. 이것은 인공지능이 특정한 의지가 있어서 가능한 것이 아니라, 인간에 의해 프로그래밍된 머신러닝 기법일 뿐이다.

2) 인공신경망 기술

인공지능에 명령된 그 프로그래밍에는 어떤 것들이 있는가 궁금할 수 있다. 크게는 지도학습, 자율학습, 강화학습으로 나누어진다. 지도학습이란, 인공지능이 충분히 좋은 답을 내어놓을 수 있도록 말 그대로 지도해주는 것을 뜻한다. 자율학습은 분류하고 분석해서 공통점과 차이점 특징 등을 인공지능이 스스로 선별해내도록 하는 명령이다. 강화학

입문부터 전문가까지
한 권으로 끝내는 디지털 마케팅의 모든 것

습은 기계에 피드백을 주는 것이다. 이를 통해 인공지능은 스스로 얼마나 잘 수행했는지에 대한 새로운 정보를 얻는다.

지도학습에는 베이스 정리, 결정 트리, 랜덤 포레스트, 서포트 벡터머신 등의 기법이 있다. 자율학습에는 클러스터분석, 연관성, 이상 탐지, 인공신경망 기법 등이 있다. 이 수많은 알고리즘은 냉정하게 말해

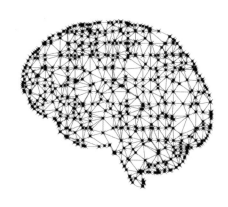

서 기술자가 아닌 이상 몰라도 마케팅에 아무런 문제는 없다. 물론 관련 알고리즘을 활용해야만 하는 상황이 온다면 이야기가 다르겠지만, 디지털 마케팅 활용적 측면에서는 마치 소 잡는 칼이 탄소강인지 스테인리스강인지까지 따지는 것과 같다. 이 부분까지는 기술 전문가에게 맡기기를 권장한다.

그러나 그중에서도 '인공신경망'은 우리가 알아두어야 할 필요가 있다. 우리가 흔히 떠올리는 인공지능의 형태가 바로 이 모델이기 때문이다. 그리고 앞서 설명한 '딥러닝'이 바로 이 신경망 구조를 활용한다. 프로그래밍 기술 중 대표로 '인공신경망'에 대해 잠깐 알아보고 가자.

'신경 쓰인다'는 것은 무슨 말일까?

신경망에 관한 이야기가 나왔으니 한번 이렇게 접근해보자. 사전적

의미로 '어떤 일에 대한 느낌이나 생각'을 여기서 말하는 '신경'이라고 할 테지만, 조금은 필자 자의적으로 해석해보고자 한다.

인간의 뇌는 신경세포로 이루어져 있다. 신경세포는 뉴런이라고 한다. 그리고 이 뉴런끼리 연결을 시켜주는 것이 '시냅스'이다. 시냅스는 평소에 붙어 있는 것이 아니라 신경 쓰일만한 사건이나 감정이 생기면 그때 활동을 한다. 그리고 그러한 경험이 쌓여서 연결이 자주 일어나면 더더욱 연결망은 자주 형성된다. 예를 들어 자라를 보고 놀란 가슴, 솥뚜껑 보고 놀라는 것이 그러한 상황이다. 이때의 신경계를 우리는 신경이란 표현으로도 사용하며 사전적 정의는 '신경세포의 돌기가 모여 결합 조직으로 된 막에 싸여 끈처럼 된 구조'를 의미한다. 결국 '너에게 신경이 쓰인다'는 말은 '내 신경세포가 너를 위해 형성된다'는, 다소 로맨틱한 생물학적 고백이 아닌가 싶다.

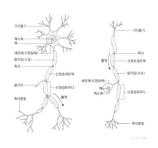

뉴런 (네이버 지식백과)

신경망을 인공적으로 만들다

신경망에 대해 약간은 재미있게 접근해보기 위해 '신경 쓰이다'라는 개념을 가져와 보았다. 결국, 인공신경망 기술은 이러한 인간의 뇌 구조와 다르지 않다. 오히려 최대한 유사하게 만들기 위해 심혈

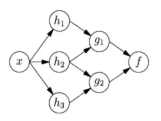

입문부터 전문가까지
한 권으로 끝내는 디지털 마케팅의 모든 것

을 기울였다. 인공신경망은 이러한 신경망이 인공적으로 형성되는 것을 의미한다. 서로 연결된 여러 신경 세포들이 신호를 나누어 주고받는 동물의 신경망 구조와 비슷한 방식으로 이루어져 있다. 다만 감정적인 부분만 배제되어 있을 뿐이다.

생물학적인 뉴런이 다른 여러 개의 뉴런으로부터 입력값을 받아서 세포체(cell body)에 저장하다가 자신의 용량을 넘어서면 외부로 출력값을 내보내는 것처럼, 인공신경망 뉴런은 여러 입력값을 받아서 일정 수준을 넘어서면 활성화되어 출력값을 내보낸다. 각각의 입력 데이터들이 뉴런의 역할을 맡아서 한다. 그리고 개별 입력 데이터의 가중치에 따라 결정을 내릴 수 있다. 인공신경망 네트워크는 뉴런을 여러 개 쌓아서 만든다. 입력층에서 정보가 입력되면 중간층에서 나누어 계산하고, 다음에 출력층에서 모아 결과를 낸다. 영역을 나누어 작게 만든 다음, 그 부분만 계산하여 다음으로 넘기면 최종적으로 합쳐진 결론을 우리가 보게 되는 것이다. 우리는 신경망에 저장된 다층 결정 구조로 인해, 딥러닝을 하게 된다.

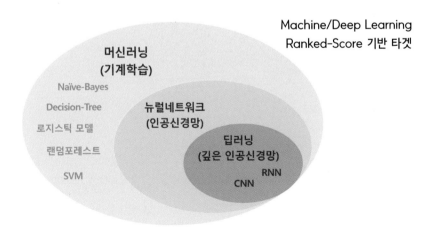

3) 딥러닝

이 인공신경망을 심화시킨 알고리즘이 바로 딥러닝이다

앞서 딥러닝이 디지털 마케팅에서 어떠한 역할을 하는지 예시와 함께 겉핥기식으로나마 살펴보았다. 사실 마케터가 딥러닝의 구조보다는 딥러닝의 쓰임새에 주목해야 하는 것은 맞지만, 주니어 단계를 넘어서려면 그 이상의 무언가가 필요하다. 현재 딥러닝의 역할을 넘어선 새로운 역할의 지평을 열기 위해서는 어느 정도 딥러닝에 속성에 대해 이해해야 한다. 시니어에 기대하는 것은 단순히 Task를 잘 수행하는 것이 아닌, Project의 완료, 성과 내기 외에도 리스크 제어까지 포함한다. 따라서 인공지능을 잘 이해하고 활용하는 마케터가 되고 싶다면 '딥러닝'에 대한 이해는 필수적이다.

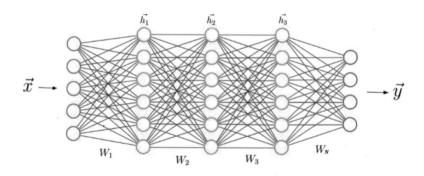

딥러닝은 조금 더 심층적인 신경세포층을 의미한다

딥러닝에서 신경망은 입력층(input layer)과 출력층(output layer) 그 사이의 은닉층(hidden layer)이라는 것으로 구성되어 있다. 인공신경망

입문부터 전문가까지
한 권으로 끝내는 디지털 마케팅의 모든 것

에서 계산하는 중간층이 대략 1~2개라면, 딥러닝에서는 이 중간층을 3개 이상, 수십 개로 늘릴 수 있다. 그리고 이 중간층이 3개가 넘어가면 특별히 층위가 깊다고 하여 딥러닝이라고 부른다.

"딥러닝은 여러 단계의 표현을 활용하는 학습기법이다."

2015년 5월, 〈네이처〉에 발표된 '딥러닝'이라는 글에서 정의한 내용이다. 가공되지 않은 데이터를 한데 모아 비선형적인 모듈을 만들고 여러 단계의 표현을 찾아낸다. 그리고 높은 표현층을 만들어내기 위해 데이터의 여러 측면을 평가하여 필요한 것은 사용하고, 필요 없는 것을 억제한다. 딥러닝의 가장 좋은 점은, 이러한 층위를 인간이 일일이 설정하는 것이 아닌, 인공지능 스스로 설계된다는 점이다. 다목적 학습 절차와 데이터로 이러한 구조를 학습하게 된다.

딥러닝의 하위종류로는 엑셀의 테이블 표처럼 생긴 데이터를 특히 잘 처리하는 딥 뉴럴 네트워크(DNN), 사진/그림/영상과 같은 시각적 이미지를 주로 처리하는 콘볼루셔널 뉴럴 네트워크(CNN), 번역/문장 등 언어 등을 처리하는데 순서가 중요한 데이터를 주로 맡는 리커런트 뉴럴 네트워크(RNN), 딥러닝을 생성에 응용하여 대립, 평가를 통해 계속해서 성능이 좋아지도록 만드는 제너러티브 에드버서리얼 네트워크(GAN) 등이 있다.

딥러닝은 실생활에서 다양한 방식으로 활용되고 있다

앞서 part 1에서 본 것과 같이, 구글에서는 음성과 이미지 인식 알고리즘에 딥러닝을 활용하고 있고, 넷플릭스(Netflix)와 아마존에서는 사용자가 다음에 무엇을 볼지, 무엇을 구매할지를 결정하기 위해 활용하고 있다. 화가의 화풍을 따라 하여 그림을 그리는 연구, DOGAN 기법을 이용하여 새로운 이미지를 창조하는 연구 등이 있다. 이하에서는 더욱 심층적인 디지털 광고 활용 사례를 알아보겠다.

4) 인공지능의 디지털 광고 활용 사례

현재 국내외 대·중·소를 막론하고 각종 기업에서는 디지털 광고, 그중에서도 모바일 광고를 주요 수익 원천으로 하고 있다. 디지털 기술의 발전은 '인공신경망' 기술을 통해 정확한 분석과 계산이 가능해진 단계에 이르렀으며 디지털 광고에서 이 점은 대단히 유의미하다. 딥러닝 기술을 마케팅 영역에서 어떻게 활용할 수 있을 것인가는 시니어들에게 10여 년간의 숙제가 될 것이라 확신한다.

① 어뷰징 디텍션(Abusing Detection)

모바일 광고의 비약적인 성장과 더불어 어뷰징 사례도 비약적으로 증가했다. 특히 수백, 수천 대의 모바일 폰을 활용해서 임의로 앱을 다운로드받아서 광고성과를 가

로채는 행위에서부터 이들 핸드폰이 마치 실제 사용자들인 것처럼 시뮬레이션하는 방향으로 점점 더 수법이 교묘해지고 있다. 하지만 그 자체가 바로 수익이 되는 만큼 어뷰징을 하는 쪽에서도, 이를 방지하는 쪽에서도 AI 관련 기술을 적극적으로 활용하고 있다.

② 광고 알고리즘(Advertising Algorithm)

모바일 광고업계를 자세히 들여다보면 거래단위가 복잡한 경우가 많다. 노출, 클릭, 인스톨, 실행, 구매 등의 여러 가지 기준으로 광고하게 된다. 퍼블리셔의 입장에서는 최소한의 단가로 구매해서 최대한의 성과를 얻고자 한다. 성과를 중시하는 일부 모바일 퍼블리셔들의 경우 인스톨/실행을 기반으로 캠페인을 집행하는 사례가 늘어나고 있다. 마치 자본시장이 각기 다른 이자율, 환율 등의 차이를 이용해서 싸게 사서 비싸게 파는 Buy Low, Sell High, 즉, 아비트리지(Arbitrage) 투자를 진행하듯이 광고시장의 대부분 핵심 알고리즘은 이에 대한 것이다. 노출앱, 거래되는 시장, 플랫폼 등의 요소를 끊임없이 분석해서 최적의 결과를 도출하는 것이다. 퍼블리셔, 매체사의 데이터를 효율화하여 좀 더 효과적인 바잉을 하기 위해 딥러닝, 머신러닝 등의 기술이 빠르게 적용되고 있다.

③ 광고 소재(Ad Creatives)

광고 소재는 제작에 시간이 오래 걸리고, 어느 때보다 그 수명이 짧아졌다. 모바일 광고는 광고에 관한 결과가 수치화되어 효율을 빠르게 판단할 수 있으므로 소재의 수명이 짧다. 앱과 서비스에 따라 차이는 있겠지만 프로모션 상품들이 매번 바뀌는 커머스의 경우는 거의 매일 바뀐다. 광고 소재에는 HTML5를 이용한 인터랙티브한 애니메이션, 동영상, 이미지 등이 있는데 특히 이미지를 중심으로 이를 자동으로 생성하는 솔루션을 제공하는 회사들이 많아졌다.

- 알리바바 루벤(LuBan)

  알리바바 그룹에서 중국의 전설적인 엔지니어의 이름을 따서 지은 AI인데 초당 8,000개의 광고 배너를 만들어 낼 수 있다. 특히, 머신러닝 등의 다양한 기법들이 사용되는데 좋은 배너인지를 판단하기 위해서는 심미적인 기준과 광고 효율이 있는지에 대한 비즈니스 기준 두 가지로 판단한다.

- 베를린 기반의 아이 퀀트(Eye Quant)

  사람의 눈을 컴퓨터가 트래킹하는 것을 바탕으로 해서 어떤 배너 광고가 더 사람들의 관심을 유도할 수 있는지를 85% 정도의 정확도로 알아낼 수 있다고 한다. 관련 기사에서 재미있는 점은 정확히 어떤 이유로 AI가 그렇게 판단하는지에 대한 이유는 어렵다고 한다. 사실 머신러닝 기술이 적용된 프로젝트들에서 종종 있는 현상이다. 온갖 변수들과 패턴들을 수없이 학습하는 기술이 결과적으로 머신러닝이라서 왜 해당 결론에 도달했는지 파악이 어려운 경우들이 있다.

- 다이나믹 광고(Dynamic Ads)

  소재 자체를 만들어주는 것이 아니라 고객 반응을 학습해서 각기 다른 소재/형식/내용 등이 바뀌는 일종의 다이내믹 광고(Dynamic Ads) 등은 이미 구글/페이스북/프로그래매틱 광고 영역에서 활발히 활용되고 있다.

입문부터 전문가까지
한 권으로 끝내는 디지털 마케팅의 모든 것

④ 마케팅 자동화(Marketing Automation)

디지털 마케터들은 관리해야 하는 채널과 분석해야 하는 데이터의 양이 기하급수적으로 늘어났다. 그만큼 제공하는 서비스가 고객들과 만나는 접점이 넓어졌기 때문이다. 구글(유튜브)/페이스북/네이버 등의 주요 플랫폼들을 관리해야 하고, 플랫폼마다 광고플랫폼도 달라서 일일이 캠페인을 세트업하고, 진행 및 운영하는 게 쉬운 일은 아니다. 이들 플랫폼을 제외한 애드네트워크/프로그래매틱 등의 시장들도 존재하기 때문에 신경 써야 할 채널이 엄청나게 많다. 또한, 앱 내에서 벌어지는 고객의 지표도 확인해야 하고, 고객별로 커스터마이즈된 푸쉬 메시지 등을 보내거나 해야 한다. 따라서, 여러 가지 접점에서 자동화의 패턴이 일어나고 있다.

- MMP(Mobile Measurement Partner)
  MMP의 영역이 넓어지고 있다. 기존에는 광고성과에 대한 기여를 주로 측정했는데 점점 더 퍼블리셔가 다양한 광고 데이터에 대한 정보나 인사이트를 제공하거나 앱 운영 시의 특정 푸쉬를 자동화하는 등 영역이 넓어지고 있다.

- API 바탕의 광고
  구글/페이스북/네이버 등의 주요 광고플랫폼들의 API를 바탕으로 광고를 효과적으로 집행하도록 도와주는 주요 솔루션들의 경우, 원하는 오디언스, 고객 종류 등을 입력하면 수십, 수백 개의 광고 캠페인이 자동으로 만들어지며 심지어 일부 솔루션의 최적화도 알아서 진행한다.

> • BI(Business Intelligence), 써드파티 솔루션
>
> 기업들이 내부에서 활용하는 자체 BI(Business Intelligence) 혹은 써드파
> 티 솔루션이 고도화되고 있다. 일부 퍼블리셔의 경우는 외부 솔루션만을 이용
> 해서 광고 어뷰징을 잡아내는 것이 아니라 자체 데이터상의 이상징후를 먼저
> 확인하고 파트너들에게 공유하는 예도 많아지고 있다.

어뷰징, 광고 알고리즘, 광고 소재, 마케팅 자동화 등 다양한 영역에서 실시간으로 생성되는 엄청난 양의 데이터를 바탕으로 관련 기술들이 더욱 정교해지고 있다. 10년 전에 디지털 마케팅을 진행하던 방식을 생각하면 이미 데이터의 표준화, 실시간 분석 등은 거의 일반화 되었다. 하지만 아직 갈 길은 멀다고 생각한다. 프로그래매틱 광고 등의 대안이 있지만 아직은 규모가 작다. 하지만 커다란 몇 가지 패턴이 보이는 것은 사실이다.

실시간으로 쌓이는 데이터를 분석하기는 점점 더 쉬워지고 있고, 퍼블리셔가 가지고 있는 서비스와 유기적으로 연동해서 다양한 마케팅 활동을 자동화하기도 쉬워졌다. 관련 인터페이스가 편해지면서 어려운 기술을 학습해야 하는 것도 아니다. 구글/페이스북 등 플랫폼들의 광고 관련 기술을 날로 발전하여 특별하게 정교한 캠페인을 하지 않더라도 광고에 반응하는 오디언스를 잘 찾아준다. 딥러닝을 통해서 사람보다 더 사람 같은 이미지와 목소리를 만들어내는 사례는 이미 흔해지고 있어 곧 실제 같은 가상의 영상이 만들어지는 것도 시간문제다. 인공지능이 적용되는 영역에서도 특히 모바일 광고 분야는 어느 분야보다도 변화가 빠르게 찾아올 것은 분명하다.

퍼포먼스 마케팅,
제한된 예산으로 최고의 효율을 내다

최근 직장인들 사이에서 '만나서 할 말 없을 때 하는 말'이 '퇴사하고 유튜브 하려고요.'였다. 우스갯소리이지만 모든 직장인의 꿈이 유튜버가 되었을 정도로 유튜브는 새로운 시장으로 성장해나가고 있다.

이미 유명한 스트리머들은 연예인 못지않은 인기와 이익을 얻고 있으며, 과거 한 키즈 유튜버는 채널을 오픈한 지 몇 년 되지 않아 강남에 빌딩을 매입했다는 뉴스로 큰 화제와 동시에 직장인들에게 박탈감을 안겨주기도 하였다. 이처럼 전 국민이 관심이 있고, 초등학생 선망직업 1위로 유튜버가 오르기도 한 시점에서 유튜브는 세계 최대의 디지털 광고 플랫폼으로 성장하고 있기도 하다.

1) 더욱 강력한 광고의 힘을 만들어라!

    광고에서 어떠한 물건을 '잠재적으로 그것이 필요하다'고 생각하는 상대방에게 보여주는 것이 가장 중요하다. 아무리 구미가 당기는 광고를 만든다고 하더라도 결국 잠재고객에 대한 타게팅이 명확하지 않거나, 잠재고객에게 제대로 노출이 되지 않는다면 효율이 높지 않기 때문이다.

    과거에 처음 광고 산업이 시작되었을 때에는 무차별적인 종이 찌라시나 신문, 잡지 등에 광고가 노출되었고, 향후 기술이 발전하여 텔레비전과 라디오 같은 디지털 매체에 광고가 송출되기도 했지만, 이는 어떠한 대상을 향한 타겟형이라기 보다는 그저 많은 사람에게 광고가 보여서 광고주 브랜드의 인지도를 향상해 한 명이라도 고객을 늘리는 데 목적이 있었다.

    해당 광고 방식은 들어가는 비용에 비해서 직접적인 매출의 증가로 이어지기가 힘든 데다가, 1990년대 이후로 전 세계적인 경제성장률이 둔화하고 경기 불안정성이 커지면서 점차 사장되어 갔다. 그 이후에 인터넷이 급속도로 발달하게 되면서 새로운 광고 모델이 생겨났는데, 바로 인터넷을 통해 특정 검색을 하는 사람에게 해당 광고를 보여주는 '타겟형 광고'가 생겨나기 시작한 것이다.

    기존의 광고 방식이 불특정 다수에게 광고를 살포하는 방식이었다면 좀 더 똑똑하고 효율적인 방식인 타게팅 광고는 그저 더 많은 수의 대중이 아닌 실제 물건을 구매할 의사가 있을 '잠재고객'에게 광고가 노출된다. 그리고 이러한 잠재고객에 대한 광고 노출은 광고의 가장 기본적인 목표이기도 한 '광고를 보는 사람에게 실제 물건을 사게 만드는 행위'인 '전환'을 가능하게 한다는 점에서 기존과 비교하면 효율성에서 매우 우세한 광고 기법이라고 할 수 있다.

2) 퍼포먼스 마케팅(Performance Marketing)

최근 스마트폰의 대거 보급으로 디지털 광고의 성장 속도가 급속도로 높아지고 있기에 이러한 타겟 광고의 영향력은 커져만 가고 있다. 2017년 3조 8천억 원 정도로 커져 있던 디지털광고시장은 매년 10% 이상의 가파른 상승을 보이며 2019년에는 4조 9천억 원에 이르고 있다.

이러한 성장률은 디지털 타게팅 광고의 특성상 훨씬 효율성을 높일 여지가 남아 있는 것에 담보하고 있다. 사용자가 많을수록 해당 플랫폼을 쓰는 사용자에 대한 빅 데이터가 많이 모이기 때문에 훨씬 광고 대상에 대한 면밀한 분석이 가능하고, 이를 통해 모든 패턴이 수치화되어 더 정밀한 타게팅이 될 수 있으므로 효율은 계속 올라가게 된다. 이처럼 전환율을 최대한으로 끌어올리고 쓸데없이 들어가는 마케팅 비용을 줄이며 광고주에게 최대의 이익을 도출하는 것이 바로 '퍼포먼스 마케팅(Performance Marketing)'이다.

퍼포먼스 마케팅은 단순히 광고주들에게만 혜택이 돌아가는 것이 아니라 소비자들과 광고 매체 모두에게도 이득을 줄 수 있는 특성이 존재한다. 퍼포먼스 마케팅을 통한 타게팅 광고는 본인에게 필요한 제품이나 서비스와 관련된 광고만을 보는 것이 가능해졌기 때문에 훨씬 번거로움

이 줄어들 수 있다. 그뿐 아니라 광고를 집행하는 매체나 미디어에서는 불필요한 광고가 줄어든 탓에 이용자들의 만족도가 높아질뿐더러, 기존에 판매되지 않던 대규모의 광고 인벤토리를 소규모로 나누어 판매할 수 있으므로 재고가 훨씬 줄어드는 이득을 볼 수 있다. 이처럼 퍼포먼스 마케팅 시장은 광고주와 소비자 그리고 매체 모두를 만족하게 할 수 있기에 그 활용성이 무궁무진하며 앞으로도 지속해서 성장할 여지가 많은 마케팅 시장으로 판단되고 있다.

"최적화하라."

퍼포먼스 마케팅에서 가장 중요하게 다뤄져야 하는 것은 주어진 예산 내에서 운영할 가장 적합한 매체를 선택한 후에 해당 매체의 특성을 고려하여 최대의 결과물을 뽑아내는 목표를 설정하는 것이다. 여기서 매체의 특성에 따라서 각 매체에서의 액션이 달라지는데 이러한 액션의 과정을 '최적화 과정'이라고 칭한다. 최적화를 진행하는 과정에서 '어떤 행동을 해야만 한다'는 답안지는 없으며 각 상황에 따라 다양한 방안들이 요구된다. 타게팅 자체를 변경할 수도 있고, 소재나 문구를 변경할 수도 있으며, 아예 예산 자체를 변경할 수도 있다. 또한, 여러 가지 매체를 선택한 상태라면 매체 중 포기해야 할 것들을 포기하고 다른 매체에 집중하는 최적화 과정을 거치기도 한다.

3) 최적화의 기준

최적화의 기준은 워낙 다양하므로 디지털 마케터의 입장에서는 고객의 행동 흐름 중 가장 유의미하다고 여겨지는 적절한 부분을 찾아서 기준을 세운 뒤 최적화 과정을 진행해야 한다. 그 기준은 기본적으로 광고 캠페인을 시작하기 전에 세워져야 하며, 대표적인 최적화 기준으로는 CPC와 CPA가 존재한다.

클릭당 비용이냐 목표수행 비용이냐

CPC는 Cost Per Click의 약자로 즉 '클릭당 비용'을 의미한다. CPC는 낮은 비용으로 최대한 많은 유저들을 판매 사이트 내부로 유입시키는 최적화의 기준이 되며, 브랜딩을 목표로 할 때 볼 수 있는 중요한 지표이다. 그리고 CPA는 Cost Per Action의 약자로 '목표 Action을 수행하는데 들어간 비용'을 의미한다. 즉 앞서 말한 한 번의 '전환'이 이루어지는데 들어가는 비용을 산출한 것이다.

과거에는 최대한 유입량을 늘려서 많은 사람이 사이트에 머무르게 하는 것이 미덕으로 여겨졌기에 CPC를 중요시하는 마케터들이 많았지만, 결국에는 최종적인 목표는 실제 구매가 이루어지는 전환이기에 CPC와 비교하면 CPA의 중요성이 높아지고 있다.

기본적으로 CPA를 통해 얼마나 실제 판매가 이루어지는가가 중요하지만, CPC 역시 여전히 중요한 지표이며 무시되어서는 안 되는 최적화 기준이다. 아직 잘 알려지지 않은 신생기업의 경우에는 처음부터 대규모 전환을 기대하기보다는 지속해서 타겟층에 대한 광고 노출을 통해 방문을 유도하고 인지도를 높이는 것도 퍼포먼스 마케팅의 핵심적인 요소이기 때문이다. 또한, 당장 전환이 이루어지지 않는다고 하더라도 클릭을 통해 방문한 고객이 많게 된다면 리타게팅 광고와 같은 다른 전략도 사용할 수가 있으므로 CPC 역시 지속해서 고려해야 할 지표이다.

4) 검색광고와 배너 광고의 운용법

현재 디지털 플랫폼의 광고는 크게 검색광고와 배너광고, 두 가지 종류로 구분한다. 두 광고의 운용법이나 노출되는 형태가 완전히 다르므로 이 두 가지 방법에 대한 숙지 역시 올바른 최적화의 핵심적인 전제라고 할 수 있다.

- 검색광고

  앞서 말한 네이버와 같이 특정 키워드를 검색한 사람에게 해당 분야의 광고를 보이게 하는 것이다. 이 광고 방식은 실제 검색을 하는 사람들에게 맞는 광고를 보여준다는 점에서 CPA가 낮을 수밖에 없고 매우 효율적인 방식으로 주목받아왔다. 하지만 기존에 관심이 있는 사람들에게만 광고가 노출된다는 점에서 새로운 고객층을 수급하는데 어려움을 겪을 수 있기에 최적화 관리가 어려운 편에 속한다.

- 배너광고

  검색광고와는 다르게 사용자의 수치화된 검색 기록과 패턴을 바탕으로 광고를 노출하는 것으로 소비자가 직접 검색을 하지 않더라도 광고를 노출하기 때문에 검색광고와 비교하면 노출 범위가 더 넓고, 새로운 고객층을 수급하는데 용이하다. 하지만 타겟층이 검색광고와 비교하면 명확하지가 못하기 때문에 CPC는 낮지만, CPA가 높아지는 현상이 생기기도 한다.

마케터는 이러한 광고 방식들과 판매하는 물건에 대한 분석을 바탕으로 어떤 방식이 더 높은 효율을 낼지 고민해야 한다. 우선 광고하는 초반에는 좁은 타게팅보다는 넓은 타게팅을 바탕으로 최대한 많은 사람에게 노출되는 방식을 선택하는 것이 효율적이다. 처음부터 CPA를 낮추기 위해서 광고 타겟층을 너무 좁게 설정한다면, 활용할 수 있는 광고 인벤토리 자체가 줄어들고 이를 이용하는 잠재고객들을 놓칠 수 있기 때문이다. 그러므로 처음에는 넓은 타게팅으로 시작한 후에 플랫폼별로 노출을 분석하고 그중 효율이 높은 지면으로 광고 타겟층을 좁혀 나가는 것이 현명한 방법이라고 할 수 있다.

전체 예산의 10%~20% 정도는 테스트 캠페인 예산으로 사용하는 것도 어떠한 광고 방식이 적합할지 타진하고 고객 수요층을 넓히는 데 중요한 요소이다. 많은 마케터가 예산을 줄이는 것을 미덕으로 여기는 탓에 테스트 캠페인 비용을 생략하거나 극도로 낮게 두며, 기존에 잘 판매되는 플랫폼에만 집중하는 경우가 많다. 이는 오히려 장기적인 고객층을 좁히는 결과를 가져오게 된다. 테스트 캠페인은 새로운 가능성이 있는 수요를 발굴하는 것이므로 필수적인 요소라고 할 수 있으며, 아무리 기존의 효율이 높은 타겟층을 확보하고 있다고 하더라도 최적화가 어려운 경우도 존재하며 향후 상황 변화에 따른 유연성이 떨어지는 경우도 자주 발생하기 때문에 이에 대비하는 새로운 타겟을 찾는 것을 소홀히 하면 안 된다.

5) 투자대비수익률(ROI- Return on Investment)을 극대화하라!

매체 광고를 통해 광고 캠페인을 진행한다고 가정해본다면 다양한 과정이 수반됨을 알 수 있다. 우선 사용자가 광고 배너를 클릭하도록 만들어야 하며, 해당 클릭을 통해 애플리케이션이나 서비스를 설치하도록 하여야 하며, 들어간 사이트에서 원하는 제품을 선택하고, 최종적으로 결제하도록 만들어야 한다. 그리고 이러한 전체 단계에서 수많은

입문부터 전문가까지
한 권으로 끝내는 디지털 마케팅의 모든 것

사용자 이탈이 발생한다. 처음에 배너 광고가 천 명의 대중에게 노출된다 하더라도, 단계마다 절반의 사용자인 50%씩 빠져나간다고 고려하면 결국 최종적으로는 고작 7, 8명이 물건을 구매한다는 뜻이다. 더군다나 현실에서는 이탈률이 50%를 넘어가기 때문에 이 CPA를 최대한 낮게 만드는 것이 퍼포먼스 마케팅의 최종적인 목표가 된다.

마케팅 퍼널(Marketing Funnel)

퍼포먼스 마케팅을 '깔때기(Funnel)로 돈을 버는 것'이라는 문장으로 정의하기도 한다. 경영학을 전공한 사람이라면 이 깔때기, 즉 마케팅 퍼널(Marketing Funnel)이라는 단어에 익숙할 것이다. 마케팅 퍼널은 소비자가 물건을 구매하게 되는 과정을 의미하는 것으로, 깔때기의 외부나 가장자리에 소비자가 존재하면 기대 수익이 낮다고 판단되고, 깔때기의 꼭짓점에 있게 되면 물건을 구매할 확률이 높기에 기대 수익이 높아지게 된다. 그리고 퍼포먼스 마케팅은 이러한 깔때기의 꼭짓점까지 고객을 데려오는 과정을 설계하고 최적화하는 일이라고 할 수 있다.

최적화 과정을 통해서 퍼포먼스 마케팅이 최종적으로 추구하는 것은 결국 투자대비수익률(ROI- Return on Investment)을 극대화하는 것이다. 효율이 나오지 않는 매체에는 광고를 집행하지 않고, 도움이 되는 매체에는 광고를 집중하는 방향으로 나아가는 철저히 결과와 퍼포먼스에만 집중하는 프로세스다. 이러한 모든 결과물은 데이터를 통해서 일목요연하게 분석 가능하므로 마케터는 항상 도출된 데이터를 잘 가공하여 분석에 용이하도록 하여야 한다.

6) HOW TO MAKE ROI

그렇다면 어떠한 방식으로 이 과정에서 소비자들을 최대한 깔때기, 마케팅 퍼널에 잘 흘러들어 가게 할 수 있을까? 진행되는 단계들을 대폭 줄여, 사용자 이탈 기회를 최소화시켜 전환을 최대한 많이 만들어내는 것이 훌륭한 캠페인 최적화라고 볼 수 있다. 이러한 캠페인 최적화의 방향으로 대표적인 두 가지 방법이 있는데, 'AB 테스트'와 '고객에게 일관성 있는 경험을 제공하는 것'이 바로 그것이다.

AB 테스트

AB 테스트란 웹 사이트 방문자를 임의로 두 집단으로 나눈 뒤, 한 집단에게는 기존 사이트를 보여주고 다른 집단에게는 새로운 사이트를 보여주어, 두 집단 중 어떤 집단이 더 높은 성과를 보이는지 측정하여 새 사이트가 기존 사이드에 비해 좋은지를 정량적으로 평가하는 방식을 말한다. 이 방식을 적용하여 만약 광고 배너 안에 '바로 주문하러 가기' 버튼이 있고 없고에 따라서 클릭률의 차이가 20% 정도 나게 된다면 '바로 주문하기 버튼'을 생성시켜 최대한의 전환율을 만드는 행동을 취해야 한다. 이처럼 AB 테스트를 통해 어떤 디자인과 UI에 사용자들이 반응하고, 다음 단계로 넘어가는지 관찰함으로써 광고 효율을 높일 수 있다.

고객감동서비스

'고객에게 일관성 있는 경험을 제공하는 것'은 사용자가 물건을 구매하면서 마음이 변하지 않도록 하는 핵심이다. 기본적으로 사용자는 구

입문부터 전문가까지
한 권으로 끝내는 디지털 마케팅의 모든 것

매과정 중 자신이 기대하고 있던 경험에 괴리가 발생했을 때 이탈하게 된다. 예를 들자면 '연예인 A가 눈물을 흘리는 이유는?'이라고 적힌 광고를 클릭했는데, 'B 피자가 맛있어서 눈물을 흘렸다더라!' 는 낚시성 콘텐츠가 나오면 기존의 궁금함을 충족시켜주지 못하고 실망하기 때문에 전환이 이루어지기 힘들어 이탈하게 된다.

소비자들의 기대를 저버리는 방식보다는 차라리 처음부터 '연예인 A가 눈물 흘릴 만큼 맛있는 B 피자'라는 카피를 사용했다면, 자극적이지 않은 광고문구인 탓에 초기 클릭률은 낮을 수 있어도 이탈률이 낮아지게 된다. 즉, 고객이 거쳐 가는 모든 과정에서 기대를 배신하지 않는 연관성 있는 경험치를 제공해준다면, 이를 통해 고객 기대가 충족되고 캠페인의 효율은 높아지며 소비자가 마케팅 퍼널에 잘 흘러들어 가게 된다.

7) 유의미한 데이터의 추출, 가능할까?

퍼포먼스 마케팅에서 어떠한 방식으로 유의미한 데이터를 추출할 수 있을 것인가? 역시 중요한 문제이다. 기본적으로 온라인광고 분야에서는 구글 애널리틱스와 같이 고객 데이터를 분석할 수 있는 다양한 도구들이 존재하고 있으며, 해당 도구들을 깊게 공부하여 잘 분석하면 고객 타게팅에 큰 도움이 될 수 있다. 하지만 기존의 방식으로는 특정 회사에 필요한 정보가 정확히 추출되지 않는 일도 있기에 다른 방법을 사용해야 하는 경우도 발생한다. 이를 위해서 각 업체는 다양한 방식을 추구하고 있는데, TV 광고의 효율성을 측정하고자 하는 업체는 해당 광고가 방영되는 순간 구글 애널리틱스나 다른 도구를 이용해서 트래픽을 분석하여 패턴을 분석하기도 하며, 트래킹 솔루션을 직접 제작하여 기존에 잡히지 않던 소비자 데이터를 추출하기도 한다.

프라이버시 침해는 아닐까?

퍼포먼스 마케팅의 향방이 오로지 장밋빛 미래라고 할 수만은 없다. 일례로 최근 디지털 마케팅업계에 있어 큰 화두인 유저의 프라이버시 중요성은 기존 퍼포먼스 마케팅 전략에서 새로운 대안을 요구하고 있다. 디지털 광고업계에서는 각각 기기를 판별할 수 있는 식별자 값인 COOKIE 또는 ADID/IDFA를 바탕으로 리타게팅 광고나 이벤트 트래킹 등을 시행하고 있다.

구글이나 페이스북 같은 초일류 기업들도 해당 방식을 통해서 전 세계 사람들의 데이터를 바탕으로 광고를 진행해 왔는데, 이로 인해서 프라이버시 정책에 대한 소비자들의 반발이 지속해서 이어졌고 결국 제재가 내려져 구글 애널리틱스에서 개인정보를 통해 유저 ID를 생성할 수 없게 되는 일이 발생했다. 또한, APPLE의 경우 해당 업체의 핸드폰이나 노트북과 같은 기기에서 광고 추적 제한, 모든 쿠키 차단, 사이트 추적 방지 등의 기능을 탑재시켰고, 이는 다양한 인터넷 업체들에도 퍼지고 있다.

프라이버시 정책은 소비자들의 개인정보에 대한 경각심이 커질수록 점점 강화되어 갈 것으로 예측되며, 이러한 트렌드는 이용자들에 대한 개인정보를 분석하여 타게팅한 뒤 광고 집행하여 최고의 효율을 내는 퍼포먼스 마케팅업계에 새로운 대책 마련을 요구한다.

또한, 퍼포먼스 마케팅이 저예산으로 고효율을 뽑아낼 수 있다는 방안이라는 것 역시 반은 맞고 반은 틀린 생각이라고 할 수 있다. 구글 애널리틱스를 비롯한 툴을 이용해서 고객들의 정보를 분석한다고 생각하면 단기간에 타게팅을 명확하게 할 수 있다고 생각하기 쉽지만, 짧은 기간의 데이터로는 소비자들의 유의미한 정보를 추출하기 쉽지 않다.

장기적이고 꾸준한 집행을 통해 도출된 데이터가 있어야만 명확한 타게팅을 할 수 있고, 이를 위해서는 시간대별, 주중과 주말, 상품 이미지와 할인율의 디자인과 같은 수많은 요소에 대한 선별적인 분석이 요구된다. 그리고 이러한 자료를 위해서 오랜 시간이 소요되다 보면 기존의 저예산이라고 생각했던 마케팅 비용이 점차 늘어나게 된다.

유의미성, 유통기한은 없는가?

마지막 문제점으로는 퍼포먼스 마케팅을 위해 도출된 데이터가 과연 지속해서 유의미한 것인 알 수 없다는 점이다. 만약 어떠한 사용자가 특정한 시간에 특정 매체의 특정 지면에 가격보다 할인율이 크게 표시된 배너를 눌렀다고 가정한다면 퍼포먼스 마케팅팀에서는 해당 자료를 바탕으로 타게팅을 진행할 것이다. 하지만 해당 사용자가 앞으로도 동일한 행동을 할 것이라고 장담할 수 있을까? 사람은 단순하지 않고, 특정 시간의 특정한 감정에 따라 평소와 다른 행동을 할 수도 있기에 이용자의 행태를 완벽하게 분석하기란 쉽지 않은 일이다.

최근에는 더욱 유의미한 데이터를 분석하기 위한 도구로 RTB(Real Time Bidding, 실시간 경매입찰방식 형태)를 기반으로 한 프로그램화 분석과 인공지능을 기반으로 한 데이터 선별작업이 이루어지고 있는 등 한계를 극복하기 위한 노력이 진행되고 있지만, 이 역시 완벽하다고 볼 수는 없다.

제기되는 문제점들에도 불구하고 퍼포먼스 마케팅은 기존 매체의 고비용, 저효율 광고 방식에 대한 좋은 대안으로 지속해서 발전할 전망이다. 앞으로 점차 확대될 디지털광고시장에서, 데이터 분석을 기반으로 한 퍼포먼스 마케팅보다 더 좋은 마케팅 전략은 현재 존재하지 않기에, 그 중요성은 더욱 확대될 것으로 보인다.

광고는 단순히 제품을 널리 알린다는 개념을 넘어서, 광고를 통해 실제 구매로 전환될 소비자층에 대한 정교한 타게팅을 기반으로 1) 원하는 사람에게만, 2) 원하는(관련성 높은) 메시지를, 3) 원하는(가장 효과 높은) 때에 보내주는 것으로 개념이 변화할 것이며, 이 개념전환의 선두에 퍼포먼스 마케팅이 서 있다.

8) 제한된 예산, 최고의 효율

퍼포먼스 마케팅은 그 베이스가 데이터와 숫자로 이루어져 있다. 과거의 일반적인 브랜딩 광고는 소비자의 '인식 변화'에 초점을 두고 있었다면, 퍼포먼스 마케팅은 소비자의 실질적인 '행동 변화'에 집중하게 된다.

불과 3~4년 전만 하더라도 광고업계에서는 콘텐츠를 중요시하는 마케팅이 광고의 핵심적인 수단으로 자리 잡고 있었다. 그렇기에 클릭 수나 조회수와 같은 원론적인 수치를 광고 성공의 척도로 삼고는 했었지만, 수백만 뷰를 달성한 기업 콘텐츠가 마케팅 관점에서 의미 있는 이익을 창출하지 못하는 성과를 보여주면서 그 한계가 마케팅 시장에서 여실히 증명되었다.

그러던 중 온라인에 비즈니스 기반을 둔 업체들이 데이터의 활용 가능성에 주목하면서, 퍼포먼스 마케팅이 실질적인 효과를 거두기 시작했고 이제 시장의 필수적인 마케팅 전략으로 자리 잡고 있다. 수치로 명확하게 드러나는 결과물들인 ROAS(Return on Ad Spent, 광고 지출 회수율), ROI(Return on Investment, 총 투자대비수익률) 등에 집중하면서 마케팅이 새로운 전환을 맞이하게 된 것이다.

데이터를 활용한 퍼포먼스 마케팅은 단순한 인식 변화를 넘어 구매나 참여 등 유저의 직접적인 '행동'을 유도할 수 있는 방향으로 진화되고 있다. 이와 같은 퍼포먼스 마케팅으로의 광고업계의 전환은 광고비 부담 측면에서 시장 진입장벽을 점점 낮출 것으로 예측된다.

즉, 거대 자금력을 바탕으로 한 대형 광고주뿐 아니라, 자금력은 떨어지지만 높은 기술력과 유의미한 데이터 분석을 통해 고효율의 성과를 내는 중소형 및 스타트업 광고주까지도 디지털 광고시장에 적극적으로 참여하게 되는 것이다.

프로그래매틱 광고에서 글로벌적 경쟁력을 찾다

애드테크, 퍼포먼스마케팅, 빅 데이터의 상관관계?

불과 몇 년 전만 해도 광고성과는 측정이 쉽지 않았다. 단순히 매출의 숫자를 보고 마케팅이 잘 되었는가를 추측하는 것이 전부였다. 하지만 이제는 '애드테크(ADTech)'가 섭목되었다. 니지털 마케팅에서 퍼포먼스까지 연결된 프로세스가 정립되고, 온라인상 고객 행동패턴까지 명료하게 예측할 수 있게 되었다. 온라인과 모바일에 남긴 사용자 쿠키(방문기록)와 ADID(광고 식별자/Advertising ID)를 기반으로 고객을 파악하고 정교한 타게팅으로 맞춤형 광고를 집행한다. 그리고 타겟별 주요 관심사와 유입 경로, 매출 발생 여부는 물론, 매출이 발생하고 난 이후 재방문과 재구매까지 파악할 수 있다.

온라인상 고객 행동을 파악하고 전환을 유도하는 '퍼포먼스 마케팅'은 광고 효율을 극대화하게 되었다. 매체 사이에 효과가 좋았던 곳과 그렇지 않은 곳을 선별하고 광고비를 제대로 사용했는지, 집행하는 광고가 매출 목표를 달성하는데 얼마만큼 영향을 미쳤는지 등을 파악해 다음번 마케팅 전략이 세워진다. 데이터만 있으면 인공지능에 의해 광고는 스스로 진화한다. 애드테크 핵심은 곧 '빅 데이터'다.

퍼포먼스마케팅	웹 사이트 발행자가 그의 노력으로 파트너의 웹 사이트에 새로운 방문자, 회원, 고객, 매출을 발생시키면 소정의 보상을 받는 식의 마케팅
애드테크	빅 데이터를 활용해 컴퓨터가 광고주, 광고 매체, 광고 대상을 연결하고 정확한 시기, 정확한 소비자에게 정확한 메시지를 전달하는 기법
빅 데이터	디지털 환경에서 생성되는 데이터로 그 규모가 방대하고, 생성 주기도 짧고, 형태도 수치 데이터뿐 아니라 문자와 영상 데이터를 포함하는 대규모 데이터

정리하면, 애드테크는 인공지능을 기반으로 한 '과학 기술'의 영역이고, 퍼포먼스 마케팅은 애드테크를 기반으로 한 '마케팅'의 영역이다. 그리고 애드테크와 퍼포먼스 마케팅은 모두 '빅 데이터' 없이는 불가능하다.

1) 프로그래매틱바잉(Programmatic-Buying) 시스템

"소비자가 원하는 광고?"
퍼블리셔는 생각할 필요가 없다.
광고 구매, 인공지능이 알아서!

이제 하나 더 새로운 개념을 소개해보려 한다. 바로 프로그래매틱바잉 시스템이다. '프로그래매틱바잉'이란, 구매 행태, 즉 소비의 특정 형태를 이르는 말이다. 프로그래매틱바잉이란 광고를 구매할 때 사람을 통해서 이뤄지는 것이 아니라 사전에 만든 알고리즘에 따라 디지털을 통해 자동으로 구매하는 것을 말하며, 이는 실시간으로 이뤄지기도 한다.

간혹 이런 느낌을 받아본 적이 있지는 않은가? 유튜브를 보거나 페이스북을 하다 보면 중간중간 우리는 광고를 보게 되는데, 이때 광고가 이상하다 싶을 정도로 내가 샀던 물건이거나 아니면 내가 필요로 하는 것들인 경우가 있다. 이것이 바로 프로그래매틱바잉시스템이 적용된 프로

입문부터 전문가까지
한 권으로 끝내는 디지털 마케팅의 모든 것

그래매틱 광고다.

당연한 이야기지만, 프로그래매틱바잉(Programmatic-Buying)시스템에도 빅 데이터가 사용된다. 자동화된 프로그램을 통해 사용자 데이터를 분석하고, 타겟 오디언스에게 광고를 노출해 얻어진 정보 값들로 캠페인을 최적화하는 방식이다.

예를 들어 고객이 특정 사이트에 접속하면 쿠키가 남는다. 남긴 쿠키들로 소비자의 소비 형태를 추측한다. 그리고 고객이 '원할 것 같은' 광고를 보여준다. 이미 프로그래매틱바잉은 광고 구매가 사전에 만든 알고리즘에 따라 디지털을 통해 자동으로 이루어져 있다. 따라서 퍼블리셔는 인벤토리에 무엇을 보여줄 것인지 고민할 필요가 없으며 프로그램이 자동으로 데이터를 분석해서 광고를 노출한다고 생각하면 되겠다.

혹시 내 정보가 노출되어 악용되는 것은 아닌가 무서울 수도 있을 것이다. 그러나 프로그래매틱 광고는 개인정보를 활용하지 않는다. 오로지 사용되는 것은 방문기록, 쿠키뿐이다. 따라서 프라이버시 침해 우려가 없으며 쿠키를 활용하기 때문에 개인 맞춤형 광고가 가능한 것이다.

광고는 일반적으로 광고주와 퍼블리셔 간의 계약으로 이루어진다. 광고주는 타겟 소비자층이 주로 활동하는 웹 사이트에 배너 광고를 집행하고 싶어 하고, 웹 사이트는 빈 곳(인벤토리)에 광고를 넣길 원한다. 과거엔 광고 가격을 협상해서 광고를 넣었는데, 프로그래매틱 광고는 이 과정을 소비자의 속성에 따라 자동화했다. 여기에 타게팅을 높이기 위해 심리 통계학, 인구통계학, 사용자들의 행동, 각종 시그널 등을 기반으로 광고를 노출한다.

그렇다고 이용자가 방문했던 사이트나 제품을 그대로 보여주는 것이 아니다. 소비자가 무엇을 원하는지 속성을 파악하는 작업은 그리 간단하지 않다. 애드테크 회사들이 입수한 원천 데이터는 다양한 방식으로 분석된다. 분석 기술은 각 애드테크 회사의 몫이다.

2) 프로그래매틱의 종류

프로그래매틱 광고는 애드테크(ad tech), 하이테크(high-tech) 광고 라고도 부른다. 애드테크가 적용된 광고라는 의미이다. 앞서 애드테크의 과정을 설명하면서 애드익스체인지에서 경매가 이루어진다는 언급을 한 바가 있다. 그 경매방식은 한 가지만 있는 것이 아니다.

① RTB(Real-Time Bidding) 거래 방식

수백 개의 DSP(Demand Side Platform)가 동시에 입찰하는 방식으로 가장 일반적이다. RTB는 말 그대로 실시간 경매방식을 말한다. 간단히 가장 높은 가격을 부르면 낙찰되는 시스템이다. 일반적인 경매와 마찬가지로 경쟁자들 사이에서 제일 비싼 값을 부른 광고주가 광고 지면을 가져가게 된다. 차이가 있다면 이는 실시간, 정확히 말하면 0.1초란 짧은 시간에 이루어진다.

예를 들어 모바일 게임을 개발한 사람이 있다면, 이 개발자는 자신의 앱에 광고를 게재하고 이익을 얻고 싶어 할 것이다. 이때 RTB를 활용하면 특정 사용자가 앱을 클릭 시 앱에 실릴 수 있는 광고들이 자동 호출된다. 이 중 가장 높은 경매가를 제시한 광고가 게임 앱의 광고란에 실리게 된다.

DSP는 AD Exchange를 통해 효율이 높다고 판단되거나 타겟 사용자의 접속이 파악된 적절한 매체를 선택하여 RTB로 광고할 수 있게 된다. SSP가 바로 구매자들의 경매를 받아서 스스로 중개소 역할을 하는 일도 있다.

RTB(Real-Time Bidding)의 단점

• 투명성과 리스크 문제

RTB에서 퍼블리셔는 본인의 사이트에 어느 광고가 송출될지 제어할 수 없고, 광고주들은 본인들의 광고가 어디에 나갈지 항상 선택할 수는 없다. 이는 사기성 광고(도메인 스푸핑, 악성 소프트웨어로 도배된 광고 등)에 대한 리스크와 브랜드 안정성 파괴의 위험을 감수해야 함을 의미한다.

• 수수료 문제

수수료 문제 또한 공급망에서 중개자들(DSP, Exchange, SSP)이 서비스에 대한 대가로 10%에서 15%에 달하는 요금을 청구한다. 광고주에게 있어 이러한 문제는 잘하면 낙찰되었을 수도 있었던 입찰에 실패하거나, 질이 덜 떨어지는 인벤토리에 돈을 쓴다는 의미가 된다. 퍼블리셔는 수익 기회를 잃는 것과 같다.

② PMP(private marketplace) 거래 방식

RTB에서의 문제점을 보완한 것이 PMP다.

PMP는 특정 DSP에게만 인벤토리를 판매하는 거래 방식이다

실시간 입찰경매(RTB)에서 이미 사전에 '초대된' 사람들에 한정한 거래다. PMP 거래는, 퍼블리셔와 광고주 사이에서 사전에 논의되거나, 퍼블리셔에 의해 정해진 조건에 의해 성립된다. 보통 이러한 조건은 정해진 가격, 혹은 최소 입찰가, 그리고 인벤토리 확보 등과 같은 형태로 정해진다. PMP 거래의 CPM은 통상적으로 좀 더 비싼 편에 속하는데, 이는 광고주들이 가장 평판이 좋은 사이트의 프리미엄 광고 인벤토리를 위해 경쟁을 하기 때문이다.

즉, PMP 거래에 입찰하는 광고주들은 오픈 경매에서보다 더 높은 입찰가를 지급할 의향이 있는 것이다. 그에 대한 보상으로 광고주들은 더 높은 퀄리티의 노출 위치를 확보하게 되고, 특정한 가격에 보장된 노출 수를 얻을 수 있다.

광고주들은 퍼블리셔들에 의해 사전에 승인을 받음으로써, 이러한 투명성에 관련된 문제점들을 최소화할 수 있다. 광고주들은 본인들의 광고가 어디에 송출될지 알고 있으며, 퍼블리셔들 또한 어느 광고주가 본인들의 사이트에 광고활동을 할 것인지 미리 알고 있다.

또한, PMP 거래는, 공급망의 '중개수수료'를 직접 해결해주지 못하더라도, 광고주에서 '높은 단가' 그리고 퍼블리셔에 있어 '낮은 수익성'이라

입문부터 전문가까지
한 권으로 끝내는 디지털 마케팅의 모든 것

는 문제점을 완화해주기는 한다. 수수료와의 싸움에 있어, PMP는 광고주들에게 프리미엄 인벤토리와 관련된 경매로 경쟁을 제한해 줄 수 있다. 그래서 관련성 없는 오디언스에 광고가 노출되는 등의 문제점으로 인한 광고비 낭비를 막는 데 도움을 준다.

③ Preferred deal

고정가 기반 1:1 거래 방식이라고 정의할 수 있다. 비공개 1:1 거래이나 노출량을 업프론트로 구매하지 않고, 원하는 타겟에게 필요한 만큼만 노출할 수 있는 유연한 거래 유형이다. Preferred Deal의 장점은 만약 광고 효율이 안 높을 땐 보다 유연하게 광고를 중지하고 예산을 다른 매체로 변경할 수 있다는 점이다.

④ Guaranteed Deals

사전에 노출량을 예약하는 1:1 거래 방식이다. 매체에서 가장 Top 또는 Premium 방식의 인벤토리 거래 방식이다. 미리 노출량과 구매 금액을 협의한 뒤 해당 노출량을 모두 구매하는 방식이다. DSP로 구매한다는 것만 다를 뿐 전화나 메일로 노출량 또는 기간을 예약해 구매하는 Non-programmatic 방식과 동일하다고 보면 된다.

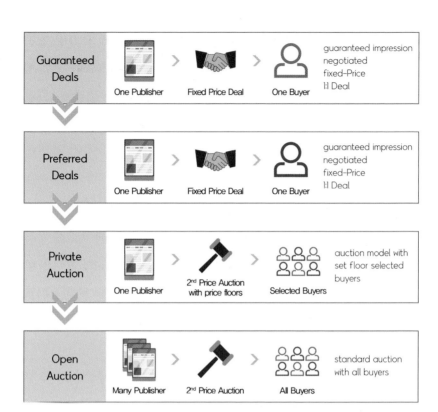

RTB나 PMP는 훨씬 공급이 많은 인벤토리이고, Preferred deal이나 Guaranteed Deals는 공급이 적은 편이다. 그러나 Preferred deal이나 Guaranteed Deals는 지면을 구매하려는 수요가 훨씬 많은 편이다. 따라서 Guaranteed Deals이 먼저 이루어지고, 그 이후에 Preferred deal, 그 후에 PMP, RTB 순으로 인벤토리가 거래된다. 프로그래매틱 광고는 지면을 구매하는 방식일 뿐이다. 따라서 꼭 단가가 낮거나 판매가 낮은 지면만 구매되는 것이 아니다.

3) 프로그래매틱 광고의 이면

**프로그래매틱 광고는 광고주 그리고 퍼블리셔 모두에게
이득이 되는 방식이라고 정의할 수 있다.**

프로그래매틱 광고가 완벽한 솔루션은 아니지만, 점점 더 심해지는 경쟁 속에서 광고주와 퍼블리셔들에게 더욱 직접 연결될 수 있는 방향으로 나아가고 있다. 그로 인해 가격을 직접 협상할 수 있으며 광고 그리고 인벤토리 두 가지의 질을 향상할 기회를 얻는 방향으로 발전하고 있다.

광고주로서는 광고 예산을 절감할 수 있고 효율적인 광고 구매와 집행을 할 수 있다. 빅 데이터에 근거하여 노출을 필터링하는 알고리즘을 통해 정교한 자동화 타게팅 광고가 가능한 데다, 광고 지면에 대한 제어가 가능하며 중간 수수료가 사라지고 있기 때문이다.

매체사 입장에서는 광고 인벤토리 노출량이 증가해 유휴 인벤토리가 줄어드는 장점이 있다. 또한, 알고리즘을 통해 양질의 광고 매칭도 가능하다. 최소 금액을 설정함과 동시에, 특정 인벤토리에 한하여 프리미엄 요금을 청구하거나, 더 나은 수수료 체제 그리고 이미 설정된 거래로 수익을 구체화할 수 있다는 장점이 있다.

즉, 광고 구매와 집행의 자동화를 통해 성과가 극대화되며, 광고주에게는 최대 광고성과+매체에는 최대 수익을 주는 장점이 있다.

PMP 거래 방식이 그런데도 광고주와 퍼블리셔가 직면한 모든 문제를 해결해줄 수 없다. 퍼블리셔가 설정한 최소 입찰가가 너무 높다면, 광고주들이 경매에 낙찰될 가능성이 작을 것이며, 설령 경매에 낙찰된다 하더라도 그것이 KPI 목적을 달성하는 것에 대한 보장은 아니기 때문이다. 조금 더 질이 좋은 인벤토리라고 해서 항상 프리미엄 가격의 가치를 입증하는 것도 아니다. 결국, 퍼포먼스 마케터들은 PMP 거래에서의 부가적인 요금에 합당하는 결과(전환, 구매, 수익 등)를 얻을 수 있는지 항상 고민해야 한다.

퍼블리셔들에게도 숙제는 있다. 광고주와 거래한다는 것은 광고주가 항상 해당하는 인벤토리를 구매할 것이란 의미는 아니다. 퍼블리셔가 최소 입찰가를 너무 낮게 걸거나 경매에 입찰하는 광고주들이 적다면, 프리미엄 인벤토리의 가격이 낮아지며 수익성에 타격을 입게 되는 상황 또한 발생할 수 있기 때문이다.

'아무나 걸려라.' 식의 기존 광고 방법도 여전히 유효하긴 하다. 가격이 가장 저렴하고 간편하기 때문이다. 지하철 입구에서 나누어주는 식당 전단에서부터 동네 어귀에 설치된 피트니스 현수막 광고, 그리고 신문 전면을 뒤덮은 정체불명의 의약품 광고에 이르기까지 불특정 다수를 대상으로 하는 광고는 횟수는 적어졌어도 여전히 이어지고 있다. 빅 데이터에 근거해 소비자를 직접 추적하는 것만이 광고의 전부가 아니라는 점도 염두에 둬야 한다.

마지막으로 광고 배너를 통해 악성코드를 유포하는 멀버타이징(Malvertising) 공격 또한 주의해야 한다. 정상적인 웹 사이트나 보안이 취약한 온라인 커뮤니티 사이트에서 광고 배너를 통해 랜섬웨어 등이 유포된 사례가 있다. 온라인광고를 집행하는 미디어렙사 및 매체사에서도 지속해서 모니터링을 해야 하고, 이용자들도 평소 OS 및 주요 프로그램의 최신 보안 업데이트를 적용하고 백신을 최신 버전의 엔진으로 유지하는 등 습관이 필요하다.

4) 프로그래매틱 광고의 전망

모바일 시장은 앱 환경을 바탕으로 트래픽이 파편화되어 있다. 게다가 광고주의 광고 수요도 높으므로 프로그래매틱 광고가 시장 성장을 견인 중이라 볼 수 있다. 갈수록 개인화된 마케팅이 구현되면서 오디언스(Audience) 타게팅도 중요해지고 있다. 구글은 프로그래매틱바잉을 통해 '구글GDN' 광고플랫폼을 구현하고, 구글 애널리틱스와 연결한 분석 데이터를 제공하고 있다.

오디언스 데이터(Audience Data)는 프로그래매틱바잉에서 사용하는 데이터를 말한다. 이 데이터는 3종류로 나뉘는데, 광고주가 보유한 1st Data, 미디어가 보유한 2nd Data, 데이터 컴퍼니(광고 회사)가 보유한 3rd Party Data로 나눈다. 여기서 3rd Party Data가 많아야 세밀한 개인화 타게팅이 가능하며, 그렇기에 그만큼 세밀하고 정확한 개인화 타게팅이 가능하기에 광고 회사들은 최대한 많은 양의 데이터를 확보하기 위해 노력 중이다.

미국과 영국 등 해외시장은 일찍부터 프로그래매틱을 통한 광고 거래가 활발했는데, 전체 디스플레이 광고시장 중 절반 이상을 차지할 정도로 애드테크 광고시장이 활성화되어있다. 그와 비교해 국내 시장은 아직 걸음마 수준이다. 사실 기술이나 광고시장 환경이 많이 발전했다고는 하지만, 글로벌 시장보다는 뒤처진 편이다. 국내는 특정 매체사가 시장 절반 이상을 차지하고 있으므로 생태계 구축이 어려운 편이다. 국내는 다양한 매체사들이 더 많은 영역에 활용될 필요가 있다.

시장 자체는 긍정적이다. 국내에서도 데이터 중요성이 대두하면서 매체사와 랩사, 광고 에이전시가 자체 개발한 애드테크 솔루션을 선보이고, 이 밖에도 업계 내 주요 플레이어가 모여 생태계를 논의하는 자리들도 꾸준히 마련되고 있다. 또한, 빅 데이터를 수집하여 분류해 광고집행의 효율성을 증대하는 DMP(Data Management Platfrom)가 성장세다. 이 플랫폼을 보유한 미디어렙사의 역할이 앞으로 중요해질 것으로 보인다.

전문가들은 국내 시장이 해외보다 속도는 느릴지라도 데이터를 기반을 둔 마케팅 성공 사례는 계속 증가할 것이라고 내다본다. 앞으로 모바일 시장의 성장만큼 국내 애드테크 시장 역시 성장할 가능성이 크다.

콘텐츠가 구매를 부른다, 미디어커머스

띵작이라고?

요즘 아이들이 쓰는 말 중에 '띵작'이라는 말이 있다. 사실 2020년도에 이르러서 벌써 4~5년 된 옛말이 되어버렸는데, 처음 이 단어의 뜻을 들었을 때는 정말 머리가 '띵'할 정도였다. 다름 아닌 그 의미가 '명작'이었기 때문이다. 한글을 파자(跛者)하여 놀고 있다니, 세종대왕이 살아계셨다면 박수를 치고 좋아하실 일이다.

어느덧 이 표현은 미디어에서도 쓰이게 되었다.

각종 방송 자막은 물론이고, 뉴스 등에서도 특정 드라마나 영화를 다룰 때 '인생 띵작'이라고 소개를 하기 시작했다. 광고에서도 '띵작'이 있을까? 적어도 내 경험에는 있었다. 바로 정말 티 안 나게 잘 녹여낸 PPL(product placement, 간접 광고) 등이 그렇다. 드라마를 좋아하는 나로서는 몰입에 방해되지 않게 잘 녹여낸 PPL을 볼 때마다 항상 감탄을 금치 못한다.

대표적인 예를 하나 꼽자면, tvN 채널에서 방영한 〈미생〉의 인스턴 트커피 '맥심'이 있겠다. 배경이 회사다 보니 직장인들의 고군분투와 애환이 그려지게 되는데, 이 업무 처리 과정에서 커피는 필수품이 되어 있다. 특히 주인공 장그래가 탕비실에서 다른 직원들을 위해 커피를 타는 모습이 자주 등장하면서 실제 맥심의 인스턴트커피 매출이 106%나 늘었다고 한다. 당시 이러한 효과를 '미생효과'라고 불렀다.

혹해서 산다

사람들은 필요한 물건을 꼼꼼히 따져 합리적으로 소비하기도 하지만, 마음에 들어서, 갖고 싶어서, 좋아 보여서 다양한 이유로 소비한다. 하지만 예시로 나열된 이유는 결코 합리적이지 않다. 충동적이고, 감정적이다. 마케팅은 사실 이 부분을 파고드는 것이다. 상품이나 브랜드를 알리고 갖고 싶게 만들어서 최대한 적절한 가격에 판매하려는 행위다. 사람들을 혹하게 하는 것, 노골적이지만 이것이 마케팅의 본질이다. 그리고 기존의 전통적인 마케팅 환경에서 이 역할은 미디어가 담당했고 판매는 당연히 매장에서 이루어졌다.

이커머스의 등장

기존의 마케팅과 판매의 경계선이 흐려지게 한 장본인 이커머스가 등장했다. 이커머스는 전자상거래(electronic commerce)의 약자로 온라인 네트워크를 통해

상품과 서비스를 사고파는 것을 말한다. 현대 사회는 스마트폰이 널리 보급되면서 모바일 쇼핑 비중이 급증하고 있다. 앞서서 소개한 검색광고, 디스플레이광고에 해당하는 SA, DA는 이커머스에서 가장 기본적인 광고 수단이지만, 구매 면에서도 밀접하게 맞닿아 있는 것이 사실이다. 특히 모바일커머스의 경우 마케팅과 판매처가 뒤엉켜있어, 서로의 영역을 나누기가 쉽지 않은 일이다.

1) 새로운 채널, 신선한 콘텐츠: 미디어커머스

미디어커머스에 대해 다룰 때 빠질 수 없는 것이 콘텐츠와 채널이다.

미디어커머스를 정의해보자면, 드라마나 영화, 개인 유튜버의 방송 콘텐츠에 이르기까지 다양한 미디어 콘텐츠를 통해 상품을 판매하는 서비스라고 할 수 있겠다. 기업에서 자체브랜드 상품 혹은 타 브랜드 상품을 확보하고, 관련 콘텐츠를 생산해 SNS 등 콘텐츠 유통 플랫폼에 확산시키면서 판매를 견인하며, 콘텐츠 유통과 실질 상품 유통을 동시에 병행하는 일이다.

요즘 유튜브 채널만 보아도 상품 후기 등을 재미있고 맛깔스럽게 만든다. 상품이 단순 PPL의 영역을 벗어나, 그 자체로 하나의 콘텐츠가 되는 세상이 온 것이다. 비포(before)와 애프터(after)를 선명히 대비시키고 나와 같은 일반인이 재미있는 상황 설정으로 사용 후기를 보여준다.

이것이 최근 SNS에서 흔히 보게 된 '미디어커머스'의 실례다. 혹 독자 중에 콘텐츠가 무엇보다 중요하다는 말만 들어보았지, 어떤 콘텐츠를 해야 할지 고민하는 유튜버가 있다면, 이러한 유통업계의 현장을 잘 살펴보기 바란다. 이것이 콘텐츠로 진짜 '돈'을 만들어내는 유통업계의 실험 현장이다.

한 가지 반드시 간과하면 안 되는 것은 진실성이다. 최근, 유튜버들의 뒷광고로 이슈가 되어 사과하거나 심할 경우 채널을 폐쇄하는 사례가 있었다. 뒷광고(뒷廣告)란 사용자에게 광고임을 알리지 않고 하는 부정(不正) 광고를 뜻하는 신조어다. 광고가 아닌 순수한 리뷰인 척 제품이나 서비스를 소개하면서, 뒤로는 금전이나 반대급부를 제공받는 형식으로 이를 홍보하는 행위를 의미하며 사용자가 이를 알게 될 때 유튜버를 포함한 브랜드에 대해 부정적으로 인식할 수가 있다.

사용자에게 명확하게 알리고 진정성을 가진 콘텐츠로 소비자에게 다가가야 의미 있는 실험성과를 만들 수 있을 것이다.

2) 유튜브만? NO! 지상파 방송에도 뜬다!

지상파 방송이라고 예외는 아니다. 단순 PPL을 넘어 기획 단계에서부터 콘텐츠와 커머스를 결합한 '미디어커머스'가 뜨고 있다. 각종 방송사는 앞다투어 자사 방송채널이나 홈쇼핑을 통해 콘텐츠와 마케팅, 커머스를 결합한 미디어커머스 전략을 내보인다. 애초에 TV 광고 시간을 활용하거나, PPL을 이용하면 충분할 텐데, 왜 지상파에서 미디어커머스에 눈독을 들일까?

PPL과 미디어커머스

보통 방송 프로그램에서 상품을 광고할 때는 흔히 PPL만 떠올리지만, PPL은 특정 기업의 협찬을 대가로 예능이나 드라마에서 해당 기업의 상품이나 브랜드이미지를 배치해야 하므로, 장단점이 있다. 앞서 예시를 들었던 〈미생〉의 '맥심 인스턴트커피'처럼 유명 배우나 프로그램 인기에 힘입어 PPL 상품이 인기를 얻는 일도 있다. 그러나 프로그램이 재미가 없거나 배우 인기가 떨어지면 상품도 그 영향을 반드시 받게 된다. 또는 방송 흐름과 전혀 관련 없는 지나친 PPL로 오히려 역효과를 낳는 사례도 심심찮게 나오고 있다.

PPL,
과유불급(過猶不及) 리스크
지나치면 모자란 것만 못하다.
PPL의 적정선은 어디일까?

입문부터 전문가까지
한 권으로 끝내는 디지털 마케팅의 모든 것

소비자는 노골적인 PPL에 대해 부정적으로 인식한다. 그 '선'을 넘어 버리면 PPL이 오히려 독이 되는 수도 있다는 것이다. 그러나 미디어커머스는 다르다. 오히려 상품 자체가 콘텐츠이기 때문에 미묘하고 은근한 그 '선'에 대한 걱정을 할 필요가 없다. 제품 기획과 개발, 컬래버레이션까지 연계하여 마음 편하게 광고를 할 수 있다. 방송의 흐름을 깨거나 시청자들이 거부감을 느낄 수 있는 요소 없이 광고 효과를 오롯이 극대화할 수 있다는 뜻이다.

미디어커머스는 드라마, 예능 등 방송 프로그램 방영 전 기획 초기 단계부터 콘텐츠 제작팀과 상품 기획팀이 논의하여 준비된다. 덕분에 콘텐츠 스토리에 자연스럽게 녹아든 제품을 선보여 구매로 이어질 수 있게 만든다. 방송에 나가는 제품으로 해당 방송사만의 특화 상품을 개발해 선보일 수 있다. 다음 내용은 CJ ENM 방송채널·CJ오쇼핑의 협업으로 시너지를 낸 미디어커머스 사례이다.

tvN 예능 '스페인 하숙'에서는 CJ오쇼핑의 테이블웨어 브랜드 '오덴세'가 등장한다. 스페인 현지 촬영장에서 차승원이 장조림, 짬뽕, 짜장 덮밥 등을 요리해 담는 그릇으로 쓰인다. 해당 제품은 스페인 하숙 제작팀과 사전 논의해 오덴세의 신상품 '얀테 아츠'를 론칭 두 달 전에 준비해 스페인 현지로 상품을 보내 촬영했다. CJ오쇼핑의 오덴세는 '스페인 하숙'뿐만 아니라 '수미네 반찬', '커피프렌즈' 등 CJ ENM 프로그램에 자주 등장하는 제품이다. '커피프렌즈'는 오덴세 노출뿐만 아니라 프로그램을 활용한 컬래버레이션을 진행했다. 로비 539의 핸드드립 세트에 '커피프렌즈'의 콘셉트를 반영해 판매한 것.

> 프로그램 속 커피 명칭인 고소한 맛·신 맛으로 커피 원두의 상품 구성을 변경했고 포장 디자인도 바꿨다.[*]

배보다 배꼽, 미디어이자 유통업체

tvN 예능처럼 특화 상품을 개발하고, 자체적인 프로그램을 기획해야 할까? 아니다. 미디어커머스가 반드시 자체 제작 브랜드 유통만을 고수하는 건 아니다. 예를 들어, 모바일 뷰티 홈쇼핑채널이라고 해보자. 그러면 다양한 화장품과 패션 브랜드들을 확보, 자체 제작 내지 크리에이터와 협업한 콘텐츠를 유통할 수도 있다. 그리고 구매 등은 자사 앱으로 유입시키는 전략을 고려할 수도 있다.

색다르고 재미있는 광고를 통해 플랫폼을 유통의 중심지로 만들어놓은 뒤, 다양한 브랜드들을 입점시키며 온라인상거래 현장으로 만드는 것 역시 하나의 방법이 된다. 게다가 자체 상품이 아니기에 가격 경쟁력을 확보해야 한다고 각 업체를 설득할 수도 있다. 이렇게 각 브랜드 상품 판매를 위한 콘텐츠를 무료로 생산해주는 조건으로, 상품 매입을 싼 가격에 한다. 그러면 콘텐츠가 판매 촉진과 플랫폼 경쟁력 강화에 모두 도움을 주게 된다.

궁극적 핵심은 콘텐츠의 질!

미디어커머스는 젊은 층의 디지털 콘텐츠에 대한 폭발적인 수요 증가

---

[*] 출처: Brand Brief – 브랜드브리프(http://www.brandbrief.co.kr)

입문부터 전문가까지
한 권으로 끝내는 디지털 마케팅의 모든 것

와 커머스 인프라가 결합해 기존 커머스 시장 성장의 한계를 극복할 새로운 전략으로 주목받고 있다. 판매 효율이 콘텐츠의 흥행과 비례하기 때문에, 콘텐츠의 질 역시 동시에 중요하게 신경 써야 한다. 미디어커머스 산업의 특징은, 콘텐츠가 판매 촉진과 플랫폼 경쟁력 강화로 이어진다는 점이다.

3) 목적형 쇼핑과 발견형 쇼핑

미디어커머스의 또 다른 특징은, 일반인 후기 영상이 SNS 피드에 노출되면서 자연스러운 고객 유도가 가능하다는 점이다. 쇼핑을 목적으로 플랫폼에 접근하는 고객을 유치하는 것이 아닌, 다른 목적으로 플랫폼에 접근한 고객을 자연스럽게 커머스의 영역으로 유도할 수 있기 때문이다. 조금 더 원론적인 이야기를 해보자.

왜 콘텐츠의 질이 중요한가?

해답은 소비자에게 있다

지금에 와서는 통용되지 않는 개그 소재일지도 모른다만, 과거에 직접 다리품을 팔아서 물건을 사던 시절 이야기다. 남성들이 제일 무서워하는 말이, 여자친구의 '쇼핑 가자'라고 한다. 물건

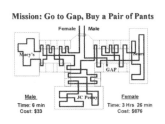

하나를 사도 백화점을 4~5시간 둘러보기 때문이다. 남녀 간의 쇼핑 루

틴은 동서고금을 막론하고 현저하게 차이가 난다. 목적성이 강한 남성들은 필요한 상품을 구매하면 쇼핑이 끝나지만, 여성들에게 쇼핑은 발견하는 재미가 있는 놀이다. 다양한 상품을 둘러보고, 검색하고, 비교하는 그 자체에서 즐거움을 느낀다.

이커머스 역시 성향의 차이가 있다

목적형 쇼핑을 하는 고객은 구매 상품과 목적이 뚜렷하기 때문에 능동적이다. 플랫폼은 기계적 성능에만 충실하면 된다. 그러나 발견형 쇼핑을 하는 고객은 구매 대상도, 구매 동기도 없다. 제안받는 것에 따라 결정은 얼마든지 바뀔 수 있다. 심지어 구매 의사가 없었는데도, 강력한 마케팅으로 스스로 구매 동기를 생성해내는 예도 있다. 따라서 목적형 쇼퍼가 아닌 발견형 쇼퍼를 잡는 것이 콘텐츠를 생산하는 이유이다. 개인화 알고리즘이 발달한 시대다. 기능적 요소 역시 중요하다. 그러나 그것은 어디까지나 전시에서 그친다. 전시 노출 알고리즘은 고객이 혹할만한 상품 앞으로 끌어와 앉혀놓는 역할을 한다. 고객을 설득하고 구매 전환하는 것은 시간이 필요하다. 그 주어진 시간 안에 고객을 사로잡는 것, 이것이 미디어커머스의 역할이다.

입문부터 전문가까지
한 권으로 끝내는 디지털 마케팅의 모든 것

4) 콘텐츠의 질과 '인플루언서'

앞서 남녀의 차이에 대해 언급했다고 해서, 여성만이 미디어커머스의 영향권 아래 있다고 생각하는 것은 오산이다. 현대 사회는 남녀 불문, 모두 하나의 소비자로서 발견형 쇼퍼의 자질이 있다. 미디어커머스 업체 중 거의 최초로 등장한 블랭크코퍼레이션은 불과 2년 전 남성 화장품 브랜드 '블랙몬스터'로 시작해 현재 '바디럽', '닥터원더', '공백0100' 등 자체 브랜드를 보유하며 그 가치를 높이고 있다. 일반인 제품 체험 등을 촬영한 동영상을 SNS에 게재하고, 그 동영상을 본 소비자들이 자연스럽게 구매하는 식이다. 미디어커머스는 성별은 물론 세대 또한 가리지 않는다. 여기에는 콘텐츠만큼이나 인플루언서의 역할 역시 매우 중요하다.

미디어커머스 영상에서 인플루언서는 막대한 영향력을 갖는다. 따라서 각종 업체는 유명 인플루언서와 협업한 차별화 마케팅에 주목하고 있다. 인플루언서의 일상을 담은 영상에 판매 상품을 자연스럽게 노출하거나 홈트레이닝 방법 등 정보 제공으로 채널 주목도를 높인다. 이러한 방식으로 제품 구매를 자연스럽게 유도하면 소비자는 제품에 대한 신뢰도와 충성도가 높아진다. 여기에 세대별 관심사를 반영한 맞춤형 광고로 고객층 또한 다양하게 보유할 수 있다.

예를 들어, 롯데홈쇼핑의 '오마이픽'은 인기 걸그룹 '오마이걸'의 승희가 출연해 케이크 만들기, 요가 등 20~30대가 선호하는 다양한 활동에 도전하는 콘텐츠다. 승희는 영상에서 롯데홈쇼핑 패션 브랜드의 신상품을 착용한 모습 등을 자연스럽게 보여준다. 매주 페이스북, 유튜브 등 롯데홈쇼핑 공식 소셜미디어(SNS)를 통해 새로운 콘텐츠를 생산한다. 이미 사전 예고 영상의 조회수가 몇십만 뷰를 돌파하며, 론칭 전부터 그 파급력을 자랑하기도 했다.

이훈은 몸 좋고 건강한 이미지로 40~50대 연령층의 사랑을 받는 배우다. 이훈은 홈트레이닝 방법을 소개하는 '건강 스트레칭'을 티커머스와 SNS 채널을 통해 선보인다. 건강에 관한 관심이 높은 40, 50대를 대상으로 '운동 마니아'로 알려진 이훈이 스트레스를 감소시키는 운동, 허리 통증에 좋은 스트레칭 등 상황별 운동법을 시범해 보인다.

최근 급격한 인기를 얻게 된 가수 양준일은 유료회원제 서비스 '엘클럽' 광고 모델로 발탁되었고 70대 유튜브 스타 '박막례 할머니', KBS '전국노래자랑'을 통해 이슈가 되었던 '할담비' 지병수 할아버지 등이 인플루언서 마케팅에 주역으로 뜨는 추세다. 인플루언서 또는 미디어커머스가 반드시 젊은 연령층에만 국한되는 것은 아니라는 사례다.

이외에도 유망한 회사들로는 퍼포먼스 마케팅으로 성과를 거둔 에코마케팅(상품매출과 광고대행서비스), 제조업과 코스메틱을 미디어커머스에 콜라보 마케팅하여 좋은 반응을 얻은 브이티지엠피 등이 있다. SKT에서도 고객분석을 통한 맞춤형 상품 구매모델인 'T-Deal'이라는 서비스를 20년 4월에 런칭하여 높은 성과를 거두고 있다.

앞으로 미디어커머스를 활용하는 것뿐 아니라, 케이블리 등 미디어커머스 플랫폼 역할을 하는 회사들에도 관심을 기울일 필요가 있다. 이를 통해 미디어커머스의 광고 사업영역은 더욱 넓어질 것으로 추정된다.

5) 미디어커머스로 보는 디지털 광고 트렌드 추세

미디어와 커머스가 만나다

2019년 에코마케팅이 관심을 받으면서 주목받은 단어가 미디어커머스였으며, 2020년에는 관련 업체가 많아져 미디어커머스 '업종'에 대한 주목도가 높아지는 중이다. 최근 '무신사' 등이 약 2천억 원 투자유치에 성공하며 2.2조 기업가치를 인정받는 등 시장 규모도 점차 확대되고 있다. 블랭크코퍼레이션은 2017년에 첫 투자유치를 성공(기업가치는 약 700억 원)했고, Adapt도 120억 원의 투자유치에 성공했으며, 19년만 해도 레페리, 아우어, 하우스오브리벨스, 스팟라이들리 등이 투자에 성공하며 시장의 관심을 받는 중이다.

인플루언서와 광고 시너지

분야별로 특화된 인플루언서들이 많아지고 이들이 소속되어 있는 MCN들이 광고주들과의 협업이 늘어나면서 인플루언서를 통한 광고집행이 광고 산업의 새로운 트렌드가 되고 있다. 또한, 일반인들의 리뷰 영상이나 광고 영상을 활용함으로써 소비자와의 유대감 형성이 가능하고 거부감도 줄일 수 있다. SNS 피드 사이에 노출되거나 유명한 인플루언서를 활용한 광고는 인플루언서의 팬덤, SNS 사용자 등을 예비 고객으로 확보할 수 있다. 특정 인플루언서의 팬덤이나 콘텐츠 뷰어들을 타게팅한 광고는 뷰어 층을 세분화한 타게팅이 가능하고, 이는 디지털 광고의 개인화와 연결된다.

타게팅 광고와 개인화를 위한 'Ad Tech'

광고대행사와 매체 사이에서 광고 솔루션을 제공하고 인벤토리를 중개하는 미디어렙사에 주목할 필요가 있다. 20년에는 신규 게임 광고집행과 미디어렙 시장이 안정적으로 성장하고 있다. 따라서 미디어렙사의 수혜 또한 기대되고 있다. 앞으로는 미디어커머스를 활용하는 것뿐 아니라, 케이블리 등 미디어커머스 플랫폼 역할을 하는 회사들에도 관심을 기울일 필요가 있다. 점차 미디어커머스의 광고 사업영역이 확장되는 것은 정해진 절차기 때문이다.

Part 3

전문가

수익화와 조직구성

Part 3
전문가: 수익화와 조직구성

퇴직하면 치킨집? 퇴직하면 유튜버?

흔히 듣고 흔히 하는 말일 것이다. 고된 회사 생활, 야근까지 하고 오면 때로 이대로 잠들기 서러운 밤이 있다. 그럴 때마다 나를 달래주는 것이 바로 야식이요, 야식하면 치킨이다. 매일같이 쌓여가는 치킨 쿠폰을 보며 '내가 한번 차려봐?' 하는 이들도 많았을 것이다. 그래서 10년 전만 해도 퇴직하고 목돈 얹어서 치킨집 하겠다는 사람들이 줄을 섰었다. 어느 틈엔가 '원치 않는 자영업자'가 늘어나더니, 이제는 너도나도 '유튜버'를 해보겠다고 난리다. 일상 브이로그에, 먹방에, ASMR까지 콘텐츠도 다양하다. 간신히 콘셉트 하나 잡고 영상 제작만 하면 되나 했더니, 유튜버도 쉬운 직업은 아니다. 막상 알아보니 광고 수익 내는 법도 갖가지인데, 수익 구조는 또 어떻게 된다는 것인지 하나도 모르겠다. 세상살이 왜 쉬운 일 하나 없는 것일까? 잠이 오지 않는 밤, 이것저것 알아봤더니, 서러움만 가중된다.

디지털 마케팅, 왜 어렵게만 느껴질까?

디지털 마케팅, 어렵기는 사실 마케터들도 마찬가지다. 마케팅 전반에 비하면 디지털 마케팅의 역사가 그리 오랜 것도 아니고, 사실 전문가라 불리는 사람들은 많지만, 정말 명확하게 알고 실무에 적용하는 사람을 찾기가 어려운 실정이다. 주니어 단계는 말할 것도 없다. 마케팅은 익숙한데 '디지털' 하나 붙었다고 그렇게 어려워진다. 처음 들어보는 무수한 약어들은 매일같이 쏟아지고, 기술은 나날이 발전한다. CTR, VTR 무슨 말인지 공부할 시간도 필요한데, 인스타그램이나 페이스북은 물론 구글에서도 광고관리자, 구글 애널리틱스 대시보드 등 신기능과 버튼이 계속 출시된다. 어찌어찌 해서 고객센터를 찾아보았더니 '캠페인 세팅을 돕기 위한 도움말'이라며 무언가 알려주는데, "향상된 CPC 입찰" 등 또다시 어려운 용어만 잔뜩 등장한다. 어쩐지 알아볼수록 공부 거리만 늘어나는 것 같다.

빅 데이터, 전문가의 개념을 새로 쓰다

새롭고 신기한 것은 많지만 무작정 시작하기가 쉽지 않은 것이 디지털 마케팅일 것이다. 기술 발전으로 빅 데이터의 등장과 함께 마케팅과 판매 경계가 모호해지며 우리는 전문가에 대한 개념을 다시 정립해야 할 시기가 왔다. 특정 분야에 대한 정보는 이제 빅 데이터가 알아서 할 일이다. 흔히 전문적이라고 하면 '세분화된 특정 분야'를 잘 아는 사람이었는데, 이제는 특정 정보나 기술 하나만 가지고 있어서는 전문성이 오히려 부족하다는 느낌을 받는다. 오히려 전문가는 데이터와 캠페인에 대한 원리와 이해가 명확해야 하고 이를 바탕으로 특정 영역에서 어떤 의도와 목적으로 설계할 것인지 그 맥락을 알아야 한다. 결국에는 그것이 실무이자 현장 그 자체이며 현업에서 전문가로 거듭나는 길이다.

디지털 퍼포먼스를 향상한다는 것

주니어가 시니어로 거듭나는 과정에 대해 PART 1, 2에서 정리했다면 이번 파트에서는 '전문가'의 개념에 대해 정립해보면서 서두를 열었다. 전문가는 결국 빅 데이터에 대한 '관록(貫祿)'이 쌓였을 때 쓰일 수 있는 말이라고 정의할 수 있을 것이다. 그리고 이 관록이 어떠한 캠페인을 만나도 해결해나갈 수 있는 큰 힘이 되어준다. 디지털 퍼포먼스 향상이 되면 마케터로서 자기만의 전문성이 생기게 된다. 이때부터 아마 본격적인 마케터로서의 '가치'가 쌓이는 것이라고 필자는 생각한다. 게다가 마케터로서의 가치는 말할 것도 없고 스스로 스타트업 창업자가 되어서도 유용하다. 디지털 마케팅 시대에 적응했다면, 치킨집 자영업자는 물론이요, 유튜버가 되어서도 얼마든지 가치를 창출할 수 있는 길이 열리는 셈이다.

디지털 마케팅 실무에 PART 3를 적용

PART 3는 디지털 마케팅의 실무를 수행하는 중이라면 업무 아이디어를 얻는 데에 도움이 될 것이다. 디지털 마케팅의 근본적 원리를 이해함으로써 업무에 적용할 많은 아이디어를 창출할 수 있을 것이다. 앞서 말한 용어나 신기능이 아무리 어렵다고 해도, 몇 년만 투자해서 공부하면 누구나 알 수 있다. 대략 3년 정도 뒤 주니어 마케터에게 'CPM의 정의'를 물어보면 명료하게 대답한다. 그러나 'CPM에 영향을 주는 요인'에 관해서는 두루뭉술한 대답만 나올 뿐이다. PART 3는 빅 데이터의 원리를 이해시키고 마케팅 최적화에 적합한 액션을 할 수 있도록 현장감을 상승시킬 것이다.

BM이나 마케팅 책임자, 에이전시, 마케팅 실무진 관리자라면

상위 레벨(High-level)의 원리, 전략을 이해함으로써 실무자와 더욱 긴밀하고 협력적으로 일할 수 있다. 여러 매체를 접하고 여러 목적의 캠페인을 집행하고 나면 그제야 디지털 마케팅의 지도가 그려지고, 서로 달라 보이던 매체들의 동일한 근본 구조가 보인다. 그리고 '고객에 대한 이해', '매체에 대한 이해'로 수렴하게 된다.

스타트업에 관심이 있거나 지금 창업을 했다면

제품이나 서비스의 절대적인 팬(fan), 핵심 타겟에 집중해야 한다는 점을 배우게 될 것이다. 대기업과 비교하면 한정된 예산으로 대중(Mass) 타게팅이 어려우므로, 제대로 성장할 수 있는 제품 또는 서비스라는 전제하에 폭발적으로 바이럴을 해줄 팬층을 활용하는 것이 곧 퍼포먼스 향상이기 때문이다.

빅 데이터를 활용한 퍼포먼스 향상 기술

PART 3에서 말하고자 하는 것은 매체를 이용하여 본인이 직접 '돈'을 버는 법을 알려주고 싶은 것이다. 이 과정에서 필요한 용어와 개념의 명확성을 잡아주고, 관련 직종은 어떤 것들이 있는지 전반적으로 알아볼 것이다. 그리고 나만의 전문 조직을 구성하여 본격적인 디지털 마케팅 캠페인을 경험해볼 수 있는 단계를 꾸려갈 수 있도록 구성해보았다.

주니어든, 전문가든, 창업주든 3-1과 3-2는 반드시 읽어보라고 권하고 싶다. 디지털 마케팅의 생리에 대해 이해할 수 있도록 구성되었다. 3-3은 다양한 직업군에 대해 나와 있다. 주니어 단계에 있다면 자신의 전문성을 어떻게 기를 것인지 고민해보기 바란다. 조직을 관리하는 시니어라면 다양한 데이터 관련 직군을 확인하고 어떠한 관리 전략이 필요할지 고민해보기 바란다. 시니어 단계나 스타트업 창업주라면 3-4에서 자기 조직구성에 대해 생각해볼 수 있다. 많은 이들에게 실무적 도움이 되는 파트이길 바란다.

매체 Monetization 방법(매체로 돈 버는 법)

**매체에서 활동하는 플레이어들은
어떻게 돈을 버는 것일까?**

흔히 유튜브 영상을 보게 되면 하단에 뜨는 광고로 수익이 분배되며, 그렇기에 영상에 광고를 많이 넣는 영상 제작자도 존재하며, 광고를 하나만 넣거나 넣지 않는 등 다양한 전략이 사용되는 중이다. 그렇다면 그 광고의 제작 방식과 분배 과정은 어떻게 되는지, 그리고 더 나아가 매체의 수익화 과정을 진행하고 그 플랫폼을 만드는 기업들의 전략까지 한꺼번에 살펴보도록 하겠다.

인터넷과 모바일기기의 전 세계적인 활용으로 인해서 이제 사람들은 언제 어디에서나 본인의 관심사

에 따라 다양한 미디어와 서비스를 접하고 있다. 영화나 다큐멘터리 등의 동영상 콘텐츠를 좋아하는 사람이라면 Youtube나 Netflix를 볼 것이고, 음악을 좋아하는 사람이라면 음악 스트리밍 서비스를 이용할 것이다. 이러한 영화와 음악같이 널리 알려진 콘텐츠뿐 아니라 그 외의 정치, 경제, 사회 등에 관련된 다양한 사회적 이슈를 각종 매체를 이용한 언론 및 콘텐츠 제작자들을 통해서 접하고 있기도 하다.

이러한 대부분의 미디어 사업자들은 자신들의 매체를 플랫폼화 시켜서 이 플랫폼에서 생산되는 콘텐츠들에 대한 커미션을 바탕으로 수익을 창출하고 있다. 최근 들어 콘텐츠의 직접 구매나 정기구독과 같은 새로운 유료화 모델도 속속들이 생겨나고 있지만, 여전히 콘텐츠 대부분은 광고를 통해서 수익을 내고 있으며, 이를 통해 서비스를 유지하고 있다. 결국, 더 많은 사람이 찾게 되면 광고를 시청하는 사람이 많아지므로 수익이 증가하게 되고, 곧 이는 '트래픽은 돈이 된다'라는 명제를 더욱 강화하고 있다.

1) monetization(수익창출) 성공 사례

그렇다면 이러한 콘텐츠 플랫폼의 수익 모델을 만들어 가는 기업들의 사례를 살펴보고 어떠한 방식으로 monetization에 성공했는지, 앞으로 어떤 방향으로 해당 모델을 이끌어갈지에 대해서 분석해보도록 하자.

① 구글(Google)

우선 가장 대표적이고 많이 알려진 매
체 monetization의 사례는 구글이다. 구
글은 기본적으로 수많은 매체를 보유하
고 있는데, 구글 앱스토어, 크롬, 지메일
뿐 아니라 근 몇 년 동안 급속도로 성장
한 유튜브 역시 구글이 인수하여 광고 및
수익 모델까지 관리하고 있다.

– monetization 방법

특히 유튜브는 이미 그 자체가 미디어
의 기능을 확보하고 있으며 전 세계에서
사용자들이 올린 현장의 동영상들이 신
문이나 방송 등의 기자들이 제공하지 못
하는 현장의 정보까지도 충실하게 전달하
고 있다. 유튜브의 위력은 전 세계적인 정

치 이슈나 선거에 대한 시민들의 지지를 모으거나, 일반 대중문화의 전
파 등에서 놀라운 역할을 하고 있다. 구글이 유튜브를 인수할 당시에는
웹2.0 기업에 대한 실리콘밸리의 투자가 한창 무르익을 때였고, 구글이
높은 인수가에 유튜브를 사들였지만, 상당 기간 수익을 내지 못하여 투
자 실패가 아니냐는 의견이 있기도 하였다. 하지만 이러한 우려가 무색
하게 유튜브는 매년 2.5배씩 그 규모를 성장시키고 있으며, 한 해 비디오
뷰는 1,200억 회로 경쟁사이트들을 모두 합친 것의 4배에 해당한다. 이

러한 압도적인 매체 플랫폼으로의 성장을 통해 유튜브의 광고 수익 역시 천문학적인 액수가 되어가고 있다. 실제로 이미 지난해 유튜브 광고 매출은 미국 주요 메이저 방송사 광고 매출을 훌쩍 뛰어넘은 것으로 확인되고 있다. 메이저 방송사가 주도하던 영상 콘텐츠 산업의 지형도가 빠르게 변하고 있다.

이미 구글의 수익 중 99%가 광고라고 하니 이미 구글은 거대한 매체 기업이라고 보는 것이 맞을 듯하다. 수익 대부분은 앞서 언급한 다양한 플랫폼에 접속한 사람들에게 노출되는 광고로부터 만들어지며. 북미지역에서의 구글 인터넷 검색광고 시장 점유율은 65%로 이미 과점을 넘어선 상태이다. 유일한 경쟁자라고 할 수 있는 MS와 야후의 경우 서로 손을 잡고 명목적인 검색 점유율이라도 높이기 위해 애쓰고 있지만, 점차 커져만 가는 구글의 영향력을 견제하기란 쉽지 않아 보이는 것이 현실이다.

– 지속 가능한 성장 연구

이미 일정 수준 시장을 독점하고 있는 구글 역시 앞으로 지속 가능한 성장을 일구어내기 위해서 몇 가지 옵션을 고려하고 있는데, 주로 그 시장의 크기 자체를 키워서 더 많은 유입자들로 하여금 수익을 창출하는데 초점이 맞춰져 있다.

그 옵션 중 하나는 이미 빠른 속도로 커지고 있는 인터넷 검색광고 시장에 대한 꾸준한 투자이다. 사실 이는 거대 웹 사이트 기업인 구글이 가장 바라는 옵션이기도 하며 향후 쉽게 사그라지지 않을 매체의 수익 모델이라고 할 수 있다.

두 번째로는 구글 사이트 이외에도 광고를 걸 수 있는 다른 광고판 서비스를 확보하는 것이다. 앞서 언급하였던 유튜브나 구글 앱스토어 같은 여러 가지 플랫폼들을 인수하고 있는 구글의 모습이 이 전략을 잘 대변해준다고 할 수 있다. 이는 인수나 제휴를 통해서도 얻을 수 있으며, 직접 고객이 좋아할 만한 서비스를 만들어서 이루어지기도 하기에, 수많은 인력과 투자 비용이 구글의 플랫폼 창작에 사용되고 있기도 하다.

세 번째로는 인터넷 외에 광고를 실을 수 있는 대체 채널을 찾는 방법이다. 최근 구글이 유튜브 이후 공을 들이고 있는 TV 쪽이 그러한 대체 채널의 예가 될 수 있을 것이다.

– 광고플랫폼 확보를 위한 제휴

하지만 장밋빛 미래로만 보이는 구글의 플랫폼 수익 모델이 낙관적인 전망만을 보여주는 것은 아니다. 특히 인터넷 검색광고 시장에서는 시장의 성장이 기대만큼 높지 않다는 문제를 보여주고 있다. 인터넷을 사용하는 사용자들은 점차 늘어가고 있는 것이 사실이지만 기존의 TV나 신문, 라디오 등의 전통적 매체에 싣고 있는 광고들이 인터넷으로 기대만큼 빨리 넘어오지 않고 있다.

또한, 광고 단가 자체가 인하될 압박요인이 구글의 검색 서비스의 성장을 정체시키고 있기도 하다. 그 압박요인의 대표적인 사례가 바로 페이스북인데, 페이스북은 구글보다는 회원 수가 적지만 사용량은 이미 구글을 넘어섰으며, 광고 이외의 여러 가지 다양한 수익 모델을 이미 확보하고 있다. 따라서 사용자 방문 시 보여주는 광고 수수료의 단가를 낮

게 책정하여 광고주들을 끌어
들이고 있기도 하다.

이러한 문제를 타개하기 위
해서 구글은 매체를 이용한 광
고플랫폼을 확보하려 사람들이
많이 몰리는 사이트들과 제휴하고 있다. 해당 사이트에서 검색 내용을
보고자 할 때, 기본적으로 구글의 검색 엔진과 광고를 보여주도록 연 단
위로 계약하는 것이다.

또한, 10GB 정도의 용량을 제공하는 웹 메일 서비스인 지메일이나
인터넷에서 엑셀, 워드 등의 기능을 사용할 수 있는 구글 닥스 같은 프
로그램들을 무료로 제공함으로써 사용자를 늘리고, 해당 서비스 이용
시 광고 노출의 기회를 극대화하고 있다. 구글이 몇 년 전 인수하여 이
미 세계 최고의 매체 플랫폼이 된 유튜브 역시도 이러한 전략의 일환이
라고 할 수 있다.

그동안에는 사용자들이 올리는 동영상과 광고주가 원하는 광고의 매
칭에 문제점이 노출되어 광고 효과가 적었다. 하지만 최근 동영상 제공
시 광고와 관련된 키워드를 효과적으로 추출하여 영상과 광고를 매칭시
켜 노출하는 기술의 발달과 더불어 사업자가 제공하는 프리미엄 콘텐츠
들이 유튜브로 유입되고 있기에 그 수익이 급속도로 상승하고 있다.

– 대체재 채널 확보는 모바일에서

그렇다면 인터넷에 광고를 싣는 것 말고 대체 채널을 찾는 부분에서
구글은 어떠한 노력을 시도하고 있을까? 과거 구글은 대체 채널로 접근

입문부터 전문가까지
한 권으로 끝내는 디지털 마케팅의 모든 것

할 때 전통적인 미디어 사업자들이 포진한 신문과 라디오 시장에서의 매체 광고 쪽으로 눈길을 돌린 적이 있다. 그래서 관련 시장의 몇몇 사업자들을 인수 합병하기도 하였으며, 중소기업들이 신문과 라디오에 광고를 실을 때 이를 연결해주는 플랫폼을 제공하기도 하였다. 하지만 눈에 띄는 변화가 없었기에 생각보다 성과가 약하다는 지적을 받기도 하였다.

이러한 시행착오 끝에 최근 구글이 공을 들이고 있는 채널은 바로 모바일 부문이다. 스마트폰 시장에서 애플 아이폰의 선전이 이어지면서, 구글은 안드로이드라는 스마트폰 운영체제를 바탕으로 시장지배력을 넓히고 있다. 안드로이드의 애플과 가장 차별화되는 역량은 그 어떤 첨단 기술력도 아닌 바로 완전히 무료라는 점이다. 구글이 단순히 기존 웹 검색 서비스를 모바일로 전환하는 것이 아니라 운영체제를 새로 만든 이유는 무엇일까? 또한, 엄청난 금액의 연구 개발비를 쏟아붓고 있지만 이를 회수하기는커녕 무료로 제공하여 당장 수익을 기대할 수 없음에도 이러한 전략을 펼치는 이유는 무엇일까?

실제 구글은 안드로이드 출시 이전부터 모바일이라는 대체 채널에 관한 관심을 꾸준히 보여왔다. 국내에서도 SK텔레콤 등의 모바일 이동통신사 기업과 제휴를 한 것을 봐도 알 수 있듯이, 통신사들에게 웹 검색 기능을 제공하는 동시에 모바일 광고 수익을 나누는 형태로 접근한 것이다. 이는 이동통신사가 직접 휴대전화에 들어가는 검색 엔진을 결정했기 때문이었다. 따라서 구글로서는 운영체제를 무료로 이동통신사와 제조사가 사용할 수 있도록 허용하고, 휴대전화의 기본 검색 엔진으로 구글 탑재를 권고하는 거래를 한 것이다. 실제로 강제조항은 아니라고 이야기하지만, 타사의 검색 엔진을 탑재한 휴대전화의 경우에는 제조사와 이동통신사가 여러 측면에서 불이익을 받는 것으로 알려졌기에 이러한 방식은 그 유효성을 거두고 있다.

점차 스마트폰의 운영체제에 있어 이동통신사의 통제력이 약해지면서 장기적으로는 운영체제를 제공하는 사업자들의 의지가 더욱 중요해질 것으로 판단되고 있다. 구글TV 역시 단순한 텔레비전이 아닌 앞서 언급한 안드로이드와 비슷한 운영체제라고 볼 수 있는데, 단지 TV에 특화된 장점이 좀 더 가미되었다는 것과 구글이 지원하는 대상이 이동통신사와 휴대전화 제조사에서 케이블망 사업자와 TV 제조사로 바뀐 점 정도라고 할 수 있다. 소니가 구글의 TV 기술을 적용하여 제품을 개발하고 있고, 유튜브와 웹 검색 등이 TV에 맞게 최적화된 구글 TV에 관한 관심 역시 점차 커지는 상황이다.

구글은 이처럼 다양한 매체들을 이제는 하나로 통합하여 이에 최적화된 광고를 수행하고 있기도 하다. 각각의 매체에서 단일하게 광고를 수행하였을 때보다 매체를 통합했을 경우 그 광고 효율이 극대화된다는 점이 연구되고 있기 때문이다.

카테고리	UAC	검색	디스플레이	유튜브
캐쥬얼 게임	₩1,700	₩3,200	₩2,300	₩2,500
RPG	₩2,900	₩3,400	₩6,500	₩4,400
라이프스타일	₩1,200	₩1,500	₩2,900	₩1,700
쇼핑	₩1,600	₩1,700	₩4,000	₩2,300

국내 안드로이드 기준 CPI(Cost Per Install) 벤치마크

입문부터 전문가까지
한 권으로 끝내는 디지털 마케팅의 모든 것

② 하로(HARO)[*]

구글의 매체를 플랫폼화 시켜서 수익 모델을 만든 사례를 바탕으로 다른 기업들 역시 이러한 방식의 시도를 진행하고 있다. 그 대표적인 사례가 바로 하로(HARO)이다. 하로의 서비스는 단순하지만, 사람들의 수요가 있었던 부분을 잘 잡아낸 플랫폼 사업이다. 전 세계에서 리포터들이 어떠한 기사를 발행하는 데 필요한 어떠한 소스(인터뷰를 비롯한 다양한 자료)를 사이트에 업로드하게 되면, 이 정보를 바탕으로 인터뷰에 응할 수 있는 사람이 그 리퀘스트를 보고 답변하여 해당 인물을 취재하거나 자료를 얻도록 연결을 시켜주는 플랫폼이다.

이뿐 아니라 리포터의 짧은 기사나 인터뷰가 아닌 장기간의 전략기사를 작성할 때 여러 명의 인터뷰 소스가 필요할 경우 이러한 리포터의 요청을 합산하여 소스가 되고 싶은 사람들을 매칭하고 그들에게 메일을 보내서 연결이 성사되게 해주는 능동적인 방식도 제공하고 있다. 이와 같은 하로의 사례는 기존의 특정 소비계층이 원하던 바를 잘 포착하여, 수요가 발생할 수 있는 부분에 대한 플랫폼화를 통해 서비스 이용자들을 늘린 후 광고를 수주받는 방식으로 사업화한 대표적인 사례라고 할 수 있다.

---

[*] https://www.helpareporter.com/

2) 플랫폼화 실패? = 수익화 실패

플랫폼화가 모두 성공한 결과만을 가져온 것은 아니다

과거부터 매체의 플랫폼화를 통해 monetization을 하려는 시도들이 있었지만, 그 성공적인 결과물이 나오기 시작한 것은 최근이라고 할 수 있다. 그 이유는 매체 수익화에 대한 기본적인 자료나 연구가 진행되지 않은 탓에, 매체의 노출에 따른 전환율과 매체 단가 책정에 대한 기준이 없었기 때문으로 판단된다.

한 가지 사례로 이제 문을 닫은 싸이월드가 있다

싸이월드는 한때 페이스북보다 더 높은 기업가치를 가졌다고 판단되었을 정도로 대한민국 최고의 SNS 서비스를 제공하였으며, 전 국민이 이 플랫폼을 사용하였다 하더라도 과언이 아닐 정도의 인기를 자랑하였다. 하지만 당시 노출 수에 비해서 수익 모델에 관한 연구가 진행되지 않았기 때문에 페이스북과 그 외의 SNS 서비스에 점차 경쟁력이 떨어지게 되었고 결국 최근에는 몰락하게 된 것이다.

최근의 사례로 눈을 돌려봐도 매체 플랫폼의 monetization이 쉬운 일만은 아니다. 기본적으로 트래픽이 증가하면 그와 균등한 비율로 광고 매출이 성장하는 것을 기대하지만, 이는 이상적인 수치일 뿐이며 실제 사례로 들어가면 이러한 이상을 달성하기란 쉽지 않은 일이다. 대표적인 사례로 모바일 음원 스트리밍 서비스인 비트(BEAT)는 무려 670만 회원을 보유하며 차세대 유니콘 플랫폼 기업으로 기대되었다. 이러한 기대감에 총투자금액이 130억 원을 넘을 정도로 향후 행보가 주목되었지만, 문제는 이 거대한 회원을 유지하고 관리할 서비스에 대한 광고 수익이 따라오지 못했다는 점이다. 결국, 아무리 노출 수가 많고 많은 회원 수를 가졌다 하더라도, 이는 성공적인 플랫폼이 될 수 있는 잠재력을 가진 것뿐이지, 실제로 구글과 같은 광고를 통해 큰 이익을 얻기 위해서는 제대로 된 분석과 연구를 통한 수익화 모델의 정착이 필수적이라고 할 수 있다.

디지털 마케팅에서는 수익화라는 것이 그 무엇보다 중요하다

제2의 구글, 제2의 페이스북을 표방하며 등장했던 수많은 기업이 그 포부에 비해서 기대에 못 미치고 실망스러운 성적을 내며 시장을 떠나갔던 이유는 결국 지속 가능한 수익창출을 하지 못했기 때문이다. 아무리 좋은 아이디어를 가지고 있더라도 이것이 기업을 지속시킬 수입으로 이어지지 못한다면 결국 사장되고 마는 것이다.

---

3) 플랫폼화를 성공으로 이끄는 법

한국 최고의 플랫폼 기업으로 평가받는 카카오 역시 골머리를 앓은 바 있다

전 국민이 사용하는 메신저라는 폭넓은 저변과 범용성을 가졌지만 결국 이 기업의 문제도 수익화 모델을 제대로 찾지 못했다는 점에 있었다. 메신저 자체를 유료화할 수는 없으며, 메신저와 연계한 다양한 유료 서비스를 제공하는 방식으로 수익 모델 강구에 힘썼지만, 성공적인 결과물을 얻지는 못했다. 결국, 시간이 지나 메신저 앱에 광고를 붙이는 방법으로 대안을 찾긴 하였지만, 한 국가의 전 국민이 사용하는 것과 다름없는 플랫폼에서도 monetization을 부드럽게 연결하기란 어렵다는 점을 잘 보여준 사례로 평가받는다.

한국 최고의 기업으로 평가받는 카카오나 네이버 역시도 이렇게 플랫폼에서의 수익화에 어려움을 겪는데, 새로운 시도를 하는 스타트업이나 신생 IT업체는 더욱 험난한 길이 있는 것은 사실이다. 플랫폼화를 통한 광고 수익의 다변화라는 답지가 있지만 지금 당장 네이버나 카카오, 유튜브나 구글과 같은 거대 기업의 사용자들에 육박할만한 이용자를 끌어오기도 힘들뿐더러, 운이 좋게도 그러한 사용자들이 몰렸다고 하더라도 타겟층을 상정하고 이에 맞춘 광고를 통해 수익성 있는 모델을 제시하기란 쉽지 않다.

① 플랫폼 사업 전망

높은 성장 가능성을 바탕으로 플랫폼을 통한 매체사업의 트렌드는 앞으로 어떠한 방식으로 흘러갈 것인지 간단히 예측해보자.

– 플랫폼 단일화

전체 디지털 마케팅 시장의 50~70% 이상을 점유하고 있는 구글, 페이스북에 대항하기 위해서 광고주의 효율을 극대화하는 플랫폼인 DSP, DMP, DCO, Trading desk 등이 하나의 플랫폼으로 합쳐지는 모습을 보일 것으로 판단된다. 개별 플랫폼들이 아무리 경쟁력을 가지고 있다고 하더라도 대규모 업체들과의 경쟁은 힘들 것이므로 플랫폼을 합쳐서 집적 이익을 노리려는 모습이 포착되고 있다. 단순히 플랫폼만이 아닌 서플라이 계열 역시 ad Network, Ad Exchange, SSP간의 경계가 모호해지며 통합하는 모습을 보여주고 있기도 하다.

– Full-Stack 방식 성장

하나만 잘하는 매체 플랫폼 광고 방식보다는 광고주와 매체를 연결하는 기술을 Full-Stack으로 구축하고 준비하는 곳이 늘어나고 있는 것도 최근의 특징이다. Ad Tech의 Full-Stack을 갖춘 기업과 Top 디맨드 플랫폼을 가진 기업 간의 광고주를 쟁취하기 위한 전쟁, 그리고 Full-stack을 갖춘 기업과 탑 서플라이 플랫폼을 가진 기업 간의 매체 지면을 확보하기 위한 전쟁은 갈수록 심해질 것이다.

광고주와 에이전시, 그리고 퍼블리셔는 새로운 기술에 대한 이해를 바탕으로 어떠한 플랫폼화를 잘 적용할 것인지 판단하는 것이 앞으로 새로운 경쟁력으로 자리 잡을 것으로 보인다. 기술의 변화를 빠르게 읽고, 그에 따른 전략을 도출하여 액션하는 역량이 결국 숫자와 퍼포먼스로 증명될 것이기 때문이다. 디지털 마케팅의 시작과 끝은 결국 Tracking이라고 할 수 있다. 기술에 대한 이해와 활용 그리고 Tracking으로 투명하게 공개되는 결과는 결국 숫자로 그 능력이 증명될 수밖에 없다.

② 플랫폼 사업 대비 방향

필자는 앞서 이야기했던 하로의 예와 같은 특정 영역의 사용자를 메인타겟으로 좁혀서 충성고객을 선점한 뒤 이를 통해 좀 더 넓은 범위의 사용자들에게 어필할 수 있는 플랫폼을 만드는 방식을 제시한다.

구글의 예에서 봤듯이 한번 플랫폼을 사용하고자 마음먹은 충성 소비자를 확보한 이후 하나의 채널을 유지하는 방식을 고수하는 것이 아니라 다른 채널을 생성하거나 이미 운영 중인 채널과의 합병 혹은 제휴를 통해 그 범위를 넓혀가는 방식을 택하는 것이 더욱 효율적이며 성공확률이 높다고 할 수 있다.

구체적 타겟층을 바탕으로 한 플랫폼화에 대한 가능성은 여전히 무궁무진하다고 판단한다. 모바일 사용자가 점차 드러남에 따라서 웹 플랫폼에 대한 접근성은 점차 높아지고 있으며, 이로 인해서 더욱 편리하고 쉽게 원하는 서비스를 사용하고자 하는 소비자의 욕구도 커지는 상황이다.

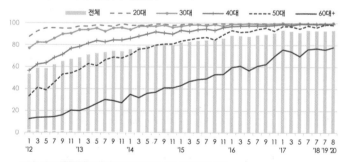

◎ 2012년 1월 이후 스마트폰 사용률 추이 – 연령별 (%)

*2012~2017년은 한국갤럽 데일리 오피니언 월별 통합 결과. 홀수 월 기준 제시
월별 조사 사례수는 최소 3,014명에서 최대 7,831명(표본오차 ±1.8~1.1%포인트, 95% 신뢰수준)
*2018~2020년 월별사례수는 약 1,000명(표본오차 ±3.1%포인트, 95% 신뢰수준)

'빅 데이터'라는 단어에 사로잡히지 말 것

**"빅Big 데이터란 단어에 휘둘리지 마라.
데이터는 결국 목적이 아닌 자료에 불과하다."**

monetization 이전에, 잠깐 눈을 돌려 다른 이야기를 해보자.

전문가로서 새로운 사업을 추구하고자 할 때 빅 데이터는 어떻게 받아들여야 할 것인가? 빅 데이터가 중요한 것은 사실이지만 이 개념에 대해 확실히 짚지 않은 채로는 전문가라 불릴 수도 없고, 새로운 사업영역을 확장하기도 어렵다.

빅 데이터라는 말을 데이터 전문가가 아닌 입장에서 들었을 때, 흔히 저지르는 실수 중 하나는 신조어가 탄생한 맥락과 배경을 생각하지 않고 눈에 보이는 대로 단어의 뜻을 어림짐작하는 것이다. 빅 데이터를 말 그대로 큰 'Big'한 데이터를 가리킨다고 생각할 수가 있다. 그러나 이것은 크고 작은 사이즈의 개념이 아니다. 애초에 '크고 작은' 기준이 무엇인가?

데이터의 용량? 중요도? 신뢰도?

정확도나 용량의 크고 작음은 단위로 구분할 수 있겠다. 하지만 중요도나 신뢰도, 정확도는 어떻게 구분하는가? 대기업에는 A라는 데이터가 특정 데이터의 일부로 치부될 수 있고, 중소기업에서는 매우 중요한 데이터일 수도 있다. 결국, 데이터는 중요도란 상대적이기 때문에 데이터의 크기를 표현하는 의미로서 빅 데이터는 가치가 없다. 결국, 빅 데이터는 '큰' 데이터가 아닌, 빅 데이터 '기술', 즉 긁어모은 데이터를 활용하는 빅 데이터 '기술'로 이해하는 것이 바람직하다.

결국, 모든 데이터는 상대적이다.

예컨대 분석 대상이 아니라, 모인 데이터를 사람이 했던 것보다 훨씬 빠르고 정확하며 광범위하게 분석할 수 있는 수단이자 기술의 집합으로 인식하는 것이 정답에 가깝다는 뜻이다.

1) 왜 오해가 생긴 것일까?

한국에 빅 데이터라는 개념이 유행하던 시절로 돌아가 보자.

모든 언어는 결국 맥락 속에서 발생하고 정립된다. 빅 데이터 역시 그렇다. 때는 2012년. 페이스북, 트위터와 같은 각종 SNS의 인기가 치솟던 시절로 빅 데이터의 개념이 한국에 들어와 광고에 활용되던 초기라고 할 수 있다. SNS를 통해 공개된 대량의 한글 텍스트 데이터를 광고에 어떻게 활용할 것인지가 관건이었는데, 텍스트 분석을 빅 데이터와 동일시하는 경우가 종종 발생했다. 당시 대용량 데이터 분산 처리 기술은 하둡(hadoop)의 실무 적용이 진행 중이었고, 마침 연말에는 대한민국 제18대 대통령 선거라는 중요 이벤트가 준비되어 있었다.

기존의 여론 조사와는 다른 방식으로 대중의 생각을 읽으려던 각종 미디어의 욕구가 큰 상태였단 소리다. 그런 상태에서 자연어 처리 기술에 기반, 텍스트 데이터에서 유용한 정보를 추출하여 가공하는 텍스트 마이닝* 기법으로 SNS 텍스트를 다량으로 분석하였고, 그 결과 빅 데이터 분석이란 이름으로 빅 데이터가 대중에게 소개되었다.

---

* 텍스트 마이닝: 비정형 데이터 마이닝의 유형 중 하나로, 비정형 및 반정형 데이터에 대해 자연어 처리 기술과 문서 처리 기술을 적용하여 유용한 정보를 추출, 가공하는 목적을 가진 기술이다.

2) 데이터의 나열보다 중요한 것, read it!

데이터 속에 숨겨진 진실과 진심을 찾아라

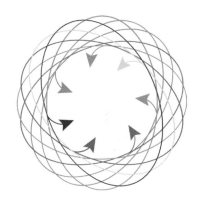

　　데이터 분석을 단순히 비교하고 나열하는 것에서 멈추는 건 의미가 없다. 모든 수집된 데이터가 진실만을 이야기하는 것은 아니다. 데이터는 난순히 의견을 '모은' 것에 지나지 않기 때문이다. 중요한 긴 이렇게 수집된 데이터를 어떻게 '읽어'내냐는 것이다. 즉, 통계는 사실은 아니다. 산출, 분석, 조사를 거쳐야 비로소 데이터로서의 가치가 생기며, 보이는 것을 그대로 믿어선 안 된다. 믿지 않되 깊이 파고들어 그 안에 담긴 진실을 파악해야 한다.

　　인간은 사회적 동물이며, 그렇기에 주변 시선을 인식하여 자신을 '꾸며'낼 줄 아는 동물이다. 사람들은 대부분 진실한 것을 옳다고 여기지만 때론 이익을 위해 거짓을 지어내기도 한다. 사람들은 SNS에 자신에 대한 정보를 쉽게 드러내지만 그게 모두 진실 하다고는 할 수 없다. 패션

입문부터 전문가까지
한 권으로 끝내는 디지털 마케팅의 모든 것

감각, 자동차, 거주 환경, 직장 생활, 연애, 취미 생활 등등. 사람들은 남들이 자신을 더 우월하게 보기를 바라고, 동시에 우월하다고 여겨지는 타인의 SNS를 보며 그를 의심하고 비관한다.

예를 들어 '당신이 원하는 이상적인 배우자의 조건은 무엇입니까?'와 같은 질문에 사람들은 매우 솔직하게 대답한다. 높은 연봉, 안정적인 직업, 그럴듯한 외모, 화목한 가정, 건강한 신체 등을 말이다.

그러나 결혼 정보 사이트나 데이트 앱에 프로필을 작성할 때는 솔직한 자신을 적기보단 그럴듯한 '이상'을 조미료 삼아 뿌린다. 따라서 데이터수집에서는 속을 준비를 하고 데이터수집을 설계해야 하며, 데이터 정보를 읽어낼 때는 있는 그대로 읽어내기보다 유의미한 정보의 포인트를 찾아내야 한다.

사회적 선망 편향을 반영한 데이터수집의 필요성

이런 설문조사가 있다고 해보자.

1. 환경 문제에 대해 관심이 많으십니까?
2. 환경 문제를 위해 얼마나 개인적 차원에서 많은 노력을 기울입니까?
3. 평소 분리수거와 재활용을 잘 실천합니까?
4. 친환경 제품을 얼마나 사용하십니까?
5. 환경 문제를 위해 기부한 경험이 있습니까?

대다수 사람은 여기서 '나는 환경 문제에 관심 없고, 분리수거나 재활용은 귀찮아서 해본 적도 없으며, 친환경 제품이랍시고 가격만 더럽게 비싼 물건들을 보면 진절머리가 나고, 당장 내가 쓸 돈도 없는지라 기부 따윈 해본 적도 없다'라고 답하지 않는다.

실제로는 이렇게 생각한다 해도 설문조사에 쓰는 답은 지극히 도덕적인 경우가 대부분이다. 사회 구성원 대다수가 존중하는 가치와 관련된 질문이기 때문이다. 이를 '사회적 선망 편향'이라 하는데, 사회적 선망 편향 social desirability bias이란 응답자 스스로가 다른 사람에게 좋은 인상을 남기기 위해 답을 선택하는 경향을 말한다. 그러니 설문조사 결과만 믿고 '친환경 사업 전망이 좋아 보이는군. 종이 빨대를 비롯한 재활용 상품에 좀 더 투자해야겠어.'라고 할 수 있겠는가?

여기에 아래와 같은 설문을 추가해보는 건 어떨까?

6. 친환경 제품 광고 마케팅에 평소 불편을 느낀 적 있습니까?
7. 분리수거 시 불편했던 특정 물품이나 제품 브랜드가 있다면?

대답은 분명 달라질 것이다.

3) 너무 솔직한 검색어, monetization 하기 위한 최적 경로

검색 리서치 또한 마찬가지다. 검색처럼 접근성이 빼어난 데이터 소스도 드물다. 검색 데이터는 다른 무엇보다 사람들의 솔직한 속내를 여과 없이 드러낸다. 요즘 네이버, 다음 등 검색 창에는 본인이 검색한 내용이 날짜와 함께 기록된다. 검색어 기록 엔진이다. 한번 지금 본인의 스마트폰을 열고 네이버 검색 창을 눌러보자.

입문부터 전문가까지
한 권으로 끝내는 디지털 마케팅의 모든 것

좌측의 사진은 유머 사이트에서 '신입 사원의 검색어 기록'이라는 이름으로 돌아다니는 사진이다. 최근 검색어 기록을 보면 신입 사원의 회사에는 정광현 차장과 김영석 과장이 있는 것으로 보이며, 3월 10일에는 인사를 하지 않아 크게 혼이 났을 것이라는 추측을 할 수 있다. 심지어 이 신입 사원은 청부 의뢰와 싸대기 때리는 법 검색을 하는 것으로 보아서 상사들에게 굉장히 반감을 품고 있는 것으로 보인다.

이 자료는 우스갯소리로 떠돌아다니는 것이지만, 이만큼이나 검색 자료는 솔직하고 사람의 욕망을 적극적으로 드러내 준다. 마케터라면, 이제 이 분노에 가득한 리서처에게 무엇을 광고하고 무엇을 세일즈할 것인지 그 니즈를 고민해보아야 한다.

사람들은 누구나 쾌적한 삶을 위한 건강을 원한다

쉽게 아프지 않을 면역력과 튼튼한 몸을 위해 많은 돈과 노력, 시간을 투자한다. 이를 위해 꾸준히 운동하고, 균형 있는 건강식품과 각종 보조제를 섭취한다. 사람들은 건강한 몸과 노후를 위해 건강식품을 섭취하는 것처럼 보인다. 하지만 '비타민'이란 단어를 검색하면 사람들은 비타민의 종류와 건강보다는 '피부 탄력에 좋은', '보습에 뻬어난', '근력 증강에 도움이 되는' 등의 효능에 따라 건강식품과 비타민을 검색한다.

사람들은 누구나 숨겨진 욕망을 지니고 있다

각종 미디어 매체 역시 마찬가지다. 조폭과 경찰, 스파이, 믿었던 동료의 배신 등 남성들의 판타지 요소를 담은 영화 〈신세계(2013)〉의 감독이 생각했던 주 관객층은 당연 20·30대 남성층이었다. 하지만 실제 관람객 수치는 남성보다 여성이 월등히 많았고, 관객과 대화 등 각종 행사 참여율 역시 여성의 비율이 월등히 높았다. '여성들은 피와 욕이 낭자한 조폭물을 꺼린다. 느와르 액션은 남성들의 전유물이다'라고 여겨졌던 편견을 타파하고, 겉으로는 쉽게 드러나지 않는 여성층의 니즈를 보여줬던 사례라고 할 수 있겠다. 신세계 이후 여성관객층을 노린 한국형 느와르 영화가 종종 등장해 성공하기도 했다.

봐달라는 것을 보아주되,
그 안에 숨겨진 니즈를 찾아라.

이처럼 빅 데이터는 단순히 데이터를 많이 모으는 것도, 중요한 데이터를 나열하는 것도 아니다. 데이터는 완벽하지도 진실 하지도 않다. 중요한 것은 단순 통계나 설문이 아니라, 더 나아가 그걸 이용하는 게 바로 빅 데이터 기술이다.

수집된 데이터를 지표로 이용할 수 있을지언정, 수집된 데이터만으로는 의미가 없다. 물론 축적된 데이터베이스는 그 자체로도 유용할 수 있으나, 중요한 건 데이터를 어떻게 분석하느냐다. 수집된 데이터를 인간이 했던 것보다 훨씬 빠르고 정확하며, 광범위하게 분석할 수 있는 수단이자 기술의 집합으로서 '빅 데이터'를 인식하는 것이 정답에 가깝다.

4) 빅 데이터를 알고, 효율적으로 활용하라

빅 데이터란 단어에 사로잡히지 말고 그를 이용하라고 했다

인공신경망을 통해 데이터의 저장 문제 및 계산 문제를 해결한, 머신 러닝을 일상에서 사용할 수 있게 해주는 데이터 분산 저장 기술 하둡 (hadoop), 인-메모리 데이터 처리 기술, 실시간 데이터 처리 기술 등등. 이러한 기술들을 모두 빅 데이터 기술이라고 부를 수 있다.

그렇다면 이런 기술을 익히고 사용하려면 어떻게 해야 할까?

빅 데이터를 이용하려면 먼저 빅 데이터의 개념을 정확히 알고, 기술의 발달에 따라 각각 세분된 개별 기술의 이름으로 부를 줄 알아야 인공지능을 통한 디지털 광고 전문가 레벨로 들어설 수 있다.

데이터 관련 직종, 분야별 퍼포먼스 기술

**오케스트라에는 마에스트로를,
빅 데이터에는 데이터 전문가를!**

음악에는 연주에 필요한 악기를 선별하고 화음을 만들어내는 '마에스트로'가 필요하다. 마에스트로는 직역하면 '거장'이라는 의미가 담겨있다. 편의상 우리말로 '지휘자'라고 부르겠다. 이 지휘자의 손끝에서 쏟아지는 카리스마는 백여 명의 연주자는 물론이고, 몇천 명의 관객까지 사로잡는다. 지휘자의 역할은 음정, 박자, 그 외에도 미세한 음악적 오류를 잡아주어, 목적지로 연주자와 관객을 완벽하게 인도하는 것이다.

필자도 그렇지만 사실 오케스트라에 대해 잘 모르는 사람들이 공연을 보러 가면 지휘자가 왜 필요한지 의아해하기도 한다. 연주자들이 하나같이 알아서 연주하는 것 같기 때문이다. 이렇게 신경 쓰지 않을 수 있는 이유는 그 경지에 도달할 때까지 지휘자가 연주자들을 훈련시켰기 때문이다. 스포츠로 치면 코치나 감독의 포지션이다.

어떻게 지휘자는 백여 개의 악기들 사이에서 미세한 오류를 잡아내는 것일까? 지휘자는 연주자보다 악기를 더 잘 알고 있는 걸까? 물론 지휘자도 실제 연주만 안 할 따름이지 음악가이므로, 기본 음악 이론은 연주자 이상으로 알아야 한다. 하지만 지휘자가 그 악기를 더 잘 안다고는 할 수 없다. 연주자가 악기의 음역이나 기본적인 연주법, 음향의 특색, 다른 악기와 어우러지는 조화 등에 대한 지식과 경험이 더 많은 사람이다. 지휘자는 단원들의 마음을 하나로 모아 음악을 만드는 사람이다.

빅 데이터 전문가의 역할, 하나로 모으는 것!

PART 3 도입부에서부터 계속 전문가가 무엇인지에 대해 서술하고 있는데, 이번 설명도 이와 같은 맥락이다. 빅 데이터 전문가라는 사람들은 지휘자와 같이 빅 데이터에 대해 알고, 이해하고, 상황과 맥락에 맞게 활용할 줄 아는 사람들이다.

빅 데이터를 관리하고 분석하는 일부터 이를 바탕으로 통계모델을 만들고 사람들의 행동패턴, 시장 경제 예측 등의 유의미한 2차 정보를 제공할 수 있는 과정에 합류하는 사람들이다. 모인 데이터 그 자체로는 아무 역할도 하지 못한다. 추출된 데이터 활용과 자원의 품질 관리, 플랫폼 개발 분석 등의 작업은 의사결정 및 생산 마케팅 등의 전략 수립 단계 등 다양한 분야에서 유용한 자료가 된다.

빅 데이터 전문가는 수많은 데이터 속에서 트렌드를 읽어내고 부가가치가 높은 결과물을 도출해낸다. 대량의 데이터를 관리하고 분석해 사람들의 행동패턴이나 시장 경제 상황 등을 예측하기도 한다. 또 이를 바탕으로 한 비즈니스 컨설팅도 가능하다. 따라서 빅 데이터 분석가는 기획력과 창의력을 겸비한 IT 관련 직업의 결정체라고 할 수 있다.

빅 데이터 전문가에 어울리는 사람은?

빅 데이터 전문가는 누구보다 트렌드에 민감하다. 소비자와 시장의 돌아가는 형세를 남들보다 한발 앞서 분석해야 하므로, 새로운 기술 관련 내용 기사, 논문 등에 대해 빠르게 수집해야 한다. 따라서 통계학에 대한 지식, 비즈니스 컨설팅에 대한 이해, 분석을 위한 설계기법 활용 등에 대한 전문적 역량을 갖춘 사람이어야 한다. 여기에 최신 유행 흐름과 기획 아이디어가 창의성과 접목된다면 무궁무진한 세상을 열어갈 수 있다.

어떤 과정을 통해 빅 데이터 전문가가 될 수 있을까?

이와 같은 특성 때문에 현재는 통계학이나 컴퓨터공학, 기계공학 전공자가 시작하는 경우가 많다. 데이터를 활용할 수 있는 기초 지식과 기술을 겸비하는 데에 있어 다른 학과에 비해 유리하기 때문이다. 여기에 경영학이나 마케팅 분야의 지식과 경험, 인문학적 입장이 접목되면 큰

입문부터 전문가까지
한 권으로 끝내는 디지털 마케팅의 모든 것

도움이 된다. 현재는 기존 직장인들이 단기 전문 교육과정을 통해 자기 계발 차원에서 빅 데이터를 공부하는 추세다. 또 대학마다 전문 인력 양성에 앞장서고 있어 다양한 실용 수업들이 열리는 추세다.

1) 데이터 관련 직종

2012년에는 '21세기 가장 섹시한 직업'으로 데이터 과학자(Data Scientist)가 선정되었다고 한다. Data science라는 용어가 전문분야로 자리 잡게 되었다. 데이터 과학(Data Science) 영역의 등장은 삶의 수많은 영역을 바꾸어 놓았지만, 그 시기가 오래되지 않아 모두에게 익숙하지 않다. 그래서 데이터 연구는 과거부터 꾸준히 있었어도, 빅 데이터라고 하면 생소한 감이 먼저 든다.

빅 데이터 전문가의 방향, 세부 업무는 따로 있다

빅 데이터 전문가는 실시간 쏟아지는 정보를 어떻게, 어디에 활용할 것인지 기획하는 일부터 시작한다. 사람들이 즐겨 찾는 키워드를 뽑아내 실제 구매나 행위로 이어지기까지, 어떤 요인이 결과에 영향을 미치는지 사전에 분석한다. 그다음은 분석할 데이터 자원을 찾아 프로그램을 짜고, 통계학적으로 분석해 이를 적정 분야에 접목해 활용 방안을 제시한다.

때문에 빅 데이터 전문가는 특정 한 분야만 있는 것이 아니고 여러 갈래로 나뉜다. 프로그램을 짜는 일은 엔지니어가, 통계학적인 부분은 분석가가 담당한다. 국내 빅 데이터 분석가들은 주로 대기업 또는 검색 포털사이트 등 IT 업체, 전문 데이터 분석 업체 등에서 일하는데, 대기업에서는 이미 빅 데이터 전담 부서를 설치한 곳도 많다. 사업경쟁력을 높이는 중요한 부분을 차지하기 때문이다. 그러나 회사마다 부서마다 부르는 명칭과 역할이 조금씩 다를 수 있다. 그러나 이들을 데이터 전문가라고 통칭해서 부르기엔 각자의 방면에 분화된 별도의 직종으로 존재한다. 독자 대부분은 마케터일 것으로 추측했을 때, 이러한 직종이 있구나! 알아두기를 바라는 마음으로 정리해보았다. 직종별로 필요로 하는 데이터 기술과 그 기술을 어떻게 활용할 수 있는지 이 장에서 알아보고자 하는 것이 목표다.

이 장에서는 ① 데이터 과학자(데이터 사이언티스트), ② 데이터 분석가(데이터 애널리스트), ③ 데이터 기획자, ④ 데이터 엔지니어, ⑤ 데이터 스튜어드로 나누어 가 역할을 정리했다.

데이터 과학자	데이터 과학자. 과거의 패턴으로부터 미래예측 연결고리가 없는 다수의 데이터를 탐구하고 실험 비즈니스와 알고리즘의 접목, 특정 업무 모델 수립 새로운 분석 모델 개발 및 머신러닝 모델 수정 개발
데이터 분석가	데이터 분석, 처리, 요약 데이터 정보를 모아서 유의미한 결과 보고 분석도구 사용, 데이터 보고서 설계 및 생성

데이터 기획자	프로젝트 관리자. 기술보다는 경영이 주 업무 인공지능, 머신러닝과 같은 기술을 사업에 접목 실제 성과로 만들어내는 역할
데이터 엔지니어	대규모의 확장성 높은 시스템 설계, 구축. 데이터 처리 시스템 최적화 작업 수행 데이터 전처리 작업 수행
데이터 스튜어드	각 사업 부서에 존재하는 데이터 관리자 비즈니스 관점에서 데이터를 생성, 가공, 활용 단계별로 데이터 관리 각 조직별로 해당 영역에 관련한 총괄책임자가 따로 존재

① 데이터계의 히어로: 데이터 과학자, 데이터 사이언티스트

가장 기초적인 데이터를 다루는 단계에서 가장 많은 일을 하는 직종일 것이다. 문제 식별 및 모델링에서부터 데이터 저장, 처리, 분석 그리고 활용까지 데이터와 관련된 전 업무 가치사슬(Value Chain) 상에서 전문 지식과 역량을 보유한 사람이다. 여기서 중요한 특징이 두 가지 등장한다.

- 첫째,
  용량이 크고 다양한 유형의 데이터셋(Dataset)을 다루는 데 능숙하다.
- 둘째,
  분석 결과를 이해 관계자들과 커뮤니케이션할 수 있다.

이 두 가지 요소가 데이터 사이언티스트라는 역할이 새롭게 주목받고 있는 배경인 동시에, 기존의 데이터 분석가들과 구분되는 차별화된 요소다. 이미 오래전부터 기업에는 데이터를 분석하고 결과를 리더에게 리포팅하는 임무를 수행하는 직무가 있었다. 일반적으로 비즈니스 분석가, 데이터 분석가/아키텍처 혹은 BI 분석가라고 불리는 직군이다.

데이터 사이언티스트의 역할

데이터 사이언티스트라고 기존의 데이터 분석가와 다른 구실을 하는 것은 아니다. 데이터 자체의 특성이 빅 데이터로 변화함에 따라 요구되는 기술이 달라진 것이다. 그리고 여기에 비즈니스 문제 해결을 위한 적극적인 참여와 조직원들 간의 활발한 커뮤니케이션 능력이 요구된다. 정확한 데이터에 근거한 분석/예측 결과와 이에 대한 인사이트를 데이터 사이언티스트로부터 얻기를 원한다. 단순히 과거의 추세나 통계적 지표 수치가 알고 싶은 것이 아니다. 데이터 사이언티스트가 포함된 분석팀이 수립한 비즈니스 모델링을 바탕으로 한 결과 예측이 필요한 것이다. 따라서, 이러한 요구를 충족하는 데이터 사이언티스트가 되기 위해서는 비즈니스 환경, 제약조건에 대한 높은 이해가 필요하고, 조직 내 여러 부서 구성원들과 원활한 협업 능력이 있어야 한다.

데이터 과학자의 역량

빅 데이터(Big Data) 확보 및 처리 역량, Proactive Analytics 역량, New Biz Delivery 역량이 필요하다. 데이터를 정의하고 확보하는 것은 물론, 분석 처리를 위해 적합한 기술을 선정하는 능력이 필요하다. 분석 절차와 모델을 설계하고 적합한 알고리즘과 솔루션을 개발하며 타당성을 검증하는 능력이 필요하다. 여기에 그 결과를 바탕으로 비즈니스 인사이트를 도출, 제공하여 사업 현황에 따라 사업 개발 및 영업 활동 검증하도록 촉구할 줄 아는 능력이 필요하다. 통계와 머신러닝 등의 광범위한 분석 분야를 아우르는 한편으로 프로그래밍 능력은 물론, 유연한 사고와 창의성이 필요하다는 의미다. 대개 여러 부서에 조금씩 배치하는 것보다 한곳에 모아 조직하여 서로의 시너지를 내게 하는 것이 적합하다.

② 데이터 계의 만능꾼: 데이터 분석가, 데이터 애널리스트

데이터 분석가는 프로젝트 관리 역할 기술보다는 경영에 주를 두는 역할이다. 물론 데이터 측면에서도 어느 정도 전문 기술 지식도 가지고 있어야 가능하다. 경영/기술 역량을 양쪽 모두 가지고 인공지능이나 머신러닝과 같은 기술을 사업에 접목하며 실제 성과를 만들어내는 것도 데이터 분석가의 역할이다. 쉽게 말해서, 모든 것을 다 아는데, 조금씩 안다.

애매하다? 핵심이다!

나쁘게 말하면 이도 저도 아닌 애매함을 가지고 있다. 좋은 모델을 짜기에는 수학/통계적 지식이 부족하고, 좋은 데이터 관리 프로그램이나 쿼리를 만들기에는 컴퓨터 프로그래밍 능력이 부족하다. 그렇다고 컨설턴트처럼 말을 청산유수처럼 해 의뢰인을 설득할 수 있는 것도 아니다. 즉 통계학적 지식, 프로그래밍 능력, 경제/경영학적 소양이 없는 것은 아닌데, 각 전문 직군에서 활용하기는 부족한 정도다. 그러나 컴퓨터 프로그래밍, 수학, 통계 등 여러 분야의 기법들을 활용, 데이터를 분석 및 처리해 비즈니스 활동을 설명하고, 예측하고, 성과를 개선할 수 있는 결론을 도출하는 데 탁월하다. 조금씩 아는만큼 모든 분석에서 전반에 걸쳐 소통되니 가장 핵심적인 역할을 한다.

얕고 넓게 아는 지식도 쓸 데가 있다

분석가는 사실 이 점이 묘미다. 얕고 넓은 지식을 기반으로 여기저기에 있는 데이터를 끌어모아 그럴싸한 스토리를 빠르게 만들어낸다는 것. 마케팅 팀장이 갑자기 이번 마케팅 캠페인이 매출 증가에 효과가 있었는지 궁금해한다. 매출 증가에 따른 특별한 지시가 있을 예정이다. 그러면 이 일은 데이터 사이언티스트가 아닌 데이터 애널리스트에게 간다. 데이터 사이언티스트는 장기적인 조사와 예측에 적합하지, 필요에 따른 즉각적 요청에 대응하기 어렵다. 데이터 분석가는 바로 캠페인을 시작한 전후 3개월간 매출액을 도표화해서 추세가 어떤지, 어떤 유형의 고객들이 더 유입됐는지를 직관적으로 정리한 보고서를 작성해서 마케팅팀에게 전달한다. 그리고 비즈니스 리더들이 전술적인 결정을 내리는 데 도움을 준다.

입문부터 전문가까지
한 권으로 끝내는 디지털 마케팅의 모든 것

데이터 분석가의 역할

주로 구조화 데이터를 처리하는 일을 한다. 고객과 비즈니스 프로세스, 시장 경제 역학 등과 관련된 데이터에 대한 보고서, 대시보드, 기타 시각화 도구를 매개체로 고위 경영진과 비즈니스 리더의 의사결정에 도움이 되는 통찰을 제공한다. 데이터 애널리스트는 재고, 로지스틱스, 운송 비용, 시장 조사, 이윤, 매출 등 다양한 데이터를 취급한다. 이런 데이터를 활용, 기업의 시장 점유율 예측, 제품 가격 책정, 영업 시기 결정, 운송 비용 최적화 등에 도움을 준다.

데이터 분석가의 책임

기업이 대답을 찾아야 하는 질문들을 이해하려 시도하며, 이런 질문들에 대한 답을 데이터로 찾을 수 있는지를 결정한다. 데이터수집, 분석, 보고와 관련된 기술적 사항도 이해해야 한다. 트렌드와 패턴을 인식하는 능력도 갖춰야 한다. 통계 기법을 사용해 데이터를 분석하고, 보고서를 제공하며, 데이터베이스 및 데이터수집 시스템을 개발 및 강화한다. 주 소스 및 보조 소스에서 데이터를 수집하고, 데이터 시스템을 유지 관리하고 복잡한 데이터 세트에서 트렌드나 패턴을 파악, 분석, 해석할 수 있다. 데이터 필터링 및 클리닝과 경영진과 협력, 비즈니스 우선순위를 정하고, 필요한 정보를 파악한다. 그리고 새로운 프로세스 개선 기회를 모색하고, 이를 규정하는 역할을 한다.

- **데이터 과학자와 데이터 분석가**

　많은 회사가 각각 역할 정의를 서로 다르게 하고 있다. 이 때문에 직군(Job title)만으로 그 사람이 어떤 일을 하거나 기술셋을 가졌는지 정확히 묘사하기 어렵다. 그리고 실무에서는 각 직군의 역할이 서로 공유되거나 중복되는 경우가 발생할 수 있다. 몇몇 신생기업이나 중소기업 그리고 일부 대기업에서 데이터 과학자 데이터 분석가의 역할을 하기도 하며, 또 데이터 엔지니어가 데이터 분석가의 역할을 하기도 한다.

－ 데이터 과학자와 데이터 분석가의 공통점

　두 역할 모두 쿼리(query)를 작성하고 데이터 엔지니어와 같이 작업한다. 데이터 엔지니어는 올바른 데이터를 소스(source) 시스템에 전달해주고, 분석/해석하기 쉽게 변형해주며 데이터 자체의 특성을 가이드한다. 고객/사용자와 밀접하게 커뮤니케이션 해야 하며, 비즈니스 분석을 통해 업무 및 데이터의 특성을 파악해야 한다.

－ 데이터 과학자와 데이터 분석가의 차이점

　데이터 분석가도 데이터 과학자와 같은 활동을 많이 한다. 하지만 세부 분야는 구분되어 있다. 일반적으로 데이터 과학자는 비즈니스 특성을 수식화(함수화)하여 그것을 비즈니스에 적용한다. 반면 분석가는 문제 상황의 해결을 위한 분석을 수행하여 가이드를 제시한다. 일반적으로 데이터 과학자는 통계모델, 머신러닝 그리고 프로그래밍(R, python, scala등)을 수행한다. 데이터 분석가는 전통적으로 구조화된 SQL을 사용하여 DB 또는 BI도구/패키지를 이용해 분석을 수행한다. 데이터 과학자는 데이터를 변환하여 시각화를 활용해 비즈니스 스토리에서 그 결과를 적용해야 한다. 데이터 분석가는 데이터를 변환하기보단 데이터 결과를 바탕으로 보고서를 제공한다.

③ 데이터 어벤저스의 수장: 데이터 기획자

프로젝트를 총괄하는 역할이다. 데이터 과학자와 데이터 분석가는 데이터 기술을 다루는 것이 핵심이라면, 데이터 기획자는 경영에 더욱 관심을 둔다. 물론 데이터에 대한 전문 지식이 없는 것은 아니지만, 주된 역할이 전반적인 프로젝트를 다루는 데에 집중되어 있다는 의미다. 기술을 사업에 접목해 실제 성과로 만들어내는 역할은 데이터 기획자의 역할이다.

기업 또는 고객은 자신들에 유리한 분석 결과가 나오기를 기대한다. 물론 실제 결과가 희망 사항대로 들어맞으면 좋겠지만, 항상 장담할 수 있는 것은 아니다. 기업이 원하는 분석 결과가 나올 수 있는지를 미리 파악하고 알려주는 것도 기획자의 역할이다. 제대로 된 통찰력을 기업에 주기 위해 그 방법이 맞는지 확인하는 것도 중요하기 때문이다. 안 되는 것을 되게 하라는 것이 아니라, 안 되는 것은 안 된다고 고객에게 솔직하게 얘기하되, 이해가 가는 방향으로 설득하는 것이 기획자의 일이다.

이러한 역량을 갖추기 위해서는 디지털 관련 기술 외에도 다방면의 지식을 쌓아야 한다. 굳이 전공분야가 아니더라도 경제, 사회, 문화 같은 다양한 분야에 관심이 있어야 충분한 설득력이 생긴다.

주제를 정하고, 분석에 필요한 요소를 취사선택하는 것도 중요한 몫이다. 기획자라면 어떤 주제를 가지고 데이터를 분석해야 흥미 있는 결과가 나올지, 어떤 요소를 결합해야 신뢰할 만한 분석 결과가 나오는지 파악해야 한다. 단순히 해당 기업이 몇 번이나 노출됐는지, 기업 마케팅을 위해 소셜 분석을 어떻게 해야 하는지를 알려주는 역할에 그쳐서는 역할을 충실히 하지 못하는 것이다.

디지털 광고 전문가라면 궁극적으로 데이터 기획자를 목표로 두게 된다. 데이터 기획자는 단순히 데이터를 가공하는 역할 그 이상으로, 분석 결과를 고객들이 쉽게 이해할 수 있도록 '화면'을 보여줘야 하기 때문이다. 한마디로 통찰력이 있어야 하고, 이를 바탕으로 고객을 이해시켜야 한다. 또한, 그 프로젝트가 '되게 하는' 방향을 찾아 전문가들에게 지시를 주어야 하므로 디지털 마케터라면 꿈꿔 볼 만한 직종이다.

④ 데이터와의 사투: 데이터 엔지니어

안 보이는 궂은일을 도맡아 하는 직군이다. 빅 데이터라는 개념이야 과거부터 있었지만 최근 저장하는 데이터의 용량은 기하급수적으로 증가했다고 보아도 과언이 아니다. 이 막대한 데이터를 다루는 데에도 반드시 전문가의 손길이 필요한데 그 역할

을 하는 직군이 데이터 엔지니어이다. 데이터 분석을 효과적으로 하기 위해서는 막대한 데이터를 안전하고 효과적으로 저장해서 필요할 때마다 빠르게 불러낼 수 있는 시스템을 구축해야 한다. 쉽게 말하면 컴퓨터 프로그래밍을 이용해 그 생태계 전반을 구축하는 역할을 하는 것이다.

새로운 마케팅 캠페인을 시행했다고 가정해보자. 추가적인 고객정보가 입수되었는데 이것을 어디에 저장해야 할지 고민이 된다. 이때 데이터 엔지니어가 필요하다. 데이터 저장을 위해 일관성, 효율성, 안정성을 최대화할 수 있는 시스템을 구축해 놓아야 한다. 그리고 기타 데이터 직군에 해당 데이터를 불러낼 방법 등을 알려주어야 한다. 한마디로 데이터 관리, 수집, 저장의 기술 부문을 담당하는 기술직이다. 데이터 사이언티스트나 데이터 애널리스트가 직무를 효율적으로 수행할 수 있도록 사전 기반을 제공한다.

이런 특성 때문에 시스템 에러가 생겼을 때 가장 먼저 부르는 직군이다. 데이터 축적 등에 이상이 생겼을 때 밤샘작업을 해야 한다면 데이터 엔지니어라고 할 수 있다. 회사에 따라 다르겠지만 좋게 말하면 출퇴근에 융통성이 있고, 나쁘게 말하면 밤낮이 없다. 물론 그만큼 보상도 데이터 업계에서는 가장 높은 축에 속한다.

⑤ 데이터 담당자: 데이터 스튜어드

데이터 과학자가 수행해온 전통적인 역할은 데이터 분석과 함께 데이터와 애널리틱스 도구 활용에 어려움을 겪는 기업 내 사용자들을 지원하는 것이었다. 하지만 데이터 기술의 방대함은 과학자의 역할만으로는 충분하지 않은 세상을 만들어내었다. 이제 기업 환경은 데이터가 담고 있는 진실을 보다 정확하고 올바르게 해석해내는 '데이터 담당자' 데이터 스튜어드를 필요로 한다. 기업 전반에서 데이터에 대한 이해 수준이 높아지고 애널리틱스 툴이 활발히 보급됨에 따라 비즈니스 의사결정과 사고 역시 보다 합리적으로 변모하고 있다. 그러나 이런 변화는 동시에 기업들에 새로운 과제 역시 제시했다.

진화하는 데이터 전문가의 역할

누구나 직감에 의존하여 분석하는 경향성을 가지고 있다. 이러한 점은 기업 측면에서도 완전히 무시하기는 어려운 법이다. 간혹 자신들의 생각과 입장을 지지하는 분석 도구와 방법론만을 언급하며, 그것을 찾지 못했을 경우 분석을 왜곡할 수 있기 때문이다. 이러한 문제를 저지하기 위해 데이터 전문가들에게 요구되는 것이 바로 '데이터 담당자'로서의 역할이다. 데이터 담당자의 책무는 어떤 애널리틱스 툴이 적절한 논거와 논리에 기초해 체계적으로 과학적으로 이용되는지, 그리고 그것이 기업의 전략과 활동에 기여할 수 있을지를 보장하는 것이다.

애널리틱스 과정에 부정확한 가정이 개입되지는 않는지, 그로 인해 설립된 프로세스에 오류가 있지 않은지, 그리고 산출된 시각화와 해석에 결함은 없는지를 확인하고 문제를 신속히 해결하는 것이 그들에게 주어진 역할이다. 편견과 경향성에 의한 애널리틱스 왜곡의 문제는 학계에서도 흥미로운 주제로 다뤄져 왔으며, 그 덕분에 관련 방법론들이 다수 제안되고 있다. 데이터 담당자들에게 도움이 될 만한 것들이다. 데이터 담당자는 언제나 능동적으로 분석 프로세스의 확립 여부를 확인하고, 필요한 애널리틱스 상품에 투자, 활용해 무결한 애널리틱스를 구현해야 한다.

기업 또한 더욱 심도 있는 애널리틱스 프로세스와 프래틱스를 받아들이고, 또 그러한 심도 있는 프래틱스를 구현할 상품과 플랫폼을 받아들이는 것이 새로운 역할이다. 데이터를 이용하지 않는 것보다 결함 있는 분석 과정을 통해 비즈니스 전략에 위해를 가하는 결정을 내리는 것이 더욱 안 좋은 문제라는 점 역시 반드시 숙지해야 한다.

2) 데이터 관련 직군에 필요한 기술

완벽한 데이터 전문가는 커뮤니케이션, 통계, 프로그래밍, 비즈니스에 대한 이해가 있어야 한다. 하지만 각 분야의 깊이가 모두 같을 수 있을까? 이에 대한 대답은 '아니오'일 것이다. 시장 전체적인 분위기도 그러하다. 데이터 과학자가 모든 것에 만능인 것처럼 여기고 데이터 분석가의 상위 직군으로 데이터 과학자라고 여기는 분위기이지만, 실제로 각 직군에서 필요로 하는 기술은 유사하고, 그 깊이 정도에 차이가 있을 뿐이다. 중요한 기술들을 몇 가지 뽑자면 아래와 같다.

프로그래밍, 통계학, 통계적 기술과 수학: 추론적 통계 및 실험 설계
통계 지식, 도구 스킬: R, SPSS, SAS, Stata 등
프로그래밍 능력: Python, JAVA, C 등
데이터 핸들링 능력: 데이터베이스에 대한 이해, 데이터 wrangling 기술, SQL, 풍부한 산업공학적 지식 등

결국, 앞서서 직군을 다양하게 나누기는 했지만, 데이터 직종 종사자라면 갖추어야 할 공통적인 지식과 능력이 존재한다. 이들에게는 데이터화된 마케팅 지표 분석력, 검색광고 성과 분석 및 최적화 능력이 필요하다. GA, Amplitude/Mix panel 분석 툴과 FIRE BASE, APP SFLYER 등의 프로그램에 시너지를 내서 일할 수 있도록 SQL, Python 등 데이터 분석 교육을 받기도 한다.

여기서 알아야 할 점은, 디지털 마케터가 이러한 지식에 대해 일정 부분 지식이 있다면 의사소통은 물론, 이들과 함께 팀을 꾸리는 것도 훨씬 수월하다는 것이다. 아직 데이터 전문가 영역이 미지의 세계인 현

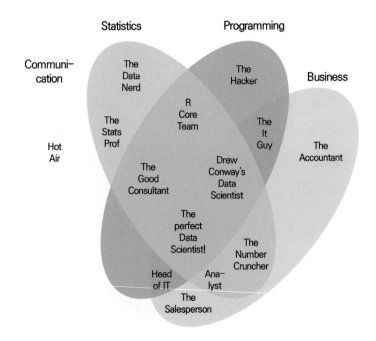

The Data Scientist Venn Diagram

입문부터 전문가까지
한 권으로 끝내는 디지털 마케팅의 모든 것

실 속에서 전문적인 데이터 조직을 구성하고 조직을 이끌어가기 위해서는 마케터에게 지금은 알지 못하는 또 다른 중요 영역이 요구될 수 있기 때문이다.

3) 한국에서의 데이터 전문가들, 그리고 monetization

사실 우리나라에는 제대로 된 데이터 전문가가 없다고 해도 과언이 아니다. 물론 필자가 데이터 엔진 관련 종사자는 아니지만, 사실 데이터 과학 분야 자체가 등장한 지 얼마 되지 않았기 때문에 당연한 일이다. 게다가 이론적으로 체계를 밟은 사람이라 해도 특정 비즈니스에 대해 잘 수행해낼 수 있는지 또한 미지수다. 동시에 데이터를 다루는 기술들이 발달하며 데이터 분석의 방법이 고도화되고 있는 것은 사실이다. 또한, 오히려 그것이 데이터 전문가에게는 양날의 검과 같다.

어디나 그렇겠지만, 회사마다 직군을 나누는 기준은 다 다르다. 그래서 채용공고 중에서 데이터 사이언티스트라는 제목이 있다면 반드시 정확히 어떤 업무를 하는지 확인해야 한다. 마케터 입장에서는 이점을 잘 이해해야 한다. 디지털 마케팅 전문가라면 데이터 전문가들과 협업하고 이들에게 업무를 지시해야 할 상황에 자주 놓이게 된다. 그런데 직군에 대한 이해가 없다면 데이터 직종 종사자 군에게 신뢰를 잃기란 너무 쉬운 일이다. 따라서 적어도 데이터 업계에 있는 모든 직군과 자유롭게 의사소통을 할 수 있는 정도의 지식과 기술을 갖추는 것을 목표로 두기를 바란다.

만약 당신이 자신만의 전문 조직을 구성했다면, 이들 간의 관계에 대해서도 이해해야 한다. 데이터 분석가와 데이터 과학자는 분명 다른 역할을 가지고 있다. 그리고 서로 다른 업무를 수행하며 협업해야 할 관계다. 비즈니스 데이터에 대한 이해를 바탕으로 정확한 의사결정을 돕는 일은 데이터 분석가가 해야 할 일이며 분석 모델을 수정하고 새로운 알고리즘을 적용하는 일은 데이터 과학자가 해야 할 일이다. 물론 서로의 업무를 이해하기 위한 노력은 필요하다. 이를 바탕으로 자신이 하고자 하는 일을 명확히 하여 구체적인 monetization 활동을 했으면 한다.

앞으로는 규모가 큰 기업일수록 데이터의 적극적 사용이 더 본격화될 것이다. 비즈니스 리더, 트랜슬레이터, 워크플로우 조정자, 딜리버리 매니저, 시각화 분석가 등에 이르기까지 다양하게 뻗어 나가기 때문이다.

앞에서 직종들에 대하여 설명했지만 어떤 기술 하나가 주어지고 그 전망 좋은 기술만 파고든다고 해서 퍼포먼스가 향상되는 것은 아니다. 경영/데이터나 기존 IT 업무/데이터, 마케팅/데이터, 비즈니스/데이터 등 각 영역에 데이터를 더하고, 거기에 머신러닝 등 고급 분야 데이터 기술을 접목해 잘 활용하는 것이 핵심이 될 것이다.

전문적 데이터 조직 구성하기

같은 물이라도 그릇에 따라 바뀌는 모양!
조직도 마찬가지, 형태가 중요해!

'코에 걸면 코걸이, 귀에 걸면 귀걸이'라는 말이 있다. 비슷해 보이는 물건이라도 어디에, 어떻게 위치시키느냐에 따라서 그 역할이 달라진다는 의미다. 물을 생각해보자. 넓적한 사발에 담으면, 금방이라도 돌쇠가 벌컥벌컥 들이마실 것 같은 물이 된다. 그러나 고급스러운 유리 와인잔에 담으면 함부로 마셔선 안 될 것 같은 음료가 된다. '물'의 성격 자체는 변하지 않지만 담아내는 그릇에 따라서 전달되는 의미가 바뀐다. 사발 모양, 와인잔 모양 등 가시적인 형태만 바뀌는 것이 아니라 가치까지 변형되는 셈이다.

이와 같은 현상은 단지 물에만 해당하는 게 아니다. '잔, 그릇'의 의미를 '물리적 틀', 나아가 콘텐츠를 담고 있는 '카테고리'로 치환하여 생각해 보자. 이는 우리 사회 어떤 영역이든 적용할 수 있다. 카테고리를 정하는 일은 그 속에 담긴 가치도 변환시킨다. 예를 들어, 주말에 등산을 떠나 산의 아름다운 절경을 영상으로 찍었다고 해보자, 유튜브에 업로드하려 하는데 일상 카테고리를 지정하면 등산 VLOG가 된다. 그러나 다큐멘터리로 지정하면 한 편의 논픽션 영화가 될 수도 있다. 하나의 영상이라 하더라도 그 영상이 속한 범주에 따라 사람들에게 전달되는 의미는 다른 개성을 갖게 된다.

경영에서도 마찬가지다

비슷한 인력을 보유하고 있다고 해도 그들을 어떻게 범주화하느냐에 따라 성과는 달라진다. 이제 당신이 전문가 영역에 들어섰다면 스스로 자신의 조직을 꾸릴 줄 알아야 한다. 어떠한 작업을, 어떻게 하느냐에 따라 필요한 인원은 물론, 필요한 직종도 달라진다.

인적자원을 배치하고 시스템화하는 일을 '조직화' 라고 한다

필자는 여러 조직화 중에서도 '전문적 데이터' 조직화에 대해 집중하고 있다. 일반적인 사무 및 행정 인력을 꾸리는 방법은 보편적으로 알려졌지만 데이터 조직 인력을 꾸리는 방법은

생소하기 때문이다.

데이터 관련 직종은 다양하다

그들이 저마다 수행하는 업무적 특성 역시 다채롭다. 하나의 비즈니스 관점으로 운영하기 위해서는 체계적인 시스템이 필요하다. 각 인력의 위치를 배정하고 일의 순서를 만드는 게 바로 조직화의 시작이다. 시스템은 조직화만 잘 이뤄놓아도 수월히 잡아가게 된다.

민쯔버그(Mintzberg)의 조직구조?

인력의 조직화에 관한 중요성은 과거부터 제시돼왔다. 그렇기에 많은 학자가 이미 다양한 형태로 이를 분류하였다. 전통적으로 거론되는 이론 중에는 헨리 민쯔버그가 주장한 5가지 유형이 있다. 이는 추후 설명할 전문적 데이터 조직화를 이해하기 위해서도 유익한 기초개념이 된다.

① 단순구조: 조직의 초기 단계에 해당하는 유형으로 매우 단순한 모습을 보인다. 권한 대부분과 책임이 최고경영자에게 집중돼있다. 운영부서의 권한은 오픈돼있지 않으며 상명하복식으로 이뤄진다. 그러므로 부서 간에 이루어지는 업무의 조정은 모두 경영자가 직접 감독을 맡게 된다. 최고 경영자를 제외하면 모든 인원의 참여도는 유사하다. 전문 인력이 존재하지 않는 경우 이러한 단순구조를 취하게 될 가능성이 크다. 의사결정은 빠르지만, 기술의 고도화를 기대하기 어렵다.

② 기계적 관료제: 표준화가 이루어진 기계적 조직이라고도 한다. 인적자원은 2가지 특성으로 구분되기 시작한다. 지시와 책임의 권한이 있는 라인(Line), 실제 업무 작업을 맡은 스태프(Staff)이다. 기술 전문가 부문이 존재하며 이들은 보통 라인의 역할을 담당한다. 스태프들을 관리하고 공식/비공식적인 권한을 행사한다. 팀 내의 업무 역시 각 인력의 포지션에 따라 상당 부분 공식화되어 있다.

③ 전문적 관료제: 기계적 관료제에서 업무의 복잡성이 커지고 전문가 비중이 커진 상황에 해당한다. 각 전문가는 자신의 역량에 맞는 고유한 업무를 담당하므로 큰 비중과 재량권을 갖는다. 연구소나 병원 등 전문적 인력이 상주하고 있는 시스템이 해당한다. 이들의 작업은 전문성이 고도화돼있으나 한편으로는 효율을 위해 표준적인 프로그램을 따르기도 한다.

④ 사업부제: 전문적 관료제에서 체계화된 '분산'이 도입된 개념이다. 조직이 담당하는 핵심 판매나 서비스를 일정한 기준에 따라 나누어 운영한다. 예컨대, 하나의 제과를 팔더라도 이를 '구매부, 생산부, 판매부'로 나누는 것이다. 각 사업부를 총괄하는 리딩 본부가 존재한다. 시장 중심의 구조를 갖추고 있으므로 각 부서는 본인들의 존립 목적에 따라 독자적으로 인력을 관리하고 운영된다.

⑤혁신구조: 가장 발달한 유기적 조직이다. 3차~4차 산업군에서 주로 찾아볼 수 있다. 이종 분야의 전문 인력들을 유기적으로 연결하여 유연하게 운영한다. 실제 업무는 프로젝트팀 단위로 이루어지는 경우가 많으며 조직의 필요에 따라 다양한 방식으로 상호조정이 이루어진다. 다만 각 인력을 소집하기 위한 연결 장치나 종합관리자, 시스템 등이 필요하다.

전문적 데이터 조직의 3가지 유형

민쯔버그의 조직구조 5가지 유형은 근대적인 개념에 해당한다. 전문적 데이터 조직은 더욱 현대화된 개념이므로 3가지 유형을 채택하고 있다. 각 유형에는 고유한 장단점이 존재한다. 이를 비교하며 part 3-3의 전문 인력들을 배치해 본다면 효율을 보다 높일 수 있을 것이다.

	분산형	중앙집중형	혼합형
개념	데이터 전문가가 기능별로 조직 단위에 있다.	조직 데이터 전문가들을 한곳에 모아 놓았다.	분산형과 중앙집중형의 특성을 둘 다 혼합했다.
장점	부서 담당자와 함께 문제 해결에도 집중할 수 있고 특정 영역을 총괄하며 전문성까지 확보할 수 있다.	전문 인력을 필요에 따라 유동적으로 재배치할 수 있으며, 업무량에 따라 지원할 수 있다.	기본적으로 숫자가 유지되는 선에서 유기적으로 소통하므로 전문가끼리의 시너지가 높다.
단점	조직에 1명이나 소수로 존재하기에 데이터 전문 인력들이 협동해 시너지를 내기 어렵다.	특정 분야에 높은 전문성을 지닌 데이터 전문가의 보유가 어렵다.	관리 비용이 증가하며 총괄 경영자의 높은 역량이 요구된다.

1) 분산형

마케팅팀에는 데이터 기획자만 필요하고,
관리팀에는 데이터 엔지니어만 필요할 때?

분산형은 데이터 전문가를 조직 단위에 분산해놓은 형태이다. 특정 기능만을 담당하며 필요한 조직에서 업무를 담당한다. 민쯔버그의 '단순 구조' 조직처럼 주로 초창기 단계에 해당한다. 데이터 전문가들이 초기 조직에 속하게 되며 개별적으로 분석/활용을 시작한다. 부서 담당자는 데이터 전문가의 업무를 비롯하여 여러 문제를 함께 핸들링한다. 그래서 데이터 전문가는 본인의 현 업무에 집중할 수 있다. '집중'이 가능하다는 점은 데이터 분야에서 전문성이 강화됨을 의미하기도 한다.

예를 들어 A 기업의 마케팅팀에서 담당하는 역할이 프로젝트 관리라고 가정하자. 이를 위해서 잠재고객의 패턴을 인공지능으로 분석해야 한다. 또한, 기술 구현보다 경영적 관점에서 접근하는 인력이 필요하다. 가장 잘 어울리는 데이터 전문가는 '데이터 기획자'이다. 반면, 관리팀에서는 실제 시스템을 설계하고 구축하는 역할을 맡고 있다. 그들은 데이터 처리 능률을 높이는데 업무적 역량을 집중하고 있다. 이때에는 '데이터 엔지니어'가 필요하다. 즉, 각 니즈에 맞는, 다른 전문가를 투여해야 한다. 즉 세부 조직에 따라 데이터 전문가가 분산된다. 이러한 구조가 분산형이다.

분산형에서 데이터 전문가는 본인의 미션에만 집중할 수 있다. 다른 팀과 협력할 필요가 없으며 부서 내부에서의 태스크만 해결하면 된다. 전문가에게 소요되는 관리 비용을 줄일 수도 있다. 또한, 좁은 단위의 전문성을 강화할 수 있다. 그러나 팀 협력이나 네트워크 강화는 기대하기 어려워진다. 이종 단위의 전문가에게서 나오는 플러스알파 시너지 효과도 구현하기 어렵다. 혁신이나 창의성도 만들어내기 어렵다. 각 전문가가 조직 내에서 비교적 단순한 데이터 분석/활용만 해도 괜찮을 때 유용한 구조이다.

2) 중앙집중형

하나의 목표를 위해 오래 달려야 해!
각 전문가의 하이파이브가 필요할 때?

중앙집중형은 데이터 전문가를 한 곳으로 집중시켜 놓은 구조이다.

그들의 모임 자체가 하나의 조직 단위로 기업에 존재하게 된다. 데이터 분석가부터 데이터 스튜어드에 이르기까지 각 전문가가 하나의 미션 아래 업무를 수행한다. 데이터 전문 총괄 조직이 중앙에서 그들을 통제하며 필요한 미션을 부여한다. 데이터와 무관한 인력과 업무가 충돌하며 생기는 시간 소모를 방지하고자 생겨났다. 분산형이 주로 조직의 초반에 나타나는 구조라면 중앙집중형은, 좀 더 진화된 조직이 취하는 형태이다. 데이터 분석/활용 역량은 조직의 성장을 위해 필요한 부분이다. 그러므로 이에 대한 중요성은 자연스럽게 커지기에 분산형에서 중앙집중형으로 성장하게 되는 케이스가 많다.

예를 들어 A 기업의 매출액이 증대됨에 따라 시장에서의 규모를 키울 계획을 세웠다고 가정해보자. 이때 마케팅팀에 속한 데이터 기획자는 더욱 많은 분석을 진행해야 한다. 또한, 관리팀의 데이터 엔지니어 역시 본인의 업무 카파(capa)를 키워야 한다. 그런데 둘이 활용할 raw 데이터는 상당 부분 중첩될지도 모른다. 또한, 다른 팀에 소속된 각 데이터 전문가들의 도움을 통해서 좀 더 활용도가 높은 분석물이 요구되기 시작한다. 그렇다면 이들을 굳이 다른 부서에 홀로 위치시킬 필요가 없다. A 기업은 각 부서의 데이터 전문가들을 모아 'IT 총괄부'를 신설하게 되며

입문부터 전문가까지
한 권으로 끝내는 디지털 마케팅의 모든 것

그 아래에 '정보기획팀', '정보설계팀' 등으로 세분화할 수 있다.

중앙집중형은 여러 전문가가 한 곳에 모여 있으므로 당연히 시너지 효과를 보게 된다. 그들이 새롭게 내놓는 데이터 관련 성과물들로 현업 실무 부서를 지원한다. 전문가들의 유동적인 재배치가 필요하다면 이 역시 고려할 수 있다. 각자의 경험을 셰어링하기 용이하고 유연한 의사소통이 쉽다. 그러나 데이터 전문가를 위한 집중된 조직을 신설하는 셈이므로 고정 비용이 지출된다. 또한, 이들을 총괄 관리하는 데 실패한다면 여러 인력의 핵심 가치를 놓치는 것과 같다. 모두가 함께 일을 처리한다는 점에도 모순이 있다. 특정 분야에 월등히 높은 전문성을 가진 인재를 보유하기 어렵다는 것이다.

3) 혼합형

**우리 부서에 꼭 필요한 데이터 전문가,
다른 팀에도 필요할 때?**

혼합형은 분산형과 중앙집중형의 특성을 결합한 구조다. 각 타입이 가진 고유한 장점을 두루 갖추기 위해서 생겨난 구조이며 동시에 가장 현대적인 타입이기도 하다. 먼저, 분산형처럼 실무를 담당하는 부서마다 필요한 데이터 전문 인력들을 배치한다. 그러나

중앙집중형처럼 데이터 업무만 전문적으로 담당하는 총괄 집단을 함께 설치한다. 이러한 중앙 전문 집단을 CoE(Center of Excellence)라고 한다. 분산형과 중앙집중형 사이에서 하나를 선택하기 어려운 기업이 혼합형을 선택한다. 또는 이미 성장을 많이 이룬 회사의 경우 데이터 전문 인력에 더 많은 투자를 할 여유가 있기에 혼합형을 선택한다.

A 기업의 IT 총괄부가 데이터 분석/활용을 담당하지만, 마케팅팀과 관리팀에서 요구되는 데이터 분석 업무가 늘어나고 있다. 각 부서의 실무 담당 인력은 이를 진행할 역량이 부족하다. 그러나 해당 업무가 적체될 경우 생산성이 떨어진다고 가정해보자. 이럴 때 기업은 공동의 이익을 위해 고심하게 된다. 여유가 있다면 굳이 IT 총괄부를 해체하지 않아도 된다. 각 부서의 업무량만 수용할 수 있을 정도로 전문 인력을 지원하면 그만인 것이다. 결국, A 기업의 마케팅팀, 관리팀도 데이터 전문가를 확보하게 되며 조직 내의 중앙 전문 집단도 함께 존속할 수 있다.

혼합형은 기본적인 숫자가 유지되는 선에서 능동적인 인력 배치를 기대할 수 있다. 또한, 각 데이터 전문가들이 중앙 조직과 실무 부서를 번갈아 다닐 수 있으므로 소통 능력이 강화된다. 실무와 전문 업무를 함께 도맡으며 업무 숙련도도 증진된다. 중앙집중형이 가진 고유 장점인 시너지 효과도 기대할 수 있다. 인력 자체의 전문성을 유지하면서도 유연성을 키우는 구조다. 그러나 중앙 조직과 더불어 각 부서에 지원된 인력까지 관리해야 하므로 비용이 많이 든다. 혼합형의 초반에는 혼란이 발생하는 리스크도 갖고 있다. 그러므로 이를 잘 통솔할 수 있는 비즈니스 마인드가 필요하다. 동시에, 중앙 조직과 각 부서의 전문 인력을 모두 필요로 하는 환경에 적합하다. 규모가 크지 않은 조직에 혼합형을 도입하는 것은 다소 무리로 평가된다.

분산형/중앙집중형/혼합형은 모두 특색이 있다. 장단점이 다르므로 절대적인 우위를 논하기는 어렵다. 아무리 혼합형이 가장 현대적인 조직 구조라고 하더라도, 때에 따라서는 분산형을 채택하는 게 훨씬 실효성이 높을 수 있다. 조직에서 보유하고 있는 데이터 전문 인력풀과 필요한 데이터 분석/활용 업무를 두루 고려하여 결정해야 한다.

Part 4

미래시장

광고와 인공지능의
전망에 대하여

Part 4
미래시장: 광고와 인공지능의 전망에 대하여

AI가 카피라이터 역할도 할 수 있다고?

도요타 자동차의 '렉서스' 광고는 광고 내용보다도 그 제작비화 때문에 유명해진 케이스라고 할 수 있다. 렉서스 광고 제작자가 바로 아이비엠의 인공지능 '왓슨'이기 때문이다. 왓슨은 지난 15년간 칸 광고제에서 상을 받았던 도요타 자동차 캠페인들의 영상과 대본, 음성, 일련의 외부 데이터를 분석했다. 전문 창작자들이 스토리를 완성하기는 했지만 이를 토대로 대본의 흐름과 줄거리를 왓슨이 창작했다. 이는 이미 학계에서 인공지능이 대본을 작성한 최초의 상업광고 사례로 유명하다. 인공지능이 인간을 완전히 대신할 수는 없지만, 창의성 부분에서도 충분히 역할을 해낼 수 있음을 확인한 사례다.

카피 제작은 아직 한 사람분의 역할을 다 하지는 못했지만, 위와 같이 시도 중이다. 글로벌 광고 회사 맥켄에릭슨(McCann Erickson)의 일본 지사 '맥켄에릭슨 재팬'은 2016년 인간과 인공지능이 껌 브랜드 '클로렛츠'를 주제로 기획·제작한 광고를 공개했다. AI 프로그램은 렉서스와 마찬가지로 기존 광고 영상들의 데이터와 광고 제품의 정보를 입력한 뒤 제작됐다. 광고 분야에서 AI의 활용은 기획과 제작 분야까지 빠르게 침투하고 있다.

심지어 글로렛츠 광고는 사람이 만든 광고와 인공지능 광고를 비교하여 투표에 부쳤는데, 인간이 만든 광고가 54% 득표했다. 비록 인간의 광고가 호응도가 좋았지만 근소한 차이로 승리했다는 점이 유의미하다. 지금까지 인간 고유의 영역이라고 여겨졌던 창의력, 광고 기획 및 제작의 영역을 인공지능이 대체할 수도 있다는 가능성이 여실히 드러났기 때문이다.

인공지능과 광고, 어디까지 성장할까?

그동안 광고 분야는 기계가 절대 대신할 수 없는 인간 고유의 영역이라고 생각되어왔다. 그러나 AI가 어떤 한계점을 넘어서는 순간 이러한 생각은 아무 의미가 없어졌다. '빅 데이터'를 기반으로 하는 '머신러닝'이 광고 영역에서 인공지능을 더더욱 '지능'답게 만들었다. 소비자의 관심사 및 성향을 자동으로 분석하고 이에 맞는 광고 유형과 매체, 게재 위치 및 사이즈까지 선정하여 광고 효율을 극대화하니, 이것이야말로 소비자가 추구하는 완벽한 디지털 광고가 아니겠는가. 심지어 크리에이티비티(creativity)라는 광고의 핵심 가치까지도 AI 기술이 넘보고 있다. 아마도 머지않은 미래에 AI를 비롯한 다양한 최신 IT 기술이 광고 영역에 더욱 폭넓게 접목될 것이다.

인공지능 기술이 접목된 스마트폰의 확산

우선 어떤 매체가 광고를 집행하기 위한 매체로서 가치를 지니려면 해당 매체의 이용자 침투율(user penetration), 즉 해당 매체의 이용자 규모가 일정수준 이상이어야 한다. 다시 말해서 광고주가 커뮤니케이션하고자 하는 브랜드의 목표 고객 중 얼마나 많은 숫자가 해당 매체를 이용하고 있는지가 매체로서 갖춰야 할 첫 번째 덕목이다. 이미 여러 통계 자료를 통해서 잘 알고 있듯, 인터넷이 타 매체에 비교해 그 이용 확산 속도 면에서 매우 급격한 성장을 거듭해왔음을 우리는 알고 있다.

손안에 스마트폰 하나 쥐지 않는 사람이 없는 것이 현실이다. 스마트폰의 활용도 또한 얼마나 높은가? 모르는 것이 있으면 검색부터 한다. 먹고 싶은 것, 가고 싶은 곳, 올여름 유행하는 패션 등 사소한 것부터 중대한 것까지 스마트폰에게 물어보고 결정한다. 이렇게 쌓인 검색 기록, 통화기록, 이동 동선, 쇼핑 패턴 등이 하나하나 손쉽게 쌓여 데이터가 되고 이것이 광고주들에게 매우 유용한 자료로 활용된다. 웹 매체와 모바일 플랫폼에서 앞다투어 기술을 개발하고 디지털 광고에 주목하는 이유다.

온라인상에서 광고하세요

광고주들은 이제 불특정 다수를 향해 우리 제품이 좋다고 고래고래 소리칠 이유가 없어졌다. 관련 웹페이지나 애플리케이션만 있으면 이를 이용하는 소비자들의 행동 및 선호하는 상품 등을 인공지능 기술로 분석하고 향후 행동을 예측해 그에 맞는 개인 맞춤형 푸쉬 알람, 광고 이메일, 웹페이지 카테고리 구성까지 해주는 어시스턴트, AI가 있으니 말이다. 이제는 충분히 인력이 닿지 않는 곳에도 마케팅 기술을 제공할수 있는 세상이 되었다.

그 효과는 얼마나 되는 걸까? 놀랍게도 디지털 광고는 머신러닝 적용 전 캠페인 대비 동일한 비용으로 2배 이상 높은 광고 노출과 클릭률을 보인다. 이제 미래시장에서 가장 성장할 업종은 무엇인지 꼽아보라고 한다면, 필자는 너무나 당연히 '모바일 광고 업종'이라 말할 것이다. 물론 근거 없는 자신감에서 오는 소리는 아니다. 2020년 1월 기준으로 컴퓨터 및 정보 통신, 유통, 서비스 등 소비자가 모이는 분야마다 모바일 광고가 활발하게 이루어지고 있다. 다음 도표에서 보자면 기타에 속하는 10개 업종, 가정용 전기·전자, 수송기기, 건설, 건재, 부동산 등의 상대적 소규모 업종에서도 다양하게 찾는 것이 모바일 광고다.

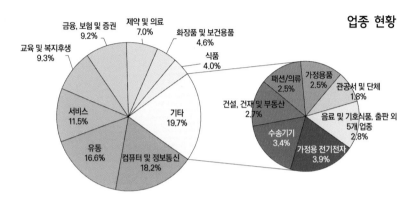

업종 현황

금융, 보험 및 증권 9.2%
제약 및 의료 7.0%
화장품 및 보건용품 4.6%
식품 4.0%
교육 및 복지후생 9.3%
서비스 11.5%
유통 16.6%
컴퓨터 및 정보통신 18.2%
기타 19.7%

패션/의류 2.5%
가정용품 2.5%
관공서 및 단체 1.8%
건설, 건재 및 부동산 2.7%
음료 및 기호식품, 출판 외 5개/업종 2.8%
수송기기 3.4%
가정용 전기전자 3.9%

모바일애드 2020년 2월 리서치 결과

http://onlinead.or.kr/17/?q=YToxOntzOjEyOiJrZXl3b3JkX3R5cGUiO3M6MzoiYWxsIjt9&bmode=view&idx=3546909&t=board&category=D14544E1M6

이번 4장에서는 이 광고시장에 관해서 이야기 나누어보고자 한다. 이 전도유망한 업종이 어떠한 변화를 이루어갈 것이며, 미래시장의 동향은 어떠할 것인지 가늠해보자.

4-1 지속적인 강세, 디지털 광고의 무한 질주

4-2 더욱 정교하게, 도전적으로, 미래를 향해

4-3 머신러닝의 문제점, 그리고 발전 방안

4-4 미래시장에서의 데이터 활용

지속적인 강세, 디지털 광고의 무한 질주

인터넷은 태생적으로 '인터랙티브'라는 특성이 있다. 이는 사용자가 자발적으로 해당 광고를 클릭하고, 여러 가지 추가 정보를 적극적으로 탐색할 때 의미가 있다. 이러한 점은 광고주들의 호기심을 자극했다. 기존 전통 매체들은 광고 효과 측정이 어려웠는데, 인터넷 광고는 애드 서버에서 송출된 광고의 모든 기록을 실시간으로 저장, 리포트 할 수 있다. 광고주는 자신의 광고가 현재 얼마나 많이 노출되었고, 클릭되는지를 실시간으로 확인할 수 있으므로 불필요한 비용을 감소할 수 있다는 매력을 느끼게 된다.

이러한 광고주의 인식은 현재도 크게 다르지 않다. 광고주들은 인터넷 매체가 다른 어떤 목적보다도 세일즈 프로모션에 가장 적합한 매체라고 인식한다. 소비자들의 인지, 태도 등에 영향을 미치는 기존 전통 매체의 마케팅 목적보다 세일즈 목적, 즉 구매 직전에 구매를 촉진하는 역할을 하는 매체로 인터넷을 인식하고 있다는 증거다. 이러한 장점에 의해 온라인광고는 2020년 현재, 오프라인 광고를 넘어서는 주류로 자리 잡아가고 있다. 그리고 기존 전통 매체에서 담당하던 광고의 효과까지 그 영역을 넘보고 있다.

1) 미래시장의 변화: 오프라인 광고에서 온라인광고로

$$11\% \rightarrow 15\% \rightarrow 19\% \rightarrow 20\% \rightarrow 21\%^{*}$$

최근 5년간 국내 온라인광고시장의 연간 성장률은 위와 같은 변화를 겪어왔다. 지난해 6조 4,213억 원 규모이던 온라인광고시장은 올해 7조 원을 돌파했고 처음으로 오프라인 광고도 넘어설 것이라는 전망이 나왔다. 스마트폰이나 PC 화면에 노출되던 온라인광고가 이제는 광고시장의 명실상부한 주류로 자리 잡게 되는 것이다.

---

[*] 한국온라인광고협회 '2019 온라인광고 시장 분석 및 전망' 보고서

온라인 / 오프라인 추세

▶ 2019년 오프라인 소계 69,242억 원, 온라인 소계 64,213억 원
▶ 2020년 오프라인 소계 70,034억 원, 온라인 소계 77,056억 원(추정)

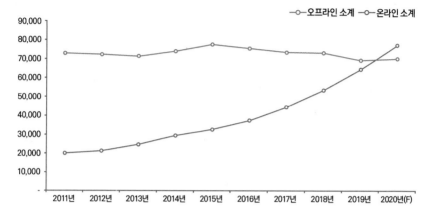

한국온라인광고협회의 전망에 따르면 2020년 온라인광고 시장은 오프라인 광고 시장을 넘어선다.

https://news.joins.com/article/23732169

　　가장 주된 변화라면 앞서 말한 대로 온라인광고가 오프라인 광고를 넘어서는 주류로 자리 잡아간다는 것이다. 2020년에 들어오며 우리는 좋든 싫든 세계적으로 '코로나 19'의 영향권 안에 들어오게 되었다. 이 점은 오프라인보다 온라인상의 영역에서 더욱 활발한 사회 활동을 하게 만드는 계기가 되었다. 물론 코로나 19가 아니어도 이미 소비자들은 전통적 매체보다 뉴 미디어에 관심을 더욱 보이는 상황이었고, 사회 역시 4차산업 혁명으로 인해 온라인 시장이 오프라인 시장보다 커지는 것은 당연한 순서였다. 다만 이것이 코로나 19를 만나며 가속화된 것이다.

　　전통적 시장인 오프라인 광고는 4대 매체(TV, 신문, 라디오, 잡지)와 버스·건물에 부착된 옥외 광고 정도로 볼 수 있다. 지난해 오프라인 광

고는 6조 9,242억 원이 집행되었고, 온라인광고(6조 4,213억 원)보다 약 5,000억 원 많았다. 그러나 오프라인 광고시장은 10년째 시장이 7조 원 내외 수준에 멈춰 있는 데에 비해 온라인광고시장은 지속적인 성장세를 보인다.

2020년 한국 온라인광고협회에 따르면 오프라인 광고시장은 올해 7조 34억 원으로 온라인광고시장 전망치인 7조 7,056억 원보다 7,000억 원 적었다. 온라인광고는 2011년 1조 9,670억 원이 집행돼 7조 2,844억 원을 기록한 오프라인 광고의 3분의 1에도 미치지 못했다. 하지만 2017년 4조 4,389억 원으로 오프라인 광고의 절반을 넘어섰고, 3년간 매년 20% 내외의 성장률을 보이며 2020년엔 오프라인 광고를 추월할 전망이다.

2) 온라인광고시장의 중심: 다음카카오와 네이버

온라인광고를 통한 성과가 계속 두드러지며 함께 주목받는 것이 다음카카오와 네이버다. 국내 광고시장에서 전 국민이 이용하는 카카오와 네이버의 영향력은 누구나 다 알고 있다. 앞으로 노출형 광고가 더 확대하는 만큼 그 영향력 또한 더욱 강화될 것으로 보인다.

국외 디지털 기업의 영역 확대에도 밀리지 않고 국내에서는 꾸준히 다음카카오와 네이버가 광고시장의 성장을 이끌어 온 한 해였다. 2019년 예상 실적 기준 다음카카오의 광고 매출액은 [톡비즈(커머스 제외)+포털비즈] 0.7조 원이다. 네이버의 광고 매출액은 [광고 부문+비즈니스플랫폼 80%(쇼핑매출 20% 가정)] 2.9조 원으로, 이는 국내 디지털 광고시장의 약 80%, 전체 광고시장의 30% 이상을 차지하는 것으로 추정되는 수치다. 2019년 10월 새로 시작한 톡 보드(카카오톡 채팅 목록 상단 광고)가 하루 매출 5억 원까지 성장했다. 올해 코로나 19 여파를 고려해도 광고 매출 증가는 여전히 기대되는 상황이다.

    – 다음, 카카오의 풍부한 데이터

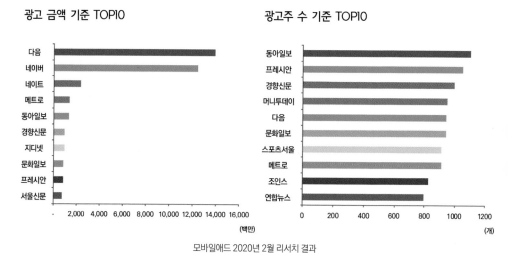

모바일애드 2020년 2월 리서치 결과
http://onlinead.or.kr/17/?q=YToxOntzOjEyOiJrZXl3b3JkX3R5cGUiO3M6MzoiYWxsIjt9&bmode=view&idx=3546909&t=board&category=D14544E1M6

    4,300만 명이 사용하고 있는 메신저 카카오톡. 포털 다음(Daum)에서 카카오를 인수하며 시장은 더욱 성장하게 되었다. 카카오 T, 멜론, 카카오페이지, 카카오스토리 등 각각 수백만에서 수천만 명 이상의 이용자를 확보한 덕에 빅 데이터는 어마어마하게 쌓여왔고, 다음카카오

역시 다양한 서비스를 비즈니스에 활용할 역량이 충분하기에, 디지털 광고 영역에서 역시 빠르게 성장하고 있다.

http://www.koreaittimes.com/news/articleView.
html?idxno=51070

카카오에는 광고주가 자체 보유한 데이터와 카카오톡, 카카오스토리, 다음 등 서비스 내 이용자의 관심사 및 행태 정보를 분석해 맞춤형 광고를 집행할 수 있는 AI와 빅 데이터 기반 광고플랫폼인 '카카오 모먼트'가 있다. 이 서비스는 광고주의 캠페인 목표에 따라 카카오 플랫폼 내에서 광고 효율을 극대화할 수 있는 관심사·장소·시간·인구학적 통계를 AI가 설정해 광고를 집행하는 것이 특징이다. 각 이용자에 특성에 따라 다른 광고 메시지를 노출할 수도 있다.

– 네이버의 두드러진 성장

오랜 시간 검색 포털사이트로 자리매김한 네이버는 말할 것도 없다. 그동안 꾸준히 쌓여온 빅 데이터는 우리가 감히 상상할 수 없는 정도일 것

이다. 이를 활용한 다양한 기술과 상품이 광고 영역에서 다양하게 활용되고 있다. 일례로, 소상공인을 위한 인공지능 기반 '상품 검색 키워드 자동 추천' 기술이 있다. 판매자가 네이버 쇼핑에 상품을 등록하면 AI가 인터넷 검색 패턴과 최신 유행 등을 고려해 직접 노출이 많이 될 수 있

는 검색어를 찾아주는 것이다.

네이버는 AI 광고 관련 투자도 늘리고 있다. 네이버의 기술 스타트업 엑셀러레이터는 AI 기반의 광고 최적화 솔루션을 개발한 '아드리엘(Adriel)'에 투자를 진행하고, 네이버의 일본 자회사 라인 주식회사는 미레이 크리에이션 펀드와 함께 글로벌 인공지능 서비스기업 '애니마인드 그룹'에 약 1,340만 달러(약 150억 원) 이상을 투자하고 있다. 광고 분야에서 향후 AI의 활용 가능성을 크게 평가하고 그 기술의 진보에 더욱 박차를 가하고 있다고 볼 수 있겠다.

3) 포털 광고의 중심점은? 노출형 광고(DA)

현재 광고시장에서 디지털 매체가 전통 매체의 영역을 지속해서 빼앗아 온 것은 명백한 사실이다. 그러나 이것이 곧 타게팅 광고의 중요성만을 의미하는 것은 아니다. 다음카카오와 네이버의 영향력은 노출형 광고, DA를 중심으로 향후 더욱 확대될 것으로 전망된다. 앞서 타게팅 광고에 대한 투자 및 발전이 이루어지고 있음을 언급했지만 실제로 제일 비중이 큰 것은 검색광고와 노출형 광고다.

인식이 바뀌고는 있으나 광고주들은 불특정 다수를 향한 광고의 필요성 또한 느끼고 있다. 전통 매체가 더는 그 역할을 충분히 못 하는 상황에서, 그 자리를 메꾸어 줄 수 있는 것은 온라인광고이기 때문이다. 최근 경기가 침체함에 따라 광고주 측에서는 광고 매체들의 잠재적 투자 수익률(ROI, Return on Investment)을 비교 분석하고자 하는 요구가 매우 강하게 일어나고 있다. 광고 효과가 검증되지 않은 매체에 대해서는 광고 예산이 분배되기가 점점 어려워지고 있다. 이는 기존 전통 매체들에도 예외는 아니다. 신문, 옥외 등 이전까지는 광고 효과에 대한 리포트를 크게 요구받지 않아 효과 리포트를 그다지 많이 하지 않던 매체들도, 최근 광고 효과 측정의 중요성을 인식하고 해당 매체들의 광고 효과를 검증하기 위한 다각적인 노력을 시도하고 있다.

그런 측면에서 보자면 인터넷은 오프라인 광고와 달리 디지털 기반으로 과학적인 측정이 가능하기에 광고 효과를 정확히 검증해 낼 수 있는 잠재력이 있다고 볼 수 있다. 노출형 광고는 일상에 밀착된 포털에 특히 유리한 구조다. 이용자 트래픽에게 다양한 방법으로 광고를 노출할 수 있고, 빅 데이터를 활용하여 니즈가 있는 고객을 타게팅할 수 있으며, 구매/동의/관리까지 원활히 연결되는 환경을 제공하여 광고의 효용을 높이는 것도 가능하기 때문이다.

DA의 클릭률은 1%를 넘기 쉽지 않은데, 그래서 클릭 기반 성과 측면에서는 광고가 어떤 기여를 했는지 파악하기 어렵다. 하지만 DA를 클릭하지 않고 보기만 한 이용자들도 노출 효과로 인해 해당 브랜드를 인식하게 된다. 결국, 소비자들에게 무의식적 인식을 심어주어 클릭률 또는 검색광고로 이어지게 하는 데에는 노출형 광고의 효과를 무시할 수 없다.

> • 노출형 광고(DA)의 효과
>
> 네이버의 애드시너지 분석에 따르면 특정 기간에 모바일/PC 첫 화면에 방문한 전체 사용자 중에서 특정 브랜드 DA를 본 노출 집단이 비노출 집단보다
>
> 1) 관련 키워드를 더 많이 검색하고,
>
> 2) 파워 링크 및 네이버 쇼핑 내 해당 브랜드의 제품을 더 많이 클릭했으며,
>
> 3) N페이로 제품을 더 많이 구매했다고 한다.
>
> 이 결과는 모든 업종과 모든 브랜드에서 확인되었다.

양사는 DA 집행을 위한 최적의 매체임과 더불어 DA가 브랜딩뿐만 아니라 구매전환까지 이어질 수 있는 구조를 구축하여 DA의 효과를 극대화하고 있다. 네이버는 이용자 트래픽을 기반으로 메인 DA-브랜드 키워드 검색-검색광고-네이버 쇼핑-네이버페이 구매로 이어지는 구매 여정 간의 시너지를 통해, 일반 DA, 쇼핑 DA, 동영상 광고 등 Cost Per Mille/Cost Per View로 단가가 책정되는 광고 부문에서 성장이 이어질 것으로 보인다. 그리고 카카오는 DA를 중심으로 한 신규 광고 비즈니스 모델인 톡 비즈 보드를 통해 이용자 트래픽 기반의 역량을 극대화하며 유의미한 성과를 거둘 수 있을 것으로 예상된다.

4) 노출형 광고(DA)의 전망

모바일 광고시장은 2015년(1,897억 원) 대비 6배가량 커졌다. 플랫폼으로는 PC보다 모바일이 대세다. 2017년 모바일이 PC 광고를 추월한 후

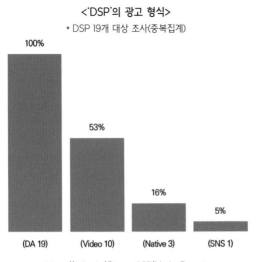

<'DSP'의 광고 형식>

* DSP 19개 대상 조사(중복집계)

100%

53%

16%

5%

(DA 19)   (Video 10)   (Native 3)   (SNS 1)

https://velog.io/@smooth97/MarketReport

모바일 비중은 계속 확대되고 있다. 2019년 모바일 광고는 전체 온라인광고의 67%를 차지했으며 올해는 70%로 예상된다. 동영상 광고시장의 성장도 주목할 만하다. 지난해 온라인광고시장은 검색광고(SA)의 비중이 47%, 노출형광고(DA)가 34%, 동영상 광고가 19%를 차지했다. 아직 검색·노출 광고의 비중이 높지만, 동영상 광고의 성장세가 두드러졌다.

모바일 사용량 증가와 동영상 이용자가 증가함에 따라 DA 형태 역시 다양하게 변모하고 있다. 전통 시장의 빈자리를 온라인광고가 조금씩 차지하며 노출형 광고시장 또한 성장하였고, 일정 수준은 꾸준히 유지될 것으로 보인다. 또한, 다른 유형의 광고에 비해 그 비중 또한 큰 편이다.

5G와 인공지능 기술이 광고시장에 적용되며 실감형 콘텐츠 등 폭넓은 온라인광고 경험이 확대된 데이터3법 통과로 비식별 개인정보를 이용한 광고시장도 커질 것이다. 코로나 19 확산으로 온라인 서비스를 쓰는 이용자들이 더 늘어나고 있다. 온라인광고시장의 영역이 확산함에 따라 온라인상 DA의 영역도 약간의 상승이 있을 것으로 보인다.

더욱 정교하게, 도전적으로, 미래를 향해

전반적인 온라인광고 성장 속에서도 최근 들어 눈길이 가는 것이 동영상 광고다. 우리나라 국민의 81.2%가 동영상 서비스를 이용하며, 73.7%는 매일 동영상 서비스를 이용한다고 한다.[*] 아직 검색·노출 광고의 비중이 높은 것이 사실이지만 2019년에는 유달리 동영상 광고의 성상세가 두드러졌다. 동영상 광고시장은 처음으로 1조 원을 돌파했고, 유튜브·아프리카TV 등지에서 동영상 광고만 1조 2,290억 원이 집행되었다고 한다.

동영상 사용량이 늘자 온라인 OTT 서비스의 경쟁도 점차 과열되는 모습을 보인다. 그중에서도 두 플랫폼이 주목받고 있는데 바로 명실상부 국내 동영상 플랫폼 사용량 1위 타이틀을 지키고 있는 유튜브(Youtube)와 '구독자 수의 꾸준한 증가' '동영상 플랫폼 만족도 1위'라는

---

[*] 2020년 2월 26일, 과학기술정보통신부, '2019 인터넷 이용실태조사 결과'

타이틀을 가진 넷플릭스(Netflix)다. 유튜브와 넷플릭스가 이토록 각광받는 이유는 무엇일까?

"오늘도 알 수 없는
유튜브 알고리즘이 나를 여기로 이끌었다."

온라인에서 떠도는 표현 중에 이러한 문구를 본 경험이 있을 것이다. 처음에는 몇 가지 검색을 통해 영상을 찾아보지만, 시간이 지날수록 유튜브가 제안해주는 각종 영상을 보고 있는 나를 발견하게 된다. 검색 등을 바탕으로 내가 좋아하고 즐길만한 취향의 영상을 제안해주는 것이다. 이러한 알고리즘은 넷플릭스에서도 발견할 수 있다. 드라마가 보고 싶은데, 딱히 떠오르는 것도 없다면 새로 나온 것 중에서 내 취향에 맞는 것이 어떤 것인지 찾는 것은 상당히 귀찮은 일이다. 이럴 때 '회원님이 좋아할 만한 영상' 파트를 열어보고 그 안에서 고르면, 대부분은 취향이 맞는 것을 고를 수 있게 된다.

결론적으로 정리하면, 두 플랫폼은 기본적으로 볼 만한 콘텐츠가 많고, 개인에 맞는 콘텐츠를 추천하는 알고리즘 기능까지 갖추고 있다는 점이 소비자들에게 사랑받을 수 있는 이유다.

1) 추천 알고리즘이란?

　동영상 광고의 동향과 온라인광고의 미래에 대해 알아보기 전에, 잠시 추천 알고리즘이 무엇인지 알아보겠다. 알고리즘은 시장의 동향을 파악하고 소비자를 붙들어놓을 수 있는 가장 효과적인 방법이기 때문에 알고리즘을 모르고서는 동영상 광고시장에 관해 설명할 수 없다.

　알고리즘은 어떠한 문제를 해결하기 위해 정한 절차 또는 규칙의 모음이다. 포탈 검색 결과를 사용자가 원하는 방향으로 제공하거나 저작권 침해 콘텐츠 혹은 유해한 콘텐츠를 골라내는 등 다양한 방면으로 알고리즘이 활용되고 있다.

　그중 우리의 일상에서 가장 익숙한 것은 추천 알고리즘이다. 추천 알고리즘은 방대한 데이터 중에서 일정한 규칙에 따라 사용자가 좋아할 만한 콘텐츠를 추천해 사용사의 만족도를 높여준다. 디불이 기업에는 사용자의 플랫폼 체류시간 및 콘텐츠 운영의 효율성을 높여 구독자 이탈을 막는 데 효과적인 전략이다. 물론 이러한 알고리즘 적용은 인공지능의 성장과 깊은 연관성이 있음은 말할 것도 없다.

콘텐츠 기반 필터링 (content-based filtering)	콘텐츠 정보를 기반으로 다른 콘텐츠를 추천 사용자의 행동 데이터 수량에 구애받지 않음 초기 사용자에게도 적용 가능
	콘텐츠의 정보를 모두 함축하기 어려움 정보의 중첩으로 불필요한 광고 남발 이용자의 성향을 세부적으로 파악하기가 어려움

입문부터 전문가까지
한 권으로 끝내는 디지털 마케팅의 모든 것

협업 필터링 (collaborative filtering)	다수의 정보에 따라 사용자들의 관심사 자동 예측 유사 행동패턴 프로파일링 공통 관심사 추천 가능
	기존 데이터가 없는 신규 사용자 적용 불가 사용자가 많아질수록 추천에 계산 지연 다수의 사용자 + 소수의 콘텐츠 = 전체 추천 현상 소외되는 콘텐츠가 생성

– 콘텐츠 기반 필터링(content-based filtering)

콘텐츠 기반 필터링은 콘텐츠 정보를 기반으로 다른 콘텐츠를 추천하는 방식이다. 영화 콘텐츠의 경우라면 영화의 줄거리, 등장 배우와 장르 등을 데이터화 하고, 상품이라면 상품의 상세정보를 분석하여 추천하는 방법이다. 콘텐츠 기반 필터링의 장점은 콘텐츠 자체를 분석하는 것이기 때문에 초기에 사용자의 행동 데이터가 적더라도 추천할 수 있다는 것이다.

하지만 콘텐츠 기반 필터링 역시 한계가 있다. 콘텐츠의 정보를 모두 함축하는 것에 어려움이 따른다는 점이다. 예를 들어, '먹방'에 관심이 있는 사람에게 '스테이크 먹기', '치킨 먹기', '파스타 먹기' 등의 영상을 보여주는 것은 적절하지만 '스테이크 요리하기', '치킨 튀기는 법', '파스타 삶는 법'의 영상을 제시하는 것은 적절하지 않다. 그러나 콘텐츠의 소스

하나만 알고 있는 경우 어쩔 수 없는 일이다. 이렇듯 알고리즘의 입장에서 이용자의 성향을 세부적으로 파악하기가 어렵다.

– 협업 필터링(collaborative filtering)

협업 필터링은 많은 사용자로부터 얻은 기호 정보에 따라 사용자들의 관심사를 자동으로 예측한다. 같은 행동을 한 사람들을 하나의 프로파일링 그룹으로 묶어서 그룹 내의 사람들이 공통으로 봤던 콘텐츠를 추천하는 방식이다. 예를 들어 쇼핑몰에서 상품을 구매하면 해당 상품을 구매한 사람들이 구매한 다른 상품들을 추천상품으로 보여주거나 SNS에서 나와 친구를 맺고 있는 사람들의 친구들을 자동으로 추천해 준다.

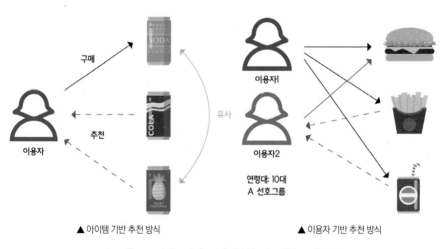

▲ 아이템 기반 추천 방식　　　　▲ 이용자 기반 추천 방식

http://www.edujin.co.kr/news/articleView.html?idxno=32671

하지만 기존 데이터가 없는 신규 사용자의 경우 추천이 힘들다는 점, 사용자가 많아질수록 추천에 계산시간이 오래 걸린다는 점, 다수의 사용자가 관심을 보이는 소수의 콘텐츠가 전체 추천 콘텐츠로 보이는 비

율이 높아져 소외되는 콘텐츠가 생긴다는 한계가 있다.

2) 알고리즘을 적용한 유튜브(Youtube)와 넷플릭스(Netflix)

추천 알고리즘의 적용은 동영상 광고시장의 빠른 성장을 이룩해냈다. 유튜브의 최고 상품 담당자(CPO) 닐 모한(Neal Mohan)은 2019년 3월 뉴욕타임스와의 인터뷰에서 '유튜브 이용자들의 시청 시간 70%가 추천 알고리즘에 의한 결과이며, 알고리즘의 도입으로 총 비디오 시청 시간이 20배 이상 증가했다.'고 밝혔다. 넷플릭스 또한 매출의 75%가 추천 시스템에 의해 발생한다고 자체 평가를 했다. 유튜브와 넷플릭스의 추천 알고리즘이 어떠한 방식으로 우리를 관찰하고 있는지 알아보자.

– 넷플릭스(Netflix)

넷플릭스는 매우 세밀한 분석을 통해 고객 개인별로 콘텐츠들을 추천한다. 사용자는 90초 이내에 10~20개의 동영상 콘텐츠를 훑어보고 그중 3개 정도를 자세히 보는데, 바로 거기서 동영상 초반 시청 시간을 분석해 콘텐츠 선택 이유를 알아내고 지속해서 개인별 추천 알고리즘을 변경해 나간다. 심지어 시청하던 시리즈를 안 보는 경우까지 예측하여 알고리즘에 포함하고, 취향대로만 추천하면 식상할 수 있으므로, 추천 순위가 낮은 것도 조금씩 섞어서 의외의 재미도 주는 식으로 맞춤 알고리즘을 구성한다. 넷플릭스 구독자라면, 신규 콘텐츠 등록 시기마다 'OO님의 취향에 맞는 영화 등록 알림'이라는 메일을 받은 경험이 있을 것이다.

넷플릭스는 협업 필터링과 콘텐츠 기반 필터링의 단점을 보완하고 통합한 앙상블 체계 (ensemble System)를 사용함과 동시에 한발 더 나아가는 등 추천 알고리즘에 힘을 쏟고 있다. 넷플릭스는 동일한 영상을 본 사람들이 비  슷한 패턴의 행동을 보인다면, 같은 프로파일링 그룹으로 묶는 협업 필터링을 사용한다.

예를 들면 같은 영화를 시청하는 두 사람이 영상을 일반 배속이 아닌 느린 배속 혹은 빠른 배속을 적용하는 행위를 보이거나, 드라마를 같은 회차까지 보고 종료하는 행위를 보인다면 이들은 같은 시청 형태를 보인 하나의 그룹으로 묶이게 된다. 이렇게 그룹을 나누는 여러 항목에는 콘텐츠 장르, 오프닝 건너뛰기의 여부, 재시청비율, 사용 기기, 데이터환경, 평가 여부, 중간정지 여부, 시청 요일과 시간, 재생 중 정지, 되돌리기, 빨리 가기 지점 등 넷플릭스는 아주 다양한 기준으로 세부적인 그룹을 만들어내는 것으로 알려져 있다. 협업 필터링에서 더 나아가, 콘텐츠 기반 필터링의 방식을 섞는다.

이 지점에서 넷플릭스는 AI의 능력뿐만 아니라 대규모의 인력을 활용하여 보유하는 콘텐츠를 태그화 하는 작업을 수행하고 있다. 영상의 분위기를 묘사하는 형용사, 지역적 요소, 시대적 배경, 스토리의 출처, 등장인물의 특징 등 다양한 태그가 존재한다. 즉 영상 자체를 단순히 '코미디 장르'가 아닌 '90년대 코미디', '90년대 블랙 코미디', '여성 주인공의 코미디', '여성 주인공의 블랙 코미디' 등 콘텐츠에 구체적인 속성을 부여하는 것이다.

- 유튜브(Youtube)

유튜브 설정을 '자동재생'으로 하고 멍하니 유튜브의 선택에 맡긴 영상을 보고 있자면, '오늘도 알 수 없는 유튜브 알고리즘이 나를 이 영상으로 끌고 왔다'는 댓글이 높은 공감 수를 받으며 상위에 기록되어 있는 것을 쉽게 찾을 수 있다. 유튜브는 어떻게 추천 알고리즘을 구성할까? 유튜브는 알고리즘을 외부에 공개하지는 않는다. 하지만 유튜브는 매일 추천하는 영상의 수만 약 2억 개 이상이며, 이는 사람의 인지 능력을 벗어난 범위로 컴퓨터 알고리즘이 해결해주고 있다고 밝힌 적은 있다. 유튜브는 특정 기간에 특정 이슈 영상을 집중적으로 추천하는 경향이 있으며 시청 시간이 추천 알고리즘의 중요한 요인이 된다. 예컨대 음원 스트리밍 영상은 조회수가 낮고 채널 구독자 수가 낮아도 끝까지 시청하는 경우가 많아 집중추천 된다.

여기에 하나 재미있는 사실이 있다. 유튜브에서는 동영상 광고를 게재하고 수익을 콘텐츠 제작자와 나누는 형태로 온라인 동영상 광고를 게재한다. 즉, 영상 제작자에게 실질적인 수익이 돌아가는 구조이기 때문에 제작자들부터 유튜브 추천 알고리즘이 영상의 길이, 태그, 설명 등 콘텐츠의 여러 특징을 반영한다는 점을 파악하고 알고리즘의 취향에 맞는 영상을 제작하기 위해 힘쓰고 있다는 점이다.

지금까지 알려진 유튜브 영상 노출도를 올리는 방법으로는 직접 제작한 썸네일(미리보기 이미지), 제목 겹치는 설명문, 채널의 초반에 1~3분 정도 안내 영상, 토픽과 관련 있는 10개 이내 인기 키워드 태그, 라이브

종료 후 하이라이트 제공 등이 있다. 이런 점을 기반으로 하여 제작자는 브랜드 관리·노출의 중요성·이용자의 시청 지속성·고정 이용자 확보 등을 중요하게 생각하며 영상을 만든다.

3) 알고리즘의 활용: 구글 & 페이스북

- 구글(Google) 검색 및 뉴스 알고리즘

추천 알고리즘은 검색 알고리즘에도 적용된다. 대표적인 사례로 구글을 빼놓을 수 없다. 구글 검색은 관련된 검색결과를 제공하기 위해서 알고리즘을 사용한다. 구글의 검색 알고리즘은 구글이 시장에서 1,930억 달러를 벌어들일 수 있었던 원천이자 검색 엔진 시장을 장악할 수 있었던 비장의 무기다.

입문부터 전문가까지
한 권으로 끝내는 디지털 마케팅의 모든 것

많은 기업이 구글 뉴스나 구글의 주요 검색결과에서 순위를 높일 수 있도록 고안된 저급 콘텐츠 페이지에서 광고를 보여주는 것에 관한 비즈니스 모델을 개발했다. 구글의 순위 알고리즘을 부당하게 이용하는 이런 콘텐츠 농장(Contents Farm)의 효과 때문에 구글은 자사의 검색결과 내에서 저급 사이트의 순위를 하향 조정하도록 검색 알고리즘을 조정하였다.

구글은 지속해서 자사의 뉴스 알고리즘을 업데이트하여 구글 뉴스(Google News)와 같은 인기 있는 서비스를 강화하는 데 사용해왔다. 그날의 최고 인기 뉴스가 궁금하다면 그저 구글에 들어가기만 하면 된다. 구글의 알고리즘이 그 시각에 구글 뉴스에서 어떤 기사가 가장 인기 있는지 분석한 결과를 띄워주기 때문이다. 구글은 복잡한 뉴스 알고리즘을 기반으로 시간별 인기 뉴스 목록을 제공한다. 구글 뉴스는 키워드, 독창성, 신선함, 품질, 출처의 전문성 등 다수의 특징을 기반으로 무엇이 중요한 뉴스를 구성하는지 평가한다.

– 페이스북의 소셜 알고리즘

페이스북의 소셜 알고리즘을 통해 사용자들은 고등학교 동창생들이나 과거의 직장 동료를 찾을 수 있다. 하지만 이 알고리즘은 친구를 찾거나 사용자의 페이스북 톱 뉴스 피드(Facebook Top News Feed)에 누구의 업데이트를 표시할지 결정하는 것 이상의 임무를 수행한다. 엣지랭크는 사용자 간의 친밀감, 메시지의 종류(Like, Comment, Tag 등), 포스트 작성시각 같은 요소들의 조합을 이용한다.

페이스북은 알고리즘을 안면인식 소프트웨어(Facial Recognition Software)와 연동하여 사용자가 올리는 모든 사진을 분석하도록 함으로써 알고리즘을 개선했다. 전체적으로 페이스북의 7억 5,000만 명의 사용자들은 약 200억 장의 사진을 올렸다. 사진을 페이스북에 올릴 때 페이스북은 안면인식 소프트웨어와 사용자의 직접 및 간접 소셜 인맥을 이용해 사진 속의 인물이 누구인지 알아내고 사용자에게 이 인물을 태그(Tag) 처리할지 물어보는 구조로 활용되었다.

4) 완벽한 온라인광고 알고리즘의 미래

온라인광고는 상업과 알고리즘 배치의 경계 선상에 서 있다. 이것의 목적은 적절한 시기에 적절한 사람에게 적절한 광고를 보여주는 것이다. 이런 목적을 달성하는 광고 알고리즘은 판매 성공과 판매 실패의 차이를 보여준다. 가능성을 높이기 위해 광고주들은 복잡한 데이터의 집합체를 파헤치고 분석하는 데 알고리즘을 이용한다.

수준 높은 온라인광고주들은 사용에 관한 인구통계학적인 오프라인 데이터를 웹 서핑 습관과 연계하여 온라인 타겟 광고(Target Advertisement)로 사용자를 유혹한다. 일부 전문가들은 사용자를 분

입문부터 전문가까지
한 권으로 끝내는 디지털 마케팅의 모든 것

석하고 사용자의 웹 서핑 습관을 기준으로 관련성이 높은 광고를 제공함으로써 웹 콘텐츠 소유자들이 사업을 이어가고 높은 수준의 콘텐츠를 제공할 수 있다고 주장한다. 한편 어떤 전문가들은 사기업들에 거대한 사용자 프로필 데이터베이스를 맡기는 것은 고양이에게 생선을 맡기는 격이라고 보기도 한다. 이 부분은 어디까지나 사용자의 몫이다.

그러나 지금의 결과는 완벽하지 않더라도 계속해서 알고리즘을 진행해서 얻을 수 있었던 성과다. 보통 알고리즘을 적용한 다음 대조군과 실험군을 나눠서 A/B 효과 테스트를 하고, 그 결과를 바탕으로 알고리즘을 업데이트하는 식인데, 이러한 발전으로 인해 동영상 광고의 성장을 여기까지 끌고 올 수 있었던 것으로 생각한다. 디지털 광고 또한 더 발전하고 미래시장에서 살아남으며 나아가 선도하기 위해서는 좋은 아이디어나 혁신적인 기술을 발견하는 것도 좋지만, 일상에서의 꾸준한 반복을 통해 알고리즘을 점진적으로 개선하는 것이 훨씬 현실적이고 효과적일 수 있다.

그러려면 축적된 데이터의 총량이 많아야 한다. 이른바 원시 데이터라고 하는 중요 데이터들을 계속해서 모으는 한편, 데이터 활용에 대한 상향식 인사이트 발굴을 기반으로 하여 과감하게 새로운 시도를 추진하는 하향식 시도가 합쳐져야 할 것이다.

이런 과정을 통해 오랫동안 가지고 있던 광고의 약점이나 인공지능을 사용했을 때 드러났던 단점, 만성적인 문제가 해결될 수 있을 것이다. 이제 사회는 점차 데이터 활용이 확산하고 활발해질 것이다. 이는 우리가 함부로 막거나 재단할 수 없는 명백한 미래다.

디지털 광고 내부 개요들에 국한되지 않더라도, 앞으로는 데이터 활용이 각 영역과 조직 간의 경계를 넘나들며 활발하게 진행될 것이다. 조직 간의 협업도 활발해질 것이며, 특정 개인/부서의 이익에만 부합하는 부분 최적화가 아니라 기업/분야 전체의 판을 키우고 이익을 가져오는 전체 최적화에 자연스럽게 집중될 것이다. 최종적으로 디지털 광고와 기존 광고, 플랫폼과 마케팅의 종류에 국한되지 않는 데이터 기반의 새로운 비즈니스 모델(광고의 형태겠지만)을 만들어 갈 것이라 필자는 전망한다.

머신러닝의 문제점, 그리고 발전 방안

온·오프를 막론하고 마케터를 항상 괴롭히는 것은

① 내가 만든 콘텐츠가 수많은 콘텐츠 중에서 눈에 띌 것인가?

② 내가 원하는 고객의 눈에 띌 것인가?

③ 내가 원하는 고객이 이 콘텐츠를 좋아할 것인가?

세 가지로 집약할 수 있을 것이다.

내가 만든 광고, 어디에 걸려있나?

전통 시장과 온라인 시장의 차이가 여기서 더욱 극명하게 드러나는데, 전통 시장은 내가 만든 광고가 어디에 걸리는지, 어떻게 이용되는지 우리는 명확하게 알 수 있었다. 그러나 최근 인공지능이 마케팅에 빠르게 융합하면서, 어떤 사이트에서 어떤 페이지에 광고되고 있는지 일일이 알아낼 수 없게 되었다. 이 점은 광고주 또는 마케터에게 상당히 두려움을 안겨준다. 내가 열심히 만든 콘텐츠가 나도 모르게 도박, 성인 사이트 혹은 고객과 전혀 무관한 콘텐츠 옆에 배치되어 있다면? 수많은 마케터들이 브랜드 가치를 높이려고 갖은 애를 쓰고 있는 판국에, 통제할 수 없는 디지털 공간에서 저급 기사나 자사 제품군과 전혀 관계없는 곳에서 내 브랜드가 반짝이고 있다고 생각해보면 악몽일 것이다.

또는 인공지능은 읽어낼 수 없는 '맥락'이라는 것이 있다

같은 내용이라도 어디서 어떻게 배치되느냐에 따라 브랜드 이미지가 달라질 수 있다. 예를 들어, 사회 저명인사의 죽음에 관한 기사가 온라인상에 올라와 있고 댓글에서는 모두 추모하는 분위기라는 가정을 해보자. 그런데 화환 회사의 공고가 떡하니 걸려있다. 인공지능은 '장례식-근조-화환'이라는 알고리즘을 통해 기사 옆에 파워 링크를 올렸겠지만, 이 회사에서 '화환 제작 50% 할인'이라는 문구를 사용했다고 해보자. 평범한 화환 할인 문구로 몹시 눈치 없는 브랜드라는 이미지를 심어주기 적절한 예가 된다.

물론 이러한 이유로 인공지능 콘텐츠 소비자 분석에 관한 연구도 꾸준히 이루어지고 있다. 잠재 계층 분석(Latent class analysis)을 이용, 디지털 매체의 인공지능 기반 콘텐츠에 반응하고 대응하며 인게이지 하는 수용자를 세분화하고 이들의 미래 콘텐츠 소비 행위를 예측하는 일이다. 또 디지털 디스플레이광고의 대부분이 프로그래메틱 광고(Programmatic Ads)로 넘어가면서 대두한 브랜드 세이프티(Brand Safety) 문제에 관해 소비자 태도 및 행동, 그리고 브랜드 평판 관리에 인사이트를 줄 수 있는 연구도 이루어지고 있다.

결론적으로 전하고자 하는 것은, 기계는 인간이 아니다

아무리 인공지능이 발달하여 인간의 영역을 침범하고 있다고는 해도 상황이나 맥락을 이해하는 것에는 무리가 있다. 이것은 기술적 영역의 문제가 될 수도 있고, 사용하는 인간의 문제일 수도 있다. 또는 이와 상관없이 사회에 심각한 물의를 일으키는 사회적 문제를 일으키는 예도 있을 수 있다. 마케터로서 머신러닝을 다루고 운용하는 과정에서 접할 수 있는 다양한 문제점과 발전 방안에 대해 이번 장에서 살펴보겠다.

1) 머신러닝의 운영, 개발과 불가분의 관계에 대하여

　머신러닝을 운영하다 보면 기술적으로 몇 가지 문제점들과 마주치게 된다. 일반적으로 IT 시스템에서 대부분은 서로 독립된 공간들을 가지고 있다. 보통은 개발 서버를 거쳐 운영 서버로 이어지는 구조다. 이 구조보다 더 단순화할 수는 없다. 왜냐면 운영 서버를 마음대로 수정하고 테스트를 거치다가는 실제 업무에서 우리가 파악할 수 없을 정도로 파급력이 높은 문제가 생길 수도 있기 때문이다. 그런데 머신러닝은 개발과 운영 면에서 구조를 분리하는 것이 불가능하다. 왜냐하면, 데이터의 일부만 가지고 사용하는 것보다 그냥 원본 데이터를 통째로 넣고 돌려야 더 효과적이기 때문이다.

　머신러닝의 서버는 그 자체가 운영 서버이자 개발 서버다. 고객이 수천 명 수준의 쇼핑몰에서 사용한다면 운영 서버와 개발 서버를 분리해서 돌릴 수 있을지도 모른다. 그런데 수백만 명, 수천만 명의 데이터베이스가 있는 상태라면 이것은 거의 불가능에 가깝다고 봐야 한다. 데이터

입문부터 전문가까지
한 권으로 끝내는 디지털 마케팅의 모든 것

가 많이 들어 있으면 많이 있을수록 머신러닝의 강점은 극대화되지만, 서버 분리는 거의 불가능해진다.

 이 부분이 왜 문제가 되는가? 사회는 바뀌고 데이터 또한 달라지며 시대의 흐름 또한 변화한다. 결국, 서버의 알고리즘을 수정할 일이 분명히 생기게 된다. 예측 성능을 업그레이드하려고 하거나, 다른 데이터 세트를 추가하거나, 새로 나온 다른 알고리즘을 적용해 보거나 해야 하는데 똑같은 기술 안에 데이터만 산처럼 쌓아 두고 운영할 수는 없다. 이러한 문제점은 머신러닝의 '전체 데이터를 가지고 수많은 계산을 한 번에 돌리는' 특징에서부터 시작된다. 이는 장점이기도 하지만 때로는 단점이기도 하기 때문이다. 대단히 혁신적인 발상인 만큼 기존 체계가 소화하기 힘든 방식이기도 하다. 그 때문에 지금처럼 머신러닝 도입 수준이 아니라 더욱 범용화되고 활성화되기 시작하면 다양한 혼란과 충돌이 예상된다. 물론 운영 서버에 하나의 데이터 세트를 놓고, 머신러닝용 데이터 세트 하나만 더 구성하여 해당 세트로 머신러닝을 위한 운영과 개발, 테스트 등을 소화할 수 있다면 해결이 되겠으나, 이 방법이 완벽하다고 맹신할 수 있는 것도 아니다.

 빅 데이터란 인사이트와 의사결정, 자동화 과정을 강화할 수 있는 정보처리 과정의 혁신적인 형태이다. 그만큼 높은 비용 효율을 요구하고 방대하며, 빠르고 다양한 형태의 정보 자산(assets)이다. 머신러닝은 지금 이 순간마저 새로운 데이터에 노출됨에 따라 독립적으로 최적화를 수행하고 있으며, 이전 연산 결과를 학습하여 믿을 수 있는 의사결정 및 결과를 반복적으로 산출하기에 전보다 훨씬 더 혁신적인 변화를 일으키게 될 것이다.

물론 현재의 머신러닝은 동시에 기존의 IT 체계와 충돌이 일어날 수밖에 없는 구조로 되어 있다. 기술적 개선에 대한 부분은 마케터의 영역은 아니나, 이 점에 대해 인지하고 있으면서 1. 다른 기술적 영역과 함께 시너지를 내고, 2. 기존 체계와 충돌한다고 해도 포기없이 도태되지 않는 기술 발전에 대해 끊임없이 주목하는 관점이 필요하다.

머신러닝의 운영은 상시 운영 시스템에 실제 적용, 관리해본 경험이 부족하다면 쉬운 일이 아니다. 현장에서 만나게 될 다양한 문제들은 사실 기술적 측면에 대한 이해 없이 해결하기 어려운 것이 많다. 각종 문제를 처리할 수 있는 알고리즘을 만드는 것이 전문가의 역량이다.

2) 빅브라더 시대의 도래, 마케터의 역할은?

2012년 2월 당시 빅 데이터라는 개념이 부흥한 지 얼마 되지 않은 시기의 일이다. 〈뉴욕타임스〉에는 타게팅 분석을 하다 저지른 엄청난 실수에 관한 기사가 나왔다. 기사 내용은 다음과 같다.

 모 마케팅 회사에서는 타겟은 '임신 중인 여성과 유사한 행동패턴을 보이는 여성'으로 잡고, 이들에게 아기용품을 소개하는 내용을 다이렉트 메일로 보냈다. 그리고 어느 날 잔뜩 화가 난 듯한 남성이 전화를 걸어 왔다. 그는 16세의 딸이 있었고, 딸 앞으로 누가 보아도 임산부가 받는 것이 명확한 전단지가 발송된 것에 대해 분노를 표했다. 그리고 마케팅 회사에 왜 이런 일이 벌어진 것인지 경위를 듣고자 했다. 본사에서는 타게팅 분석 프로젝트 사실을 이야기했고, 이 남성은 사실 확인 결과 본인의 딸이 임신했다는 사실을 알게 되었다.

빅 데이터가 등장했을 때 가장 큰 우려는 이것이었다

빅 브라더의 등장. 다시 말해 사생활 침해다. 고객의 데이터를 모두 모아 분석해보면, 이 사람이 지갑을 잃어버렸는지, 어떤 타입의 배우자를 찾고 있는지, 금요일 저녁에 아내 심부름으로 기저귀 박스를 사러 오는 가정적인 남편인지 등 무엇이든 알게 된다. 이제 우리는 하루가 다르게 발가벗겨지는 네이키드 소사이어티(Naked Society)에 살게 된 것이다. 정보 기술의 발달로 이제 우리는 어마어마한 새로운 빅브라더와 함께 사는 시대가 된 것이다. 인터넷의 편리함에 빠져 있는 동안 빅 데이터는 두려운 위력으로 인간 세상에 등장했다.

주민등록번호 제도가 있는 한국에서는 더욱 심각한 문제가 발생할 수 있다

다른 나라에서라면 정부의 국민 의료 데이터가 해킹되더라도 그걸로 끝이지만, 우리나라는 의료 데이터에 담긴 주민등록번호로 카드 사용 내역, 은행 데이터까지 다 노출될 수 있다. 이러한 사실은 많은 소비자가 빅 데이터가 지배할 미래에 대해 두려움을 느끼게 한다. 청소년 임신의 윤리적 차원 문제를 떠나서, 이 사실을 부모에게 알리지 못하던 16세 아이가 전단을 받았을 때는 어떤 기분이 들었을까? 심지어 아이의 임신 사실을 마케팅 회사에서 들어야 하는 아버지의 심정은?

기술의 윤리적 발전에 관한 이야기가 아니다.
마케터로서 취해야 할 가장 좋은 태도의 문제다.

여기서 다루고자 하는 것은 머신러닝에 대한 법률적 제재나 윤리적 가치관에 관해 이야기하고 싶은 것이 아니다. 서두에서 이야기했지만, 인공지능은 기계일 뿐이고 이를 다루는 것은 사람이다. 게다가 현재 21세기 정보화시대에서는 빅 데이터가 꼭 필요하며 이 현상은 의도적으로 제재한다고 막히는 것도 아니다. 결국, 빅 데이터의 사용이 당연한 사회에서 빅 데이터에 대한 두려움을 느끼는 소비자를 어떻게 대하는 것이 마케터로서 영리한 행동이 되느냐의 문제다.

이에 대한 해결책은 앞 사례를 더 찾아보면 알 수 있는데, 이 사례에서 불쾌감을 느낀 것은 16세 아이의 아버지뿐만이 아니다. 임산부 맞춤형 카탈로그를 받은 대부분의 임산부들 또한 불쾌하기는 매한가지였다. 내가 이러한 카탈로그를 받았다고 생각해보라. 무슨 생각이 먼저 들 것인가?

입문부터 전문가까지
한 권으로 끝내는 디지털 마케팅의 모든 것

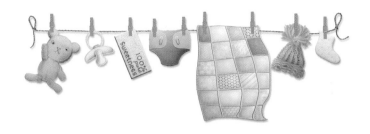

"내가 임신했다는 걸 이 사람들은 어떻게 알았을까?"

"혹시 이것 말고도 내 개인정보를 더 캐내고 있는 것은 아닐까?"

"우편함에 이 카탈로그가 있는 집은
임산부가 있는 집이라고 광고하는 꼴이잖아?"

"우리 동네에 아기가 있는 집은 우편함만 봐도 알 수 있겠군."

내가 감시당하고 있다는 사실과 함께 원치 않게 내 사생활을 주변에 알리게 된다는 데에 불쾌감을 넘어서 두려운 생각마저 들지 모른다. 이 사실을 알게 된 마케팅 회사는 다른 방법을 취했다. 아기용품 광고가 무작위로 들어간 것처럼 보이게 하려고 잔디 깎는 기계 등 상관없는 제품을 함께 광고란에 넣기 시작한 것이다. 그 결과, 임산부는 흔히 무작위로 뿌려지는 광고 카탈로그라고 생각하고 편안한 마음으로 아기용품을 주문하게 되었다.

즉, 마케터는 개인정보를 보호하는 동시에 가공해 개인을 알아볼 수 없는 형태로 만들어 이용자에게 도움이 되는 방향으로 활용할 방안을 마련해야 한다. 기계가 저지르는 실수는 결국 인간이 저지르는 실수다. 인공지능의 판단 상의 실수는 운영자의 능력 부족이라는 설명밖에 되지 않는다. 우리는 기계의 특성을 누구보다 잘 알고 활용해야 할 의무가 있다.

3) 소비자= AI 기술의 옵티마이저(Optimizer)

마케터는 항상 소비자에 대한 이해를 바탕으로 해야 한다. 인공지능이 광고 크리에이티브를 만들고, 카피라이터가 되고 있다. AI가 개인화된 맞춤 콘텐츠를 제공한다. 그러나 너무나 기술 중심적이어서 이러한 변화를 소비자가 인지, 실감하지 못하는 경우가 많다. 그러나 이미 소비자는 누구보다도 AI 기술을 편안하게 느끼고 그에 최적화되어 있는 사람이다. 인공지능 기술과 한 발 맞닿아 있는 미케터나 데이터 사이언티스트보다도 더욱 말이다.

이제 모든 사람을 위한 모든 사람이 들을 수 있는 메시지의 시대는 가고, 특정한 개인을 목표로 하는 맞춤형 메시지가 마치 과거의 DM처럼 사람들에게 배달될 것이다. 우편함으로 배달되던 DM과는 달리 인공지능 시대의 마케팅 콘텐츠는 우리의 일거수일투족을 따라다닌다.

필자 역시 해외 출장을 나갈 때 더욱 이 변화를 여실히 느낀다. 대만 행 비행기 표를 예매했던 어느 날, 돌아다니는 사이트마다 '대만 본토 라멘 맛집 베스트 10', '대만 관광지 볼거리 명소', '대만 자유여행 가이드 추천' 등의 광고가 올라오곤 했다. 과거 데이터베이스 마케팅 시절에는 센서스 데이터에 수많은 정보회사로부터 구매한 개별 데이터를 결합해 서 DM을 보냈는데, 이제는 인공지능 시대의 맞춤형 메시지가 인터넷 사 용자의 검색과 서핑, 그리고 소셜 데이터, 전자상거래 데이터를 모두 결 합해 자동으로 떠오른다. 20세기에는 상상할 수 없을 정도로 정교화되 고 효과적인 메시지 발송이 시작된 것이다.

이는 바꾸어 말하면, 그만큼 네이티브 광고의 노출과 실제 클릭, 그 리고 이를 통한 전환율(conversion rate)을 더 높일 수 있다는 의미이기 도 하다. 마케팅이나 광고, 홍보에 AI의 영향력이 계속 높아져 가는 것 은 이제 피할 수 없는 현실이다. 콘텐츠 마켓에서 수용자는 세 그룹으로 분류할 수 있다.

- Optimizer(옵티마이저): 최적화를 꾀하는 사람
- Main Streamer(메인스트리머): 주류 편승자
- Skeptic(스켑틱): 회의론자

옵티마이저 그룹에 속하는 수용자들의 행위를 보면 스마트폰이나 스 마트 스피커의 뉴스 피드나 유튜브의 콘텐츠를 자신의 기호에 맞게 최적 화하는 것은 기본이고 심지어 아이덴티티를 바꿔가면서 마치 텔레비전

채널 바꾸듯이 각기 다른 주제의 콘텐츠를 상황이나 분위기에 맞게 보는 등 매우 진화된 소비 행위를 보인다. 다시 말해 우리 중 누군가는 인공지능 기술을 자신에게 가장 최적화하는 방식으로 콘텐츠를 소비하는 옵티마이저로 살아가고 있다는 것이다.

마케터들도 마찬가지이다. 구글이나 유튜브, 페이스북 등 주요 디지털 플랫폼은 물론이고 뉴욕타임스, AP 등 주요 언론, 통신사들도 이미 AI의 기술 지원을 받는 콘텐츠 배치나 검색 지원을 하는 실정이다. 앞에서 말한 AI 시장의 수용자 분류는 마케터에게도 똑같이 해당하는 이야기이다.

현시대에 필요한 것은 옵티마이저가 되는 것이다. 아이러니하게도 AI는 굉장히 노동집약적 산업이며 기술 독점으로 인해 시장의 지배자와 후발주자 간의 격차가 계속 벌어지게 마련이다. 이런 때는 역시 가능성, 접근성, 그리고 관련성이라는 세 가지 점을 염두에 두고 기술적으로 가장 진화된 플랫폼을 상대로 연습과 도전을 계속해보는 노력이 필요하다.

4) 측정 가능한 것을 '최적화'하라

마지막으로 머신러닝의 문제점을 한 가지 더 짚고 가고자 한다. 누차 말하지만 머신러닝이 적용되었다고 해서 기계가 인간이 되는 것은 아니다. AI는 어디까지나 인간을 위해 만든 도구이고 이 도구는 쓰는 사람이 잘 써야 유용하고 가치 있는 것이 된다. '칼'이라는 도구는 누구에게나 주

입문부터 전문가까지
한 권으로 끝내는 디지털 마케팅의 모든 것

어지지만 요리에 잘 사용하는 사람은 요리사가 되고 인간에게 쓰는 사람은 살인자가 된다. 결국, 인공지능에 필요한 것은 '인간적인 시선'이다.

예를 들어, 전단지를 돌리는 아르바이트를 생각해보자. 항상 전단지 아르바이트를 기용하는 일은 고용주들의 골머리를 앓게 하는 경향이 있다. 길에 뿌린 전단지 개수에 비례해서 급여를 쳐 주겠다고 한다면? 아르바이트생은 전단지를 최대한 많이 뿌리려고 할 것이다. 그러나 나쁜 마음을 먹은 사람이라면, 일하기보다는 잔뜩 받아와 어딘가에 버려버릴지도 모르는 일이다. 그렇다고 해서 시급으로 쳐준다면 어떨까? 어차피 시간 나가는 것은 매한가지인데, 그 시간에 전단지를 돌리려고 할까? 절대 아니다. 전단지를 사람들이 가져가든 말든, 그냥 시간만 때우고 있을 확률이 높다.

이것은 개인의 불성실 문제와는 다른 접근이다. 전단지 매수나 시간 등을 기준으로 최적화를 하려고 한 것이 잘못이라는 뜻이다. 이것은 기계도 똑같다. 예를 들어 전환율 증가를 목표로 삼으면 AI는 더는 브랜딩에 도움되는 광고는 게재하지 않을 것이다. 기계에 매출 최적화를 요구하면 기계는 100만 원짜리 물건도 100원에 팔아놓고 어쨌든 매출은 오르니 된 것 아니냐며 성공적인 전략이라 여길 것이다.

일례로, 페이스북에서는 한동안 알고리즘을 활용하여, '올해는 당신의 최고의 한 해였습니다'라는 주제의 몽타주 영상을 만들어 모든 가입자에게 발송했다. 그러나 이 중에 올해 남자친구와 헤어진 여자가 있었다면? 또는 가족 중에 올해 세상을 떠난 이가 있어 그 슬픔을 아직 추스르지 못한 이가 있었다면? 즐거움과 소셜의 감동을 던져주려는 페이스북의 메시지가 엉망이 되어버릴 수 있다. 물론 페이스북에서는 무신경하게 느껴질 수 있는 실수를 줄이기 위해 심혈을 기울인 알고리즘을 만들었다고 한다.

마케터에게 전하고 싶은 말은 이것이다. 인공지능에 측정 가능한 결과를 명시한 명확한 목표를 제시하라. 그래야 기계는 당신의 뜻대로 움직인다. 목표와 과정을 정교하게 설계하는 것, 이것이 마케터인 당신이 해야 할 일이다.

입문부터 전문가까지
한 권으로 끝내는 디지털 마케팅의 모든 것

미래시장에서의 데이터 활용

2020년 1월, 한국에서는 데이터3법 개정안이 통과되었다. 블록체인, 인공지능(AI), 자율주행차, 핀테크 등 4차 산업혁명의 데이터 기반 신사업 육성에도 청신호가 켜졌다. 특히 유럽의 데이터 시장에 진출할 수 있는 요건도 충족해 국내 데이터 산업의 해외 진출도 활성화될 전망이다.

이는 IT 업계에서는 빅 이슈 중의 이슈라고 할 수 있다. AI(인공지능) 기술의 서비스 적용을 위해 데이터 활용이 필요한 법안이기 때문이다. 데이터3법은 개인정보보호법·신용정보법·정보통신망법 개정안을 뜻한다.

https://www.sedaily.com/
NewsVIew/1Z1M154MCP

가명 정보란 정부나 기업이 가지고 있는 개인정보에서 특정인을 식별할 수 있는 정보의 상당 부분을 가린 정보다. 예컨대 '최××, 1980년 2월생, 남성, 서울 강남구'와 같은 식이다. 무엇보다 최초 수집

목적과의 관련성 등을 고려해 일부 상황에서 개인정보를 주체의 동의 없이 추가로 사용할 수 있다는 것이 가장 파격적이다.

특정 사이트 등에 가입하거나 어떤 정보를 이용하려고 할 때(선택)라는 내용으로 몇 가지 조항이 붙는 것을 본 적이 있을 것이다. 우리나라는 개인정보 처리에 있어 그간 정보 주체가 일일이 동의해야 정보를 제공할 수 있었다. 이러한 방식을 '옵트인(Opt-in)'이라고 하는데, 이 부분이 IT 업계에서는 발달한 인공지능 적용에 여러 불편함을 야기했다. 이 때문에 그간 구글 등 해외 IT 기업들과의 형평성 문제가 제기되어 왔었다. 미국과 유럽, 일본 등에서는 '옵트아웃(Opt-out)' 방식을 기본으로 데이터 활용에 대한 포괄적 동의를 전제한다.

데이터3법은 데이터 이용을 활성화하기 위해 '가명 정보' 개념을 처음으로 도입했다. 추가적인 정보 없이는 개인을 특정할 수 없게 가명(假名) 처리된 정보를 뜻한다. 개인정보나 신용정보를 가명정보화 해 개개인 정보 주체에게 피해가 발생할 수 있는 상황에 대한 강력한 안전장치를 건다는 개념이다. 일본 역시 가명화된 정보의 경우 분석·사용을 폭넓게 허가하는 방식으로 데이터 활용을 풀어주고 있다.

1) 데이터3법, 미래시장의 확장? 글쎄요….

그런데 AI(인공지능) 기술의 서비스 적용을 간절히 기다려왔던 IT 기업들이 오히려 떨떠름하다. 정작 IT업계에서는 법안이 너무 모호하고 실

입문부터 전문가까지
한 권으로 끝내는 디지털 마케팅의 모든 것

효성이 없다고 생각하는 것이다. 법안 통과에 '만세'를 외쳤으면서, 왜 데이터3법이 막상 현장에서 활용되기 어렵다고 주장하는 것일까?

이 우려는 시행령에서 출발한다. 시행령의 모호한 표현으로 가명 정보를 통한 데이터 이용을 활성화한다는 법 취지가 무색해진다는 것이다. 업계에서 지적하는 부분은 크게 두 가지다.

조항	내용	업계 의견
개인정보의 추가적인 이용·제공 기준 (제14조의2)	개인정보 당초 수집 목적과 상당한 관련성 수집 정황·처리 관행에 비춘 예측 가능성 등 요건을 갖추면 동의 없는 개인정보 이용·제공 가능	"요건 불명확으로 기준 판단 불가능… 증명책임 사업자에게 넘겨"
가명 정보 결합 절차 (제29조의2, 제29조의3)	개인정보처리자가 전문기관에 신청해 가명 정보 결합, 결합된 가명 정보 처리자가 전문기관 내 공간에서 분석	"결합된 가명 정보 반출해 분석 가능한 신용정보법과 모순"

https://www.sedaily.com/NewsVIew/1Z1M154MCP

① 모호한 표현의 수정 필요

개인정보보호법 시행령 제14조의2는 동의 없는 개인정보 이용을 위해 당초 개인정보를 수집했던 목적과의 '상당한 관련성', '처리 관행에 비춘 예측 가능성' 등을 충족할 것이라고 명시되어 있다.

여기서 상당하다는 표현이나 관행 등은 개인마다 기준이 달라서 판단에 명확한 기준이 없어 IT업계에서는 사용에 주저하게 된다. 결국, 이같은 표현이 너무 모호해 사실상 사업자들의 적법한 판단이 불가능하다는 것이다.

예를 들어 유럽 GDPR(General Data Protection Regulations·개인정보보호법)와 같은 경우에는 상당히 구체적인 언어로 서술되어 있어, 이를 참고해야 한다는 것이 현업 종사자들의 생각이다.

② 가명정보 직접 활용 필요

IT 서비스 사업자가 가명 정보를 직접 분석해 활용할 수 있도록 해야 한다. 가명 정보의 결합·분석 권한은 개인정보보호법과 신용정보법 양쪽에서 규정된다. 신용정보법상 가명 정보는 제3의 전문기관을 통해 결합한 뒤, 다시 반출해 서비스 사업자가 직접 분석해 서비스에 활용할 수 있다.

하지만 개인정보보호법은 결합한 정보를 '전문 결합기관 내 마련된 안전한 분석 공간'에서 분석하도록 정한다. 전문 결합기관은 준 정부 영역의 성격을 띨 확률이 높은 만큼, 사기업의 데이터 분석 방식이나 도구를 뜻한다.

이는 사실상 정부에 귀속되어있는 것이나 다름없기에 '데이터 사용을 활성화한다는 취지'를 살리지 못할 수 있다는 의견이다. 사용자들에게 더 고도화된 서비스를 제공하기 위해서는 결합한 정보를 사업자가 자체적인 툴로 분석하여 동일한 가명 정보에 대해 서로 다른 두 법의 층위를 맞춰야 한다는 의견이 있다.

이러한 이유로 법령이 시행되어도 IT업계는 가명 정보 활용이 어려운 것이 아니냐는 내용이다. 만약 잘못 개인정보를 활용했다가 매출 3% 이하의 과징금, 5년 이하의 형사처벌에 처해질 수 있어 조심해야 한다. 일본, 유럽연합(EU) 등에서도 가명화라는 안전장치를 거친 가명 정보의 활용·분석을 정부(전문기관)에서 하지 않는다. 이런 면에서 아직 데이터 3법이 있다고 해서 데이터 활용도가 급격하게 올라가는 경우는 없을 것이라고 보인다. 물론 이 점은 디지털 마케팅 분야에서도 안타까운 소식이라고 할 수 있다.

2) 해외시장 VS 국내 시장 경쟁

**"한국 식당을 예약하려는 외국인 관광객들한테
정보 제공 동의를 일일이 받는다면?"**

더 다양한 데이터들이 활용되면서 새로운 시장을 창출하는 것은 좋으나, 기업이 가장 필요로 하는 데이터는 개인정보다. 비록 데이터3법 개정안 통과로 인해 가명 정보를 활용할 수 있는 길이 열렸다 하더라도 연구나 공익 목적으로만 쓸 수 있어 그 폭이 제한적이다. 결국, 제대로 개인정보를 활용하려면 정보 주체인 개인에게 동의를 받아야만 한다. 데이터를 잔뜩 모아놨더라도 이를 제대로 활용하지 못하면 스토리지 저장용량만 차지할 뿐이다. 쉽게 말해 해외 업체들과는 전혀 경쟁이 안되는 상황이다.

- 국회 계류 중인 '데이터 3법' 개정안 주요 내용

개인정보보호법
- '가명 정보'를 도입해 데이터 활용 기반 마련
- 여러 부처에 흩어져 있는 정보 관리·감독 기능을 개인정보위원회로 일원화

신용정보법
- 가명 정보를 금융 분야 빅데이터로 활용하도록 허용
- 통계 작성이나 연구 등 목적에 주체의 동의 없이 활용

정보통신망법
- 개인정보보호법과 정보통신망법으로 분산된 관련 법 체계를 개인정보보호법으로 이관

해외 주요 국가의 데이터 관련 제도	
미국	연방거래위원회(FTC)가 명시한 비식별 조치를 만족한 가명정보는 정보 주체의 동의 없이 활용
유럽	지난해 개인정보보호규정(GDPR)을 통해 '가명정보' 도입, 상업적 통계 및 민간투자 연구 등에 활용
일본	2015년 개인정보보호법 개정해 '익명가공정보' 도입, 목적 제약 없이 활용

https://dimg.donga.com/wps/NEWS/IMAGE/2019/11/28/98569506.1.edit.jpg

해외에서는 아마존, 페이스북, 구글 등 대형 기업들이 다양한 데이터를 활용해 새로운 부가가치를 창출하고 시장 영향력을 더욱 높여가는 중이다. 한 가지 예로 미국 제너럴 일렉트릭과 아마존의 예를 보자.

– 제너럴 일렉트릭(GE) 예측 보전 서비스
미국 제너럴 일렉트릭(GE)은 자사가 판매한 항공기 엔진이 고장 나기 전에 보수해주는 예측 보전 서비스를 개발했다. 엔진에 센서를 부착해서

입문부터 전문가까지
한 권으로 끝내는 디지털 마케팅의 모든 것

항공기를 운항할 때마다 센서가 감지한 엔진 속 압력, 온도, 습도 등의 데이터를 분석해서 수명이 거의 다 된 부품을 미리 교체해 주는 것이다.

이 서비스를 시작한 이후부터는 GE의 엔진을 부착한 항공기에서 운항 중 엔진이 고장 나는 사고가 크게 줄어들었고 반대로 고객만족도는 급격히 높아지게 된다. 단순히 엔진을 만들어 팔던 기존 제조업 방식을 버리고, 기존 제품에 데이터를 분석하여 고객의 니즈를 정확히 반영한 서비스를 덧씌워 그 경쟁력을 높인 것이다.

– 아마존 예측 배송 서비스

아마존은 기존 주문과 검색 내역, 구매 희망 목록, 마우스 커서 움직임 등의 데이터를 수집 및 분석하여 이를 기반으로 주문 가능성이 큰 제품을 해당 고객 근처의 물류창고로 미리 발송해 놓아 운송시간을 최대한 줄이는 '예측 배송' 서비스를 시행한다. 데스크톱이나 스마트폰 앱의 '구입' 버튼을 클릭하기 전에 이미 배송이 진행되는 것이다. 최근에는 유료 회원을 대상으로 '주문 이후 1~2시간 내'에 배송해 주는 '프라임 나우(Prime Now)' 서비스도 존재한다.

– 레드테이블 레스토랑 연결 서비스

2011년 창업한 레드테이블은 한국을 찾는 관광객들에게 식도락 관광 상품을 판매하는 업체다. 2015년 정부 선정 정보통신기술(ICT) 분야 유망 기업 300곳에 꼽히는 기업이며 2019년 5월에는 과학기술정보통신부의 음식 관광 빅 데이터센터 사업자로 선정될 정도의 전도유망한 IT 기업이다. 레드테이블은 외국인 관광객들을 레스토랑에 연결해주면서 고객정보와 주문 내용, 매장별 결제 정보 등을 확보했다. 데이터를 분석해 어느 지역에서 온 손님들이 어떤 음식을 선호하는지 등 타겟 마케팅을 할 수 있는 기술특허도 보유하고 있어 이제 데이터3법의 통과만을 기다렸다. 하지만 가명 처리된 정보조차 활용할 수 없어 아직 이와 같은 마케팅은 상용화되지 못하고 있다.

제너럴 일렉트릭의 예측 보전 서비스나 아마존의 예측 배송 서비스 등은 우리가 앞으로 꿈꾸어 나가야 할 방향이라고 생각한다. 세계 시장 경쟁까지 고려한다면 말이다. 물론 충분한 안전장치는 뒷받침되어야 할 것이다.

3) 데이터3법 이후 달라질 우리 미래 모습

무조건 규제가 풀려야 한다는 의미는 아니다. 내 개인정보가 가명 처리되어 나도 모르게 활용되었는데, 누군가가 가명 정보에 다른 정보를 결합하여 나를 알아볼 수 있는 정보를 생성할 가능성이 분명 있다. 또한, 가명 정보를 예외 범위가 아님에도 불구하고 정보 주체의 동의 없이 영리 또는 부정한 목적으로 활용할 수도 있다.

이에 대한 안전장치는 어느 정도 마련된 셈이다. 가명 정보도 안전한 관리를 위한 내부관리계획 수립, 이행, 접근 통제 및 접근 권한 관리 등

현행 개인정보보호법상 안전성 확보
보 조치 의무가 적용된다. 가명 정
보 재식별을 금지하고 위반 시 전
체 매출액의 100분의 3 이하에 해
당하는 금액을 과징금으로 부과
할 수 있고, 행위자는 5년 이하의
징역 또는 5천만 원 이하의 벌금형에 처한다. 기업 간 가명 정보의 결합
및 분석은 국가가 지정한 전문기관 내에서만 가능하고 원칙적으로 익명
정보만 반출할 수 있다. 만약 가명 정보를 반출해야 하는 경우 전문기관
의 엄격한 심사와 승인을 얻은 경우에만 가능하다. 정부에서 전문기관
이나 기업 등에 대한 주기적 관리 감독과 안전성 확보에 필요한 조치 확
보는 어느 정도 이루어진 셈이다.

결국, 업계가 원하던 데이터3법 개정안은 국회를 통과했고, 국내 데이
터 산업계도 기존에 하지 못했던 새로운 데이터 활용 사업들을 추진할
수 있게 될 것으로 전망하고 있다. 개정된 데이터3법은 개인정보의 보호
를 강화하면서도 데이터 활용 활성화를 통한 관련 산업의 발전을 조화
롭게 모색할 수 있도록 현행 제도를 보완하고 있기 때문이다.

– 우리 삶의 변화 1: 디지털 광고
우선은 다소 모호했던 개인정보의 판단 기준이 명확해졌다. 개인정보
여부는 결합할 수 있는 다른 정보의 입수 가능성, 식별에 소요되는 시
간·비용·기술 등을 합리적으로 고려하도록 하고, 이러한 요건에 해당하

지 않는 익명화된 정보는 개인정보보호법을 적용하지 않도록 함으로써 개인정보 처리를 동반하는 사업 추진 시 혼란이 줄어들고, 익명 정보의 이용이 활성화될 것으로 전망된다.

이는 디지털 광고에도 날개를 달아 준 셈인데, 지금은 정보 주체가 허락하지 않은 정보들을 수집할 수 없으므로 정확하지 않은 통계에 의지하는 경우가 많았다. 또한, 통계가 비교적 적어서 정확한 빅 데이터 활용이 어렵다는 애로사항도 있었는데, 데이터3법안이 통과된 후라면 훨씬 양 많고 정확한 데이터들을 모아서 기술로 활용할 수 있기 때문이다.

데이터 이용 활성화를 위해 가명 정보 개념이 도입돼 정보 주체의 동의 없이 통계 작성, 과학적 연구, 공익적 기록 보존 등에 개인정보를 활용할 수 있게 됐다. 이에 따라 활용 가능한 데이터의 종류가 다양해지고, 새로운 기술·제품·서비스 개발, 시장 조사 등 활용 분야도 한층 확대될 것으로 기대된다.

– 우리 삶의 변화 2: 금융 서비스의 혁신

법안 통과로 가장 큰 변화가 예상되는 곳은 금융회사라고 할 수 있겠다. 은행과 보험회사, 카드회사 등에 흩어져 있는 개인 신용 정보를 모아 금융 서비스를 제공하는 '마이데이터(MyData, 본인신용·정보관리업)' 사업이 활발해질 것이다. 실제로 마이데이터 산업은 미국·영국·일본 등 해외에서 이미 도입된 바 있다.

현재 우리는 은행을 방문하면 은행이 제시하는 금융상품에서 하나를 고르게 되어 있다. 그러나 마이데이터라는 일종의 '데이터 거래소'가 생기면 개인이 은행·보험사·카드사 등에서 얻은 금융 기록이 모두 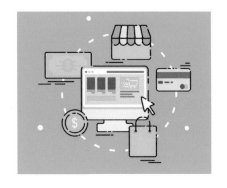 한곳에 집결된다. 본인의 모든 금융거래를 한 눈에 파악하는 것은 물론, 거래은행으로부터 나에게 딱 맞는 금융상품을 추천받기도 한다. 말 그대로 '금융판 넷플릭스' 세상이 생기는 것이다.

특히 금융 이력 데이터가 상대적으로 적은 학생, 사회초년생, 주부는 신용 등급이 올라갈 확률이 높다. 데이터3법으로 여러 기업에서 내 정보를 공유할 수 있어 금융정보뿐만 아니라 공공요금 납부, 온라인 쇼핑 같은 데이터를 종합적으로 평가하게 되기 때문이다.

– 우리 삶의 변화 3: 헬스케어 전문 관리

헬스케어 분야에서도 활용도가 높을 것이다. 우리나라의 경우 세계 최고의 전자의무기록(EMR) 도입률(92%) 덕분에 건강보험 데이터가 6조 건이나 쌓여있지만 활용할 방법이 없어 묵혀두고만 있다. 그러나 이제 환자의 인적 사항, 발병 데이터, 처방 데이터 등을 활용해 신약 개발에 박차를 가할 수 있는 기틀이 마련되는 셈이다.

또 자신의 병원 진료 데이터, 검진 결과 등을 스마트폰으로 내려받아 건강관리 업체에 맡겨 전문적으로 관리받는 것도 가능하다. 내 건강 데이터와 금융 데이터를 연계해 나에게 맞는 보험 상품을 추천받거나 보험 할인 등도 받을 수 있다. 여기다가 인공지능(AI), 사물인터넷(IoT), 자율주행 산업 등과 연계되면 우리가 기존에 생각하지 못했던 무궁무진한 헬스케어 서비스도 등장할 수 있을 것이다.

수동적 소비자의 등장,
디지털 사회 마케터의 역할과 위치

1. 4차산업 혁명 시대 소비자의 모습

살면서 이런 느낌을 받은 적이 없는가?

'누가 다 해줬으면.'

마케터로 너무 오랫동안 살아온 탓일까? 소비자와 관련된 문제를 마주하면 항상 더 예민하게 반응하기 마련인데, 요즈음에 꽂힌 표현이 '진상'이다. 우리는 때때로 '진상'인 손님을 마주할 때가 있는데, 이 단어의 느낌을 함축할 수 있는 말이 바로 이 문장이라고 생각한다. 누가 다 해줬으면.

'진상'의 특징을 분석해보면 굉장히 재미있다.
진상은 어디에서나 만날 수 있는데, 편의점, 영화관, 음식점 등을 가리지 않고 출몰한다. 소상공인 커뮤니티에 올라온 '진상' 손님의 특징은 다음과 같다.*

1. 본인만 특별하게 챙겨주길 원한다
2. 공짜 좋아하심
3. 반말 좋아하심
4. 안되는 걸 되게끔 우기며 당연한 줄 앎
5. 목소리가 큼 엄청나게
6. 참견 많음
7. 잘 삐짐
8. 내가 시종인 줄 앎

당연한 이야기지만 이 행동은 인간에 대한 배려가 빠져 있고 오로지 소비자의 권익만 추구하고자 하는 성향이 있다. 서비스직에 대한 예의도 없다. 그러나 책을 마치면서 나는 '진상' 손님 흉을 보고자 이 이야기를 꺼낸 것은 아니다. 이 특징이 갖는 공통적 속성을 들여다보고자 하는 것이다. 우리는 여기서 인간의 근본적 속성을 파고 들어가 볼 수 있지 않을까 한다. 시선을 역방향으로 돌려보면 진상 행위 이면에는 인간의 욕망이 숨어 있다. 한 문장으로 설명된다. '누가 다 해줬으면' 말이다.

한 카드 광고를 보자.
카드로 결제하는 손님(유해진)을 계산대의 점원이 귀찮게 한다.

---

* [출처] 진상(아프니까 사장이다 [소상공인·자영업자·창업]) | 작성자 온스

"할인되는 카드 있으세요? 마일리지 카드 있으세요?
통신사 카드 있으세요? 멤버십 카드 있으세요?
엄마 카드 있으세요? 아빠 카드 있으세요?"

이에 유해진은 다음과 같이 생각한다.

"아무것도 안 하고 싶다.
이미 아무것도 안 하고 있지만
더 격렬하게 아무것도 안 하고 싶다."

유해진이 진상으로 나온 것은 아니지만, 이것이 잘못이라고 할 수 있을까? 너무 많은 정보화 사회에서 인간의 뇌가 쉬고 싶은 것은 당연한 니즈이며, 결제든 할인이든 간에 소비자를 괴롭히는 행위를 통해 자유 경제 시장에서 좋은 결과가 나올 리 없다. 이 광고는 수동적으로 변해가는 소비자의 변화를 잘 파악했다. 인터넷 시대 소비자들은 채널의 홍수, 정보의 홍수, 서비스의 홍수에 시달리고 있다. 과잉 정보로 디지털 과로 현상에 시달리는 소비자들은 아무것도 안 하고 싶다. 대신 브랜드가 다 알아서 해주기를 바란다. 디지털 시대의 소비자들은 다 알아서 해주는 맞춤 서비스를 원한다.

2. 수동적으로 변해 가는 소비자

수동적 소비자의 시대가 다가오고 있다.

소비자들이 수동적으로 변하는 이유는 닭이 먼저냐 달걀이 먼저냐 같겠지만, 맞춤형 서비스의 등장도 한몫한다. 이제 현대 사회는 빅 데이터 분석을 통해 소비자에 대한 상세한 파악으로 맞춤형 서비스가 가능하게 되었다. 사물인터넷을 통해 주변의 모든 사물에 센서가 달리고 웨어러블을 통해 24시간 지속적인 서비스를 받을 수 있다. 맞춤형 서비스를 바라는 수동적인 소비자들에게는 제품 중심의 마케팅을 해서는 안 된다. 고객의 라이프 가치에 맞춘 혁신 마케팅이 필요하다.

이런 소비자 트렌드에 따라 등장하고 있는 제품이 많다.

나의 바이오리듬을 파악해 실시간으로 내 기분에 맞는 음악을 들려 주는 헤드폰, 나의 건강 상태를 24시간 점검해 주는 웨어러블 의류와 스마트 워치, 당뇨병 환자의 상태를 24시간 자동으로 모니터해 주는 제품, 나의 양치질 습관을 점검해 주는 스마트 칫솔 등 실로 많은 제품이 고객이 격렬하게 아무것도 안 해도 모든 것이 가능하게 만들어준다.

자율주행 자동차를 보면 수동적 소비자의 의미를 쉽게 이해할 수 있다.

아무것도 안 하고 싶은 소비자의 마음을 가장 강력하게 대변해주는 것은 자율주행 자동차다. 구글의 자율주행 자동차를 포함해서 많은 기업이 스스로 움직이는 자동차를 성공시키고 있다. 자동차를 능동적으로 운전하던 소비자들이 이제는 수동적으로 가만히 있어도 자동차가 알아서 움직이게 변하고 있다. 자율주행 자동차가 가능하게 된 이유는 센서의 발달이다. 자동차 주변의 상황을 실시간으로 파악해 주는 수많은 센서가 있으므로 무인 운전이 가능한 것이다. 수동적 소비자의 시대는 다르게 말하면 센서의 시대라고도 할 수 있다.

애플의 아이비콘(i Beacon)과 같은 비콘(Beacon) 센서는 소비자의 모든 동선에 붙여 실제 행동을 파악할 수 있게 한다. 아마존에 들어가면 나의 클릭 활동을 분석해 맞춤형 상품을 추천해 주듯이 센서는 나의 실제 행동을 분석해 맞춤 서비스를 제공해준다.

소비자가 아무것도 하지 않아도 브랜드가 알아서 서비스해줄 수 있는 환경이 도래했다. 그리고 이것은 4차산업 혁명과 인공지능 발달에 매우 밀접한 관련이 있다.

3. 디지털 마케터: 눈에 보이는 실체를 만나게 하는 사람

수동적 소비자의 등장은 마케팅 영역에서는 더욱더 능동적으로 준비할 것을 요구한다. 포스트 디지털 시대에 소비자들이 갈수록 수동적으로 변하는 이유는 수동적일수록 스스로 더 편하고 행복해지기 때문이다. 따라서 마케터들이 전략을 준비할 때에는 최소한의 소비자 행동으로 최대의 행복을 줄 수 있는 새로운 아이디어가 필요하다.

입문부터 전문가까지
한 권으로 끝내는 디지털 마케팅의 모든 것

결과는 소비자 눈에 보여야 한다.

빅 데이터로 눈에 보이는 마케팅 실체를 만들어야 한다. 소비자 관점에서 이러한 빅 데이터의 마케팅적 활용은 '간접 경험'이다. 나에게 타게팅 되어 메시지가 전달되고 나에게 맞춤화된 혜택을 제공하지만, 결과물로서 나에게 전달되는 것이지 타게팅 되는 과정이 나에게 보이는 것은 아니다. 소비자는 브랜드가 빅 데이터를 얼마나 잘 활용하고 있는지, 브랜드가 가진 IT 역량을 체감하기는 어렵다.

소비자는 눈에 보이는 것을 더 믿는다.

정교한 타게팅의 용도 외에 빅 데이터를 가지고 눈에 보이는 '마케팅 실체'를 만들어야 한다. '마케팅 실체'란 소비자와 직접 대면하며 브랜드의 가치를 높이는 콘텐츠나 캠페인, 프로모션 등의 형태일 것이다. 마치 구글이 자신들의 검색 빅 데이터의 '질(Quality)'을 '플루 트렌드'라는 캠페인을 통해 소비자에게 어필했던 것처럼 말이다.

마케팅 실체를 만들려면, 그 빅 데이터를 인문사회적으로 해석하여 소비자가 궁금하고 공감할 수 있는 아젠다를 뽑아내야 한다. 그 이후에 소비자가 체감할 수 있는 실체로 시각화하는 작업이 필요하며, 그 실체를 소비자에게 알리는 홍보 활동이 병행되어야 한다. 이 과정을 통해 브랜드는 새로운 마케팅 밸류를 생성하게 될 것이며 브랜드의 가치를 높일 수 있다.

4. 주니어, 시니어, 전문가 디지털 마케터로의 발돋움

소비자의 마음을 움직이기 위해 고민하는 일을 해왔고, 시각화를 통한 커뮤니케이션 전문가라 할 수 있는 마케터는 4차산업 혁명 시대에 적합한 사람이다. 아무리 인공지능이 모든 것을 다한다고는 하지만, 인공지능은 도구에 불과하다 특정 명령에 따라 행동하는 인공지능에 빅 데이터를 인문사회적 지식을 바탕으로 해석하도록 하는 것은 마케터의 영역이다. 데이터에 숨어 있는 깊은 뜻을 제대로 읽고 해석하지 못한다면 말짱 도루묵이다. 전문가 마케터에게는 이성적 두뇌와 감성적 가슴을 지닌 '데이터 과학자'로서 소양이 요구되는 시대다.

디지털 마케팅이 무언가 거대하고 어렵고 많은 예산이 드는, 대기업이 아니면 활용하기 불가능한 일이라고 단정 짓기 쉽다. 하지만 무조건 규모가 크다고 좋은 것이 아니다. 데이터 규모가 작아도 비즈니스 인사이트를 도출할 수 있고 유의미한 전략을 창출하는 데 도움을 주는 것이 진정한 빅 데이터 아이디어다.

디지털 마케터라면, 브랜드가 가진 빅 데이터를 어떻게 더 멋지게 활용할 수 있을지 고민해야 한다. 브랜드마다 가진 빅 데이터가 다르고, 소비자가 흥미로워할 아젠다도 다양하므로 어떠한 멋진 마케팅 실체가 나올지 예측이 어려워서 더 기대된다. 기존에 빅 데이터를 정교한 타게팅에 국한되어 활용했다면, 마케팅 전략 수립을 돕는 부수적 도구로만 생각했다면, 지금부터라도 우리 브랜드가 가진 빅 데이터로 무엇을 할 수

입문부터 전문가까지
한 권으로 끝내는 디지털 마케팅의 모든 것

있을지, 어떻게 마케팅 실체를 만들어 소비자와 만날 수 있을지 이 책과 함께 고민하길 바라며, 펜을 놓는다.

2020년 11월

저자 **김태훈**

부록

디지털 광고 용어

부록: 디지털 광고 용어[*]

객단가 / CT(Customer Transaction)

고객이 1회 구매 시 평균적으로 결제하는 금액. 객단가 = 매출 / 결제수

검색광고(=키워드 광고) / SA(Search Advertising)

검색엔진에서 검색결과에 노출하는 광고. 검색 사용자가 인터넷 매체에서 특정 키워드를 검색할 때, 해당 키워드와 관련된 광고를 노출해 검색 사용자에게 보여주는 방식.

고객 생애가치 / CLV(Customer Lifetime Value)

고객 생애가치는 한 명의 고객이 고객으로 남아 있는 기간 동안, 한 기업에서 결제하는 총금액. 고객 생애가치를 높이기 위해서는 고객유지율을 높여야 한다.

광고점유율 / SOV(Share Of Voice)

특정 산업이나 분야의 전체 광고집행 비중에서 개별 기업이 차지하는 광고의 비중

---

[*] 2020년 광고용어 총정리 해설집, 아이보스 마케팅 자료실

입문부터 전문가까지
한 권으로 끝내는 디지털 마케팅의 모든 것

노출 / Impression

광고가 사용자에게 보이는 것을 뜻한다. 노출 수는 광고가 노출되는 횟수.

노출 수 제한 / Frequency Capping

광고가 노출되는 횟수를 제한하는 것. 광고가 노출되는 빈도가 높을수록 광고 피로도가 증가하는 현상이 나타나기 때문에 노출 수를 제한.

도달 범위(=도달률)

도달 범위는 광고가 노출되는 대상의 크기를 표현하기 위해 사용하는 지표.

로그분석(=웹로그 분석)

웹 사이트에 접속한 사용자의 방문 수, 접속 경로, 페이지뷰, 체류시간 등 다양한 정보를 추출하고 분석하는 서비스.

리드 / Lead

상품에 관심이 있는 소비자, 즉 '관심 고객'을 말하는 용어. 리드를 많이 만들고 유인하는 것이 단순히 노출이나 도달을 높이는 것보다 중요.

리마케팅 / Remarketing(= 리타게팅 / Retargeting)

사이트를 방문한 적이 있거나, 웹 사이트 내에서 특정 페이지(상품)에 도달한 경험이 있는 고객에게 해당 상품 및 서비스에 대한 광고를 다시 보여주는 방법.

무효클릭 / Invaild Click

불법 시스템으로 인한 클릭, 특정 형태의 반복 클릭 패턴을 분석하여 필터링

된 클릭을 뜻한다. 무효클릭이라고 판단될 경우 요금이 부과되지 않는다. 네이버 클린센터에서는 최신 시스템과 로직으로 무효클릭에 대해 사전 필터링을 제공하고 있으며, 카카오 키워드 광고에서도 무효클릭 필터링 로직을 고도화하고 있다.

미디어렙 / Media Representative

Media Representative의 줄임말이다. 방송광고를 방송사 대신 판매하는 방송광고 판매대 행사. 광고 판매 대행을 비롯하여 광고 분석, 광고 기법 등 매체 자료를 광고주에게 제공하는 역할도 수행한다.

미디어믹스 / Media Mix

광고 메시지가 가장 효율이 높은 매체로 도달할 수 있도록, 광고 전략에 따라 적절한 매체를 혼합하여 광고를 집행하는 것을 의미한다.

반송률(=이탈률) / Bounce Rate

고객이 광고주의 웹 사이트에서 한 페이지만 보고 나가는 경우를 반송 수라고 한다. 반송률은 방문 수 대비 반송 수의 비율을 뜻한다.

반송률= 반송 수 / 방문 수 X100

방문 수

쇼핑몰 등의 전자상거래 업종에서 방문 수는 '홈페이지 방문 수'를 일컫는다. 하지만 오프라인 서비스 업종에서의 방문 수는 '홈페이지 방문 수'를 일컫기도 하나 '매장 방문 수'를 일컫기도 하므로 구분하여 사용해야 한다. 오프라인 서비스에서는 매장에 방문하는 경우 결제율이 매우 높으므로 매장 방문 수를 늘리는 것은 매출에 직결된다.

방문율

방문율은 신청 수 대비 방문 수의 비율을 나타낸 값. 방문율= 방문 수 / 신청 수

배너광고 / Banner Advertising

배너광고는 사이트나 홈페이지에 띠 모양의 이미지를 만들어 노출하는 광고이다. 현수막처럼 생겨서 배너(banner)라고 불린다. 배너광고는 타겟 없이 모든 사람에게 노출하는 유형과 리타게팅 유형으로 나뉜다.

세션 / Session

세션은 '한 고객이 웹 사이트에 들어와 상호 작용을 하고 나가기까지 걸린 임의로 설정한 평균 시간'을 말한다.

순위지수 / RI(Ranking Index)= 품질지수/ QI(Quality Index)

순위지수 또는 품질지수는 게재된 광고의 품질을 나타내는 지수를 의미하며, 광고 노출 순위에 영향을 미친다.

스마트입찰

네이버 검색광고에서 여러 개의 키워드를 일괄적으로 입찰할 수 있도록 도와주는 입찰 시스템이다. '희망순위 기준'과 '입찰가 기준'으로 입찰할 수 있다. 희망순위 기준은 여러 키워드를 동일한 순위에 진입시키고자 할 때 사용하는 기능이며, 입찰가 기준은 여러 키워드를 동일한 입찰가로 입찰할 때 사용하는 기능이다.

신청률

유입 수 대비 신청 수의 비율을 나타낸 값이다. 신청률은 홈페이지 혹은 랜딩페이지의 구성에 따라 크게 달라지므로 랜딩페이지가 얼마나 최적화되어 있는지에 대한 핵심지표가 된다. 비슷한 개념으로는 '전환률'이 있다.

신청률= 신청 수 / 유입 수

어뷰징 / Abusing

인터넷 포털사이트에서 언론사가 의도적으로 검색을 통한 클릭 수를 늘리기 위해 중복이 나 반복기사를 전송하거나, 인기 검색어에 올리기 위해 클릭 수를 조작하는 행위 등을 뜻한다.

유입가치

고객을 홈페이지에 1회 유입시킨 경우 기대할 수 있는 평균 가치. 유입가치= 매출 / 유입 수. 하지만 쇼핑몰의 유입가치는 결제율과 객단가의 곱으로도 구할 수 있다.

유입비용

고객을 홈페이지로 1회 유입시키는 데 소요된 평균 비용을 뜻한다. 유입비용 = 마케팅 비용 / 유입 수. 유입가치의 상대적인 의미이기도 하지만, 유입비용은 1회 유입에 드는 마케팅 비용인 반면, 유입가치는 1회 유입을 통해서 발생되는 가치(매출)를 뜻한다.

유입 수

홈페이지를 방문한 횟수를 의미하는 단어로 클릭 수와 방문 수와 유사한 개념이다. 클릭 수는 광고를 클릭한 횟수이고, 유입 수는 홈페이지로 유입된 횟수를 뜻하며, 방문 수는 세션 단위로 측정한 홈페이지 방문 횟수를 뜻한다. 이 세 가지 지표는 종종 동일하게 취급되지만 엄밀하게는 서로 다른 값을 지닌다.

입찰가중치

광고주의 전략에 따라 광고 영역별 입찰가를 조절할 수 있는 장치이다.
설정한 가중치에 따라 영역별 입찰가와 노출 순위가 달라지며, 이를 통해 광고주는 중점적으로 광고를 집행할 영역과 그렇지 않은 영역을 효율적으로 관리할 수 있다.

전환 / Conversion

방문한 고객이 액션을 취하는 것. 쇼핑몰과 같은 전자상거래 업종은 주로 결제를 전환으로 하고, 오프라인 서비스 업종은(상담) 신청을 전환이라 하는 것이 보통이다. 이외에도 회원 가입, 장바구니 담기 등의 행동을 전환으로 잡기도 한다.

전환가치(=전환당 단가=객단가)

전환가치는 1회 전환 시 발생하는 (가상) 매출을 뜻한다. 고객이 1회 구매 시 평균적으로 결제하는 금액인 '객단가'와 같은 의미로 사용된다. 전환가치= 매출 / 전환 수

조회수 / Query

조회수는 해당 키워드가 검색 사용자에 의해 몇 회 조회되었는지를 나타내는 수치이다.

직접유입

로그분석에서 사용되는 용어로 홈페이지 방문 유입 출처를 알 수 없는 경우를 의미한다. 주소 입력창에 직접 도메인 주소를 입력하고 방문하였거나 프로그램을 통한 방문, 즐겨 찾기를 통한 방문, 바탕화면 바로 가기를 통한 방문, 이메일 프로그램을 통해 방문한 경우 유입 출처를 알 수 없으므로 직접유입으로 잡힌다.

직접전환

직접전환이란 고객이 광고를 클릭한 후 세션(보통 30분)이 끝나기 전에 일으킨 전환을 의미한다.

참조유입

로그분석에서 사용되는 용어로 다른 웹 사이트에서의 링크를 통해 홈페이지로 유입되는 경우를 말한다. 단순 추천 링크, 링크 모음, 제휴마케팅, 배너 광고, SNS 등 다양한 참조유입 경로가 있다.

체류시간 / DT(Duration Time)

방문자가 사이트에 방문한 후 떠날 때까지의 시간을 말한다. 체류시간이 길다는 것은 그만큼 사이트가 고객 관심을 잘 유발하고 있다는 뜻으로, 체류시간은 PV와 더불어 고객 충성도를 나타내는 지표 중 하나이다.

클릭 수

클릭 수는 광고가 사용자로부터 클릭된 횟수이다.

키워드 도구

광고주의 키워드 선택을 돕기 위해 키워드를 추천해 주는 기능이다. 사이트 입력, 업종 입력, 키워드 입력, 시즌 입력 등을 통해 추천 키워드 리스트와 평균 클릭률, 경쟁 정도, 월평균 노출 광고 수 등의 정보를 받을 수 있다. 추출된 키워드를 선택해 즉시 광고에 등록할 수 있다.

퍼널 / Funnel

퍼널은 깔때기를 뜻하는 단어이다. 온라인광고에서의 퍼널은 목표 URL에 도착하기까지의 일련의 과정을 뜻한다. 고객이 위치한 단계에 따라 마케팅 메시지를 달리하여 다음 단계로 진입시켜 구매로 이르게 하는 것을 퍼널 전략이라고 부르고, 이 퍼널을 구매 퍼널이라고 부른다.

평균노출 순위

통계 기간 내 노출된 광고의 평균 순위를 말한다.

평균 체류시간 / ADT(Average Duration Time)

측정 기간 중 해당 사이트에 방문한 순 방문자의 1인당 평균 체류시간. 평균 체류시간 = 전체 체류시간 / 전체UV

포지셔닝 / Positioning

소비자의 마음속에 자사 제품이나 브랜드를 표적시장, 경쟁, 기업 능력과 관련하여 가장 유리한 포지션에 있도록 노력하는 과정을 뜻한다.

표시 URL

주로 광고를 게재하고자 하는 웹 사이트의 메인 페이지 URL을 의미하지만, 정확하게는 키워드광고 노출 시에 보이고자 하는 URL을 뜻한다.

픽셀 / Pixel

픽셀은 페이스북 광고 캠페인의 측정과 최적화를 쉽게 만들어주는 JavaScript 소스코드이다. 운영하는 웹 사이트에 자신의 페이스북 계정에서 발행해주는 고유 Pixel 코드를 Head 부에 삽입하는 형태로 설치할 수 있다. 웹 사이트를 방문한 고객의 여러 가지 행동을 추적하여 페이스북 광고를 보다 효과적으로 진행할 수 있도록 도와준다.

핵심 키워드

사업자의 매출에 직접적인 영향을 미치는 키워드를 일컫는다. 매출에 큰 영향을 미치므로 조회수도 적정 수 이상이어야 한다. 클릭률 및 전환율도 높은 특징을 지니고 있지만, 성과가 높은 키워드인 만큼 입찰 경쟁 또한 치열하여 높은 클릭 비용(CPC)을 지급해야 한다.

홈페이지 최적화

웹 문서 검색결과에서 자사 홈페이지가 상단에 노출되도록 하는 작업을 뜻한다. 목표 키워드를 홈페이지 곳곳에 배치해서 검색결과에 노출되도록 하는 것이다. 사이트 최적화라 고도 한다.

평균 동시접속자 / ACU(Average Current User)

일정한 기간에 몇 명의 사용자가 평균적으로 동시 접속하였는지를 나타내는 용어이다.

광고 캠페인 / Advertising Campaign

특정한 광고목표를 달성하기 위해 일정 기간 동안 시행하는 광고활동을 말한다.

광고 침투율 / Advertising Penetration

광고를 접하는 사람 중 광고 메시지를 인지하는 사람들의 비율을 말한다.

AE(Account Executive)

광고 회사나 홍보대행사의 직원으로서 전반적인 광고기획과 광고주와의 커뮤니케이션을 담당하는 사람이다.

앱스토어 최적화 / ASO(App Store Optimization)

앱스토어의 검색결과에 더 높은 순위로 검색되도록 앱을 최적화하는 프로세스를 의미한다. ASO에 영향을 주는 요인 중 주요 요인에는 제목과 키워드가 있고, 보조 요인에는 총다운로드 수와 평가 및 리뷰가 있다.

ATL(Above The Line)

마케팅 커뮤니케이션 활동 중 비(非)대인적 커뮤니케이션 활동으로서, TV, 신문, 잡지, 라디오 등과 같은 전통적 매체로 구성된다.

최대클릭 비용 / BA(Bid Amount)

각 키워드에 대해 광고주가 지급할 의사가 있는 최대금액이다.

손익분기점 / BEP(Break-Even-Point)

일정 기간 수익과 비용이 같아 이익도 손해도 생기지 않는 경우의 매출액을
뜻한다.

BTL(Below The Line)

ATL의 반대되는 개념이다. 마케팅 커뮤니케이션 활동 중 대면 커뮤니케이션
(Face-to-Face Communication)을 활용하는 것이다. 주로 이벤트, 전시, 인
터넷 등을 말한다.

CPA(Cost Per Action)

CPA는 광고를 클릭하고 들어온 방문자가 지정된 행위를 할 때마다 비용이
광고비를 지급하는 방법을 말한다. 이때 지정된 행위는 주로 구매이지만 상
담 신청, 회원 가입, 이벤트 참가, 다운로드 등을 행위로 지정할 수도 있다.

CPC(Cost Per Click)

CPC는 노출에 상관없이 클릭이 일어날 때마다 온라인광고 가격을 책정하는
방식이다. 책정되는 금액은 매체, 광고 상품, 입찰가에 따라 차이가 있다.

노출 단가 / CPI(Cost Per Imp.)

노출 단가는 광고비를 노출량으로 나눈 값을 의미한다.

CPI(Cost per Install)

CPI는 앱 마케팅에서 생겨난 용어로, 사용자의 설치 수에 따라 과금이 되
는 형태의 광고를 가리킨다. 소비자의 특정 행동에 따라 과금이 이루어지는

CPA 방식에서 '앱의 설치(Install)'라는 행동만을 한정하기 때문에 CPA의 하위 개념이다.

CPM(Cost Per Mile)

광고비용을 측정하는 방법의 한 종류로 1,000회 노출에 따른 가격을 책정하는 방법이다. 가격은 포털사이트마다 차이가 있다.

CPP(Cost Per Period)

일정 기간을 정하고 그동안 고정된 금액으로 광고를 노출하는 광고 가격 책정방식이다. 보편적으로 1개월로 노출 기간을 고정하고 그에 따른 금액을 제공하는 형태가 범용적인 CPP 과금 방식이다.

CPS(Cost Per Sale)

구매가 일어날 때마다 광고비가 소진되는 광고 방식이다.

CPV(Cost Per View)

영상을 한 번 시청할 때마다 광고비가 소진되는 방식이다.

유입 단가 / CPV(Cost Per Visit)

고객이 1회 유입되는 데 소요되는 비용이다.

C-Rank(Creator Rank)

C-Rank는 네이버의 '콘텐츠 생산자 등급'을 반영한 검색 알고리즘이다. 특정한 키워드 혹은 관심사에 대하여 검색 시 '콘텐츠를 제공하는 생산자를

얼마나 선호하는가?'를 계산한다. 네이버에 따르면 C-Rank 알고리즘은 여러 랭킹 알고리즘 중 출처와 관련된 부분을 계산한다.

고객 관계관리 / CRM(Customer Relationship Management)

고객과 관련된 자료를 분석해 이를 기반으로 고객의 특성에 맞는 마케팅 활동을 기획하고 진행하는 과정이다.

CTA(Call To Action)

사용자 반응을 유도하는 행위를 말한다. 예를 들어 앱 정보 아래에 있는 앱 다운로드 링크나 버튼, 페이스북 좋아요. 버튼 등 사용자의 반응을 유도하기 위한 것을 말한다.

클릭률 / CTR(Click Through Rate)

CTR은 광고의 노출 횟수 대비 클릭 수를 의미하는 말로, '클릭률'이라고 한다. 광고가 고객에게 노출된 횟수 중 몇 번의 클릭이 일어났는지를 백분율로 나타낸 것이다.

CTR= 클릭 수 / 노출 수 X100

전환율 / CVR(Conversion Rate)

유입된 방문객 수 대비 전환된 비율로써 광고의 타겟률 혹은 웹 사이트(랜딩 페이지)의 경쟁력을 나타내는 지표이다. 타겟이 정확하지 않은 매체에 광고를 집행하는 경우나 웹 사이트의 경쟁력이 낮은 경우 전환율은 낮게 나온다.

CVR= 전환 수 / 유입 수 X100

디스플레이광고 / DA(Display Advertising)

포털사이트의 초기 화면이나 각종 커뮤니티 사이트 등 홈페이지 내에 이미지 형태의 광고를 게재하는 형식이다. 배너광고도 DA의 한 형태이며 일반적인 이미지 광고 및 동영상 광고와 다양한 효과를 줄 수 있는 리치미디어 광고를 활용할 수 있다.

일별 활동이용자 / DAU(Daily Active Users)

하루 동안 해당 서비스를 이용한 순수 이용자의 수를 뜻한다.

데이터베이스 / DB(Database)

원래 데이터베이스는 여러 가지 데이터들을 모아 놓은 집합이라는 뜻인데 조금 더 포괄적인 의미이다. 온라인 마케팅에서 DB의 의미는 고객의 데이터를 모아 놓은 데이터를 가리키는 경우가 많다. 따라서 'DB 개더링(DB Gathering)'이라는 용어는 고객의 정보를 수집하는 일련의 과정 혹은 마케팅을 가리킨다.

DMP(Data Management Platform)

광고 인벤토리 입찰에 필요한 정보를 제공해주는 플랫폼으로, 소비자 데이터를 분석하고 가공해 매체 선택을 돕는다.

DR(Duplication Rate)

특정 기간에 여러 개의 사이트를 모두 방문한 방문자가 전체에 차지하는 비율을 말한다.

DSP(Demand Side Platform)

광고주가 광고를 생성하고 관리할 수 있도록 돕는 플랫폼으로 타겟에 최적
화된 광고 인벤토리를 손쉽게 파악 및 관리할 수 있도록 돕는다.

EC호스팅

전자상거래가 이루어질 수 있는 환경을 제공하는 서비스이다. 인터넷 상점
운영을 원하는 고객에게 장바구니, 신용카드 결제시스템, 거래보안시스템 등
의 서비스를 제공한다.

eCPM / Effective Cost Per Mile(= RPM / Revenue Per Mile)

유효 광고 1,000회 노출당 단가를 가리키는 말이다. eCPM = 총 광고비용 /
총 광고 노출 수 X 1,000

Footer

웹 사이트 가장 하단에 있는 영역이다. 주로 법적 안내 페이지 링크,
Copyright, 사업자 번호, 인증 마크 등으로 구성되어 있으며 웹 사이트 전체
의 공통된 부가 영역이다.

FTP

웹페이지의 정보가 담겨 있는 파일이 있는 곳으로 FTP를 통해 홈페이지의
콘텐츠, 이미지, 로그분석 스크립트 설치 등을 할 수 있다.

구글 애널리틱스 / GA(Google Analytics)

구글에서 제공하는 무료 로그분석 툴이다. 구글 태그매니저와 함께 사용하

입문부터 전문가까지
한 권으로 끝내는 디지털 마케팅의 모든 것

면 효과적이다.

구글 디스플레이 네트워크 / GDN(Google Display Network)

구글 Ads를 통해 광고가 게재될 수 있는 모든 웹페이지 및 앱 페이지를 뜻한다. 구글과 파트너십을 맺은 대형 언론사 사이트부터 개인 블로그까지 모두 포함되며, 구글 Ads 타게팅 기능에 따라 광고를 가장 관련성 있는 곳에서 가장 관련성 있는 유저에게 노출할 수 있다.

GNB(Global Navigation Bar)

전체 메뉴를 이동하기 위한 공통적인 메뉴 영역.

구글 태그매니저 / GTM(Google Tag Manager)

구글에서 제공하는 태그 통합관리 솔루션이다. 태그매니저를 통해 손쉽게 태그를 삽입, 수정하고 광고 마케팅적으로 활용할 수 있다.

통합 마케팅 커뮤니케이션 / IMC(Integrated Marketing Communication)

광고, DM, 판매 촉진, PR 등 다양한 커뮤니케이션 수단들의 전략적인 역할을 비교, 검토하고, 명료성과 정확성 측면에서 최대의 커뮤니케이션 효과를 거둘 수 있도록 이들을 통합하는 총괄적인 계획의 수립과정을 뜻한다.

IO(Insert Order)

광고를 집행하기 전 광고를 집행하고자 하는 광고주나 대행사에서 작성하는 광고 전반에 관한 내용이 수록된 게재 신청서이다.

핵심성과지표 / KPI(Key Performance Indicators)

매출이나 이익처럼 과거 실적을 나타내는 지표가 아니라, 미래 성과에 영향을 주는 여러 핵심지표를 묶은 평가 기준을 말한다. 광고 KPI는 광고 별 클릭률이나 유입페이지, 검색 키워드와 같은 요소가 있다.

랜딩 페이지 / LP(Landing Page)

광고를 클릭하였을 때 연결되는 페이지이다. 주로 광고주가 홍보하고자 하는 내용이 담긴 페이지이며, 새 창으로 띄우는 것이 일반적이다.

랜딩 페이지 최적화 / LPO(Landing Page Optimization)

키워드 혹은 배너 광고 등으로 유입된 인터넷 이용자가 다다르게 되는 마케팅 페이지를 랜딩 페이지(Landing Page)라고 한다. LPO는 이용자가 검색한 키워드 혹은 클릭한 배너 종류에 따라 페이지를 최적화함으로써 광고 효과를 높이는 것을 말한다.

월별 활동이용자 / MAU(Monthly Activity User)

한 달 동안 특정한 서비스를 몇 명의 이용자가 이용하는지를 나타내는 용어이다.

MCN(Multi Channel Network)

1인 미디어로 활동하는 크리에이터를 지원하면서 수익을 공유하는 형태의 산업이다.

순간 동시접속자 / MCU(Maximum Current User)

특정한 순간에 몇 명의 사용자가 접속 중인지를 나타내는 용어이다.

순 도달 범위 / Net Coverage

광고 매체를 통하여 도달될 수 있는 지역의 범위 또는 인구의 총수이다.

옵트인 / Opt-in

옵트인(Opt-in)은 당사자가 개인 데이터수집을 허용하기 전까지 당사자의 데이터수집을 금지하는 제도이다. 기업과 같은 단체가 광고를 위한 메일을 보낼 때, 수신자의 동의를 얻어야 메일을 발송할 수 있도록 하는 방식도 옵트인(Opt-in) 방식이다.

옵트아웃 / Opt-out

옵트아웃(Opt-out)은 당사자가 자신의 데이터수집을 허용하지 않는다고 명시할 때 정보수집이 금지되는 제도이다. 기업과 같은 단체가 광고를 위한 메일을 보낼 때, 수신자가 발송자에게 수신 거부 의사를 밝혀야만 메일발송이 금지되고 수신 거부 의사를 밝히기 전에는 모든 수신자에게 메일을 보낼 수 있는 방식이다.

PPC(Pay per Click)

PPC는 1번의 클릭당 광고주가 지급하는 광고비를 뜻하는 용어이다.

PPL(Product Placement)

상품이 영화나 드라마 속에 소품으로 등장하는 형태로 자연스럽게 상품을 광고하는 방식이다. 상품 및 브랜드 명칭이나 이미지 등을 노출시켜 자연스럽게 홍보하는 일종의 광고 마케팅 전략이다.

PR(Public Relations)

'공중과의 관계'라는 뜻으로 마케팅 주체가 대중과의 호의적인 관계를 위해 하는 모든 활동을 지칭한다. 단순히 정보를 전달하는 홍보와 달리 PR은 마케팅 주체와 대중 간의 쌍방향 커뮤니케이션을 진행한다는 특징이 있다.

페이지뷰 / PV(Page View)

홈페이지에 방문한 방문자가 사이트 내 페이지를 열람한 횟수이다. 가장 높은 PV를 기록 한 페이지가 사이트 내에서 인기 있는 곳이므로 이를 기준으로 배너광고의 위치를 정하는 등 보다 효율적인 마케팅이 가능하다는 장점도 있다.

다만 동일인이 새로 고침 버튼을 눌러 페이지를 갱신하거나 다른 페이지를 탐색한 후 돌아올 때도 PV로 기록되기 때문에 해당 페이지에 방문하는 순 이용자 수를 파악하기는 어렵다.

리텐션(=잔존율) / Retention

앱 설치 후, 특정 기간 이탈하지 않고 앱에 지속해서 접속한 비율을 나타낸다.

광고수익률 / ROAS(Return On Ad Spend)

광고 혹은 마케팅의 효율성을 측정하기 위한 지표로, 광고비용 대비 매출 비율을 나타낸 값이다. 적은 광고비용으로 많은 매출을 발생시킬수록 수익률이 높게 측정된다.

ROAS = 매출액 / 광고비

투자 수익률 / ROI(Return On Invest)

기업의 순이익 비율을 파악하고자 할 때 사용하는 지표이다. 광고 집행할 때, 1원의 비용으로 얼마의 이익이 발생하였는지를 나타낸다.

ROI= 광고비 / 매출액 X100

방문자당 수익 / RPV(Revenue Per Visit)

유입가치와 같은 의미로 매출에서 방문 수(유입 수)를 나눈 값이다. 하지만 두 용어를 사용하는 관점은 다르다.

유입가치는 홈페이지 운영, 상품의 구성, 고객 관리 전략 등을 통해 동일한 방문객이 유입되었다 하더라도 그 가치를 높여야 한다는 관점에서 사용하고 있지만, RPV는 주로 광고 상품의 품질을 평가하는 관점에서 사용된다.

실시간 입찰 / RTB(Real Time Bidding)

가장 높은 가격을 제시한 광고주가 광고 지면을 가지게 되는 실시간 경매방식.

SDK(Software Development Kit)

앱 내부에 다른 소프트웨어를 탑재하기 위해 사용되는 모듈 키트를 말한다.

SEM(Search Engine Marketing) / 검색엔진마케팅

검색 도구를 적극적으로 활용해 특정 웹 사이트로의 방문을 유도하고 상품을 구매하게 하는 마케팅 전략이다. 각종 프로모션이나 SEO 등 광고 효과를 올릴 수 있는 모든 노력을 통틀어 SEM이라고 한다.

검색 엔진 최적화 / SEO(Search Engine Optimization)

검색 엔진에서 검색을 했을 때, 웹 페이지가 상위에 노출되도록 관리하는 것을 뜻한다. SEM과 더불어 웹 사이트로의 트래픽을 증가시키는 역할을 한다.

소셜미디어 최적화 / SMO(Social Media Optimization)

운영 중인 소셜미디어 채널을 알리려는 과정을 뜻하며 일종의 SEM이라고 할 수 있다. RSS피드를 추가하거나 콘텐츠의 공유 버튼 등을 다는 것도 SMO의 방법들이다.

Social Network Services Advertising / SNS 광고

페이스북, 트위터, 카카오스토리, 유튜브 등을 이용하여 노출하는 광고이다. 사회적 네트워크를 이용한다는 점에서 파급력이 크고, 광고에 대한 반응이 실시간으로 나타난다.

SSP(Supply Side Platform)

광고 판매자 플랫폼으로 각 SSP의 SDK를 탑재한 매체, 개발사의 수익화 및 광고 인벤토리 구매 서비스를 제공한다.

STP

4P와 더불어 전통적인 마케팅 전략에 사용되는 용어로, Segmentation(시장 세분화), Targeting(표적시장), Positioning(포지셔닝)을 뜻한다.

T&D(Title & Description)

개별광고에 사용되는 광고제목, 설명 문구, 이미지 등의 광고 소재를 의미한다.

입문부터 전문가까지
한 권으로 끝내는 디지털 마케팅의 모든 것

유저 유입비용 / UAC(User Acquisition Cost)

유저 한 명을 유입시키는 데 드는 비용을 뜻한다.

UC(Unique Click)

광고를 클릭한 수에서 한 유저가 중복으로 클릭한 수를 배제한 수치이다.

사용자 인터페이스 / UI(User Interface)

사용자 인터페이스는 사람들이 컴퓨터와 상호 작용하는 시스템이다. 사람 (사용자)과 사물 또는 시스템(기계, 컴퓨터 프로그램 등) 사이에서 의사소통 할 수 있도록 일시적 또는 영구적인 접근을 목적으로 만들어진 물리적, 가상 적 매개체를 뜻한다.

순 방문자 수 / UV(Unique Visitor)

일정 기간 특정 사이트에 동일한 사람이 방문한 횟수를 제외한 수치로, 중복 되지 않는 사용자를 의미한다. 예를 들어, 사용자가 특정 사이트에 1회를 방 문하든 100회를 방문하든 한 사람으로 카운트한다.

사용자 경험 / UX(User Experience)

사용자가 어떤 제품, 시스템, 서비스 등을 직접적 또는 간접적으로 이용하면 서 느끼는 반응과 행동 같은 경험을 말한다. UI의 경우 사람과 시스템의 접 점을 의미하며, 접근성 및 편의성을 중시한다. UX의 경우 UI를 통해 사용자 가 제품과 서비스, 회사와 상호작용하며 느끼는 만족이나 감정을 의미한다.